课读经典 ⑤

5 课精读

契诃夫

А. Чехов

- - - - - - - - - - - - - - - - - - -

葛璐 / 编注

曾婷 / 译

复旦大学 出版社

要趁年轻时啃几部经典
——"课读经典"系列丛书序

戴建业

"屁股下要坐几本书"是曹慕樊师对弟子的告诫。他强调一个人要趁年轻时啃几部经典，这几部经典今后会成为其看家本领，一生都将受用无穷。

去年"世界读书日"前一天，《光明日报》刊发了拙文《阅读习惯与人生未来》。在这篇文章中，我谈到经典阅读常常是挑战性阅读。我把阅读分为消遣性阅读、鉴赏性阅读和挑战性阅读。消遣性阅读就是上网看看明星八卦、海外奇谈，好像无所不看，其实一无所看，不过是打发无聊的时光。下班之后，工作之余，看看文字优美的游记，听听悦耳动人的音乐，翻翻赏心悦目的画册，既能让身心放松，又能陶冶情操，还能获得各种知识，这就是鉴赏性阅读。挑战性阅读就是阅读经典，经典是经过时间淘汰留下来的作品，它们都是人类智慧的结晶。要想挑战自己的智力极限，要想攀登灵魂的珠穆朗玛峰，最佳选择就是挑战性阅读，去阅读那些伟大的经典，去与智者进行精神交流。

在快节奏的时代，人们不仅匆匆忙忙吃快餐食物，也同样匆匆忙忙地品尝精神快餐；不仅中小学生只读节选"名篇"，大学生也只读教材上的"名篇"。我甚至遇到一位研究杜甫接受史的博士，他竟然没有通读过任何一种杜诗注本。如果只读课本上的几首杜诗，你对杜诗可能一无所得，连浅尝辄止也谈不上。明人王世贞在《艺苑卮言》中说："十首以前，少陵较难入。

百首以后，青莲较易厌。"读李白诗百首以后"易厌"，纯属他个人的奇怪感受，但读杜甫诗歌十首以前"难入"，倒是道出了实情。读少数节选名篇"难入"，是阅读经典名著的普遍现象。如果读文学名著，只读几篇或几首名文名诗，便难以走进作家的精神世界，难以把握原著的艺术特征；如果读哲学、历史、经济等学术名著，只读几篇节选段落，那肯定不能了解原著的框架结构，不能明白作者的基本思路和逻辑论证。

读一部经典，不仅要知道经典"说了什么"，还要知道作者是"怎么说的"，有时候后者比前者更重要。只知道"说了什么"，而不知道"怎么说的"，那就像俗话说的那样："知其然而不知其所以然""只知其一而不知其二"。这种学习方式，在聚会时夸夸其谈、对别人炫耀博学尚可，但对自己的思维、想象和写作不会有什么帮助。

五六年前，就"死活读不下去的书"这一话题，一家出版社在网上做过一次问卷调查，统计的结果让所有人大吃一惊。在"死活读不下去"的经典名著中，中国四大古典小说赫然在列，其中《红楼梦》竟然高居榜首，而四部名著中数它的艺术成就最高，也数它被公众吐槽最多。这倒印证了一位西方作家的"昏话"——所谓"经典著作"就是大家都说好，但大家都不读的那些书籍。

谁都知道经典中有无数宝藏,可经典常常"大门紧闭",大家苦于不得其门而入,不知如何在经典中探宝,如何让经典"芝麻开门"。由于时代的隔阂、情感的隔膜、知识修养的不足、审美趣味的差异,加上时间的紧迫和心境的浮躁,对如今许多中小学生来说,经典简直就是"天书"。

怎样给中小学生打开经典宝藏的大门?

复旦大学出版社的"课读经典"系列丛书,就是一把打开经典宝藏的万能钥匙。

"课读经典"系列丛书中谈到的"经典",大都是语文教材中涉及的经典作家和经典作品,或只"课读"一部经典作品,如《课读经典1:11讲精读〈世说新语〉》;或"课读"经典作家及其代表作,如《课读经典5:5课精读契诃夫》。

顾名思义,"课读经典"系列丛书主要面向中小学生,语言像课堂口语那样亲切易懂,一翻开"课读",就像老师亲临课堂,传授学生自学经典的门径,示范阅读经典的方法。只要让学生初尝了经典的"滋味",他们就会终生爱上经典;一旦先生把他们"领进了门",学生自然会"各自去修行"。教师在传授学生自学经典诀窍的同时,也激起了他们自学经典的热情。孔子早就说过:"知之者不如好之者,好之者不如乐之者。"(《论语·雍也》)学生一旦真正喜欢上了经典,他们一生就离不开经典。

许多学生和家长心里会犯嘀咕：政府和教育界的"整本书阅读"计划，初衷当然非常好，但结果不一定妙。花那么多时间在整本阅读经典上，影响考试成绩怎么办？

"课读经典"系列丛书的编者，早就考虑到了这个问题。在对经典的"课读"之外，还截取了若干代表性章节与片段，模拟现行阅读考试的方式，设计了阅读思考题，让沉浸式的经典阅读与注重文本阅读的考试无缝对接。这也让学生养成开卷动笔的好习惯，读经典原著务必要做笔记，学生时代还应该做习题。做笔记和习题的目的，是加深对经典的理解和记忆。

想想看，假如具备了对经典的"穿透力"，同学们以此来应付考试简直就是"降维打击"——思维能力提高了，阅读能力提高了，写作能力提高了，考分自然也就升上去了。一个百米赛跑冠军，还担心他不会走路？

乐为序。

2021 年 5 月 1 日

目录

上　编

5课精读契诃夫

第一课

契诃夫的一生：作为医生的作家

契诃夫出生在俄国的海港城市塔甘罗格，得益于便捷的港口条件，这座城市在19世纪初便是一派繁荣景象。然而"贵族在左，平民在右"，任何繁华的大都会背后，都隐藏着肮脏破败、穷困潦倒的另一面。契诃夫便出生在满是泥泞、堆满了垃圾的院子中。他来自社会的最底层。

契诃夫的祖父是个农奴，在农奴解放之前，祖父用劳动攒下的钱从地主手中赎回了自己和家人，契诃夫一家因此获得了自由。契诃夫的父亲是个杂货铺老板，在家里性情粗暴、独断专行，契诃夫在父亲的鞭打中长大。这种暴力、集权的家庭氛围极易影响一个成长中的孩子的性格。不过与卡夫卡那样终身遭受专制父权的阴影不同的是，契诃夫的性情和作品更为温润，更具苦闷中的力量。在贫瘠而暴烈的生活之中，契诃夫找到了喘息的出口。

这个出口一部分可能源于契诃夫的母亲。他的母亲出身于更高的社会阶层，对孩子们关爱有加，她的爱部分稀释了暴力的压抑。她还常常给孩子们讲家族历史、战争中的故事。同时，父亲的杂货铺像个俱乐部，常常聚集着天南地北的商家们，替父亲看店的契诃夫在无聊中找到了打发时间的乐趣，那就是观察形形色色的人，听他们分享故事。契诃夫在很多小说中运用了一群人围聚在一起讲故事的古老叙事结构，大概也是受其童年这些经历的启发。

后来契诃夫的父亲欠债逃亡，契诃夫一家陷入困窘，租住在更混乱、逼仄的屋子里。父亲把养家糊口的重任交给了契诃夫和他的兄弟。

契诃夫死于44岁盛年，如此惊鸿一刹，却留下了数量极多的小说和戏剧作品，他在创作方面的勤奋和高产令人惊异。直至他后来生病，别人劝他多休息，他还带有强烈的家庭重荷感，说写作是因为"还有父母需要养活"。

试图通过写作来养活家人的契诃夫，一开始走上文坛其实并非出于某种神圣的创作使命。19世纪的俄国文坛，名家辈出，无名的契诃夫为了赚取稿费，"半机械化地"开始写小说。1885年，25岁的契诃夫一共发表了129篇小说、短剧、杂文。到1892年，契诃夫一直处于高强度的输出中，以此赚钱养活家人，他也确实实现了靠写作谋生，并且在这一年买下了梅里霍沃庄园，有了自己的栖身之所。"曾经有段时间我们得靠赊账来维持伙食。如今，我使一切的供给保持正常。我们用现金付款。"契诃夫以此为傲。

可以说，契诃夫以勤奋和崇高的道德感驱使自己，避免了使自己成为机械赚钱的工具。"文学家不是做糖果点心的，不是化妆美容的，也不是使人消愁解闷的，他是一个负有义务的人，他受自己的责任感和良心的约束。"从他后来这种"为人生""为社会"的创作旨归来看，契诃夫用自己人格的伟大照亮了自己的文学之路。

一个贫穷作家的突围，包含了太多意志上的艰辛。更何况，契诃夫除了写作，还未放弃医生的职业。弃医从文的作家很多，诸如鲁迅、毛姆、渡边淳一……但契诃夫是个另类，他从文未弃医，并宣称"医学是合法妻子，文学是情人"。直到在梅里霍沃有了自己的庄园后，他还在霍乱流行之际，自掏腰包办诊所,自制药物,免费为病人看病。出身贫穷的契诃夫有着超乎底层的襟怀和社会责任感。他写了太多庸常的人生,他批判不真正投入生活、浑浑噩噩、不付出的人生是毫无意义的,或许他亦是在以自己多维度的人生冲破他笔下批判的那种庸碌生命。他甚至为写作影响到自己行医而自责:"在所有医生当中,我是最不幸的一个。我的车马不顶用,我不认识路,我没有钱……最关键的是我从来都无法忘记自己必须写作,我迫切地希望自己把霍乱病人送走,让自己能坐下来写作……我的孤独彻头彻尾。""到我这儿治病的人很多,有患佝偻病的小孩,也有生斑疹的老太。有一个75岁的老婆子手上生了丹毒……"契诃夫是一个投身于治病救人中的一线医生。契诃夫去世前几个月还在写给朋友的信中畅想:如果我身体好,那么我得去前线,不是当记者,而是当医生。一名病重的医生,在生命的最后时光,仍旧想着以医生的身份去前线,这种冲锋陷阵的精神令人肃然起敬。"如果我是医生,那么我就要有病人和医院;如果我是一个文学工作者,那么我就应该生活在人民中间。"这句话可以看作是契诃夫对自己医生和作家职业的极高要求,不踏空,不虚浮,而是深深地扎根、投入真实的实践与生活中去。

契诃夫在去世前三年才结婚,他不希望被爱情和婚姻束缚。"我也挺想结婚,但请给我一个月亮般的妻子,不会总是出现在我的地平线上。"从他与妻子的通信来看,契诃夫婚后又苦于妻子忙于演艺事业而无法相见。他在死前立下遗嘱,所有财产都归妻子,在感情中的契诃夫也有充满爱意温柔的一面。

契诃夫最终死于肺病。在他去世那一年,命运才对其宽厚仁慈起来,他的戏剧《樱桃园》在舞台演出时大获成功。契诃夫通过艰辛的写作,在生前收获了维持生计的物质,也在文坛收获了声名。于其短暂的人生而言,这些大概算得上不幸中的幸运了。

第二课

我们今天为何要读契诃夫

我最初接触契诃夫是上学时学的《变色龙》《万卡》，这两篇小说中契诃夫呈现给读者的是对小人物的悲悯、幽默讽刺，但仅据这两篇小说很难感受到契诃夫区别于其他作家的特质。

后来我读到《苦恼》，讲一个马车夫死去了儿子，但没有任何人愿意停下来听他诉说内心的苦闷，只得同自己的老马倾诉。那种巨大的苦闷压迫至眼前，人与人之间无法逾越的隔膜和难以相互理解的真实感受跃然纸上，这时我才感受到契诃夫叙事的精炼与内在的深邃。

再后来读到《跳来跳去的女人》《脖子上的安娜》，我不禁惊讶于男性作家对女性形象的塑造，竟然如此精准地捕捉到作为情绪动物存在的女性特质的一面。《小公务员之死》中，小公务员简直是某些时刻自我怀疑情绪无限放大的焦虑的当代人的缩影。《套中人》中，被"套子"束缚住的别里科夫，已经成为文学中永恒的经典形象。

契诃夫距离我们其实是有些距离的。他生活在19世纪末，距离今天已经100多年，然而，我们仍能从他笔下的俄国世界中辨识出我们身边那些正在发生的一切的本质。契诃夫从未离我们远去。读契诃夫之时会有一种神奇的体验，似乎生活的体验和遭遇，在他的笔下预演过，这便是文学经典的伟大。正如纳博科夫读契诃夫时评价："我似乎与契诃夫坐在同一条船里，我喜欢这样的并肩相伴。他在垂钓，而我在欣赏水面上飞舞的蝴蝶。"

《第六病室》是契诃夫的经典代表作。作家列斯科夫读后叹息:"这就是俄国!"列夫·托尔斯泰的《复活》批判了社会法制的腐败,契诃夫在这里也给予了同样的批判:"要使一个无罪的人丧失全部财产权并被判服苦刑,法官只需要一样东西——时间,履行某些手续的时间。"

在这篇小说中我们可以感受到契诃夫一以贯之的创作主题,即批判人的庸常,呼唤人生的内在高尚——

> 这个城市的生活沉闷、无聊,这个社会没有高尚的需求,过着毫无生气、毫无意义的生活,充斥着形形色色的暴力、愚昧、腐化和伪善。卑鄙的人锦衣玉食,正直的人忍饥挨饿。社会需要学校、主持正义的报纸、剧院、大众读物、知识界的团结。必须让这个社会认清自己的面目,感到震惊才好。
>
> ⋯⋯⋯⋯
>
> 城里的市民把心思、精力和智慧都浪费在纸牌和飞短流长上了,不会也不想在有趣味的交谈和阅读中度过时光。

这样的契诃夫,仿佛是芸芸众生的生命旁观者,在你即将沉醉于生活的庸碌之时,冷不丁给你敲响警钟——生命需要更高尚的追寻。卫道者式的作家一般不太讨喜,但是契诃夫有一种天然的真诚。我想,这种真诚大概源自其生命的践行。

《第六病室》中狂热探寻心灵世界的医生主人公在听到朋友要给他娶媳妇后,大怒说道:"庸俗!"这像极了契诃夫自身的经历,不愿被世俗羁绊,他直到去世前三年才步入婚姻。因此,他小说里的劝世不是卫道者的说教，而是一个理想主义者流露的人间情怀与乌托邦追求。

生活的庸碌极易使人产生倦怠，进而沉沦深陷其中，忽略生活中更重大的道德责任和义务，忽略人生真正的充实和趣味。契诃夫乌托邦中的理想人物有点类似康德哲学中所说的"为所应为"之人，这不是个人性情或境遇问题，而是属于责任问题，是出于对道德律令的尊重。

若契诃夫生活在21世纪，他必然也会同样以其严峻的目光审视当下社会，而且他思考担忧的那些问题同样在上演——为物质、为权力、为名望的虚假所迷惑而丧失掉个体尊严，为幸福、为安稳、为平静的享受所迷醉而失去思想的阵痛，为苦难、为压迫、为冷漠的社会所暴击而失去基本的生活权利，为时代、为环境、为群体的弊病所感染而始终活在深渊与阴影之中……这样的个体生命与感受，我们并不陌生。

因而，在我真正进入契诃夫的小说世界时，我感受到了一种强烈的来自19世纪的现代凝视。

契诃夫的文学作品并不会以一种阳光灿烂的方式洒向读者，他的作品是忧郁的。然而这种忧郁往往源于他对社会现实的清醒认知与深沉痛感。契诃夫常常隐忍自己对人物本身的道德评判，却又常常抑制不住地流诸笔端。他的小说没有什么炫技卖弄、故作高深。契诃夫被誉为"世界三大短篇小说家"之一，他留下最多的是短篇小说，这里固然有其为了赚取稿费速成的原因，但在这个过程中，他渐渐形成了自己独特的写作风格——简洁。"简洁是天才的姐妹"，这是契诃夫毕生的写作追求。

《新娘》这篇小说可以说是契诃夫写给所有女性的小说，这是契诃夫少有的并不忧郁的作品。读完后，我被契诃夫对女性的赞颂和信心所打动。娜佳打破庸俗婚姻的勇气、走出去追求知识与进步的理想、超越男性的健康与力量鼓舞着不同时代的女性,这样的思想同样是时代所需要的。高尔基回忆契诃夫时这样评价:"他的心灵像秋天的太阳一样,用一种残酷无情的光明照亮了那些热闹的路、曲折的街、狭小龌龊的房间……"这是契诃夫留给读者的光明。

契诃夫的戏剧作品也同样值得一读。戏剧《樱桃园》写与过去旧生活诀别,写迎接新生活,这样的告别与迎新也无时无刻不在现实中上演。告别之后,又该何去何从?怎样才能找到真正美丽的新生活?这是契诃夫启发我们思考的。

在戏剧《万尼亚舅舅》中,万尼亚舅舅发现了自己一生的虚无,服侍的主人教授竟然只是个腹内空空的人,陷入了价值的幻灭中。作者最后给读者留下了一种生命意志的隐忍,发人深省——

> 我们要继续活下去,万尼亚舅舅,我们来日还有很长、很长一串单调的昼夜;我们要耐心地忍受行将到来的种种考验……
>
> 我们会休息下来的!我们会听得见天使的声音,会看得见整个撒满了金刚石的天堂,所有人类的恶心肠和所有我们所遭受的苦痛,都将让位于弥漫着整个世界的一种伟大的慈爱,那么,我们的生活,将会是安宁的、幸福的,像抚爱那么温柔的。我这样相信,我这样相信……

纳博科夫这样评价契诃夫:"爱陀思妥耶夫斯基或高尔基甚于爱契诃夫的人永远也不能掌握俄罗斯文学和俄罗斯生活的本质,而且,更为重要的是,他们永远不能掌握普遍的文学艺术的本质。"这句话虽然有些绝对,但真实地反映了契诃夫更接近生活本真的一面。

文学的历时性价值在时间的维度下愈加鲜明,借助这位来自19世纪的作家的现代凝视,我们不妨再睁眼看世界。深陷世俗庸常时,打开契诃夫的小说,你大概会寻到一些脱离庸常感的人生真谛。

第三课

比较视野下的契诃夫

2014年，俄罗斯索契冬奥会闭幕式上，普希金、果戈理、屠格涅夫、陀思妥耶夫斯基、列夫·托尔斯泰、契诃夫、阿赫玛托娃、茨维塔耶娃、马雅可夫斯基、布尔加科夫、索尔仁尼琴、布罗茨基等12位文学家在舞台上"亮相"，这个民族将他们最引以为傲的文学呈现给世界。这些作家大体上活跃于19世纪之后，俄国这个几乎没有什么文学传统的国家，只用了一个世纪的时间，便创造出了如此多光芒万丈的璀璨巨星。

而在19世纪的俄国作家中，有好几位英年早逝——38岁因决斗而死的普希金，43岁因病去世的果戈理，还有死于44岁盛年的契诃夫。相比同时期那些伟大且活得更长久的作家——屠格涅夫、陀思妥耶夫斯基、托尔斯泰、高尔基，这几位人生短暂得如流星般匆促的作家常常更令人扼腕。

读契诃夫时，常常令我感受到他与鲁迅的相似，甚至因为他们都没有写过长篇小说而感叹：如果他们留下长篇小说，那会怎样？

伟大的作家总会在揭示人类精神境遇的道路上偶遇，作为读者，读出了这种"偶遇"，实在令人惊喜。鲁迅比契诃夫晚出生20年左右，两人都有学医经历，都以小说为疗救心灵之法，也都饱受肺结核的折磨，更重要的是他们的作品精神气质也有相似之处。契诃夫的《胖子和瘦子》和鲁迅的《故乡》，同样是对"人类的悲欢并不相通"的精神隔膜的呈现；《普里希别耶夫中士》里有和鲁迅笔下如出一辙的麻木冷漠的"看客"群体;《小公务员之死》和《狂人日记》中,都写了人类精神狂想曲;《苦闷》中车夫的丧子之痛无人理会,让读者联想到《祝福》中祥林嫂对死去儿子阿毛的反复念叨⋯⋯以及他们笔下常流露出"秋天般忧郁"的气息。1935年,鲁迅翻译并出版了契诃夫八个短篇小说,想必鲁迅也是喜欢契诃夫作品的。苏联作家法捷耶夫评价说:"在同情并怜悯'小人物'但同时又了解他的弱点的这一点上,鲁迅与契诃夫是近似的。"法国作家波伏娃也称:"中国人把鲁迅比作高尔基,但我发现他更接近契诃夫。"

谈到契诃夫,以前的语文教材往往会将其与法国作家莫泊桑和美国作家欧·亨利放在一起,并称为"世界三大短篇小说家"。事实上这三位作家风格各异,这样的"并列"在一定程度上弱化了他们作品的个体特色。

莫泊桑出身于一个没落的贵族家庭,所以我们看到他的笔下有很多真实的贵族气派,以及为了拥有贵族气派而招致的人生悲剧。这些都是莫泊桑所批判的主题,他的文学批判指向相对明确,如他的代表作《羊脂球》《我的叔叔于勒》《项链》。

契诃夫出身底层,他更擅长写那些可怜而笨拙的小人物。同样出身底层的欧·亨利也常写小人物,但不同点在于,欧·亨利擅长制造反转式的情节来宣扬人性中的善与美,如他的代表作《麦琪的礼物》《警察与赞美诗》《最后一片叶子》《二十年后》;而契诃夫的小说中没有反转,没有意外,他总是让可怜而笨拙的小人物真实地表现出"可怜""笨拙",这样的小说更为真实。所以我们在读他的小说时,尽管超越国籍,穿越时空,仍能感受到我们也是他笔下众生中的一员,这份打通读者的共鸣实属难得。作家毛姆给予契诃夫很高的评价:"没有任何作家能像契诃夫那样深刻而有力地表现人的精神交流。"

契诃夫的这种独特性是莫泊桑和欧·亨利不具备的。

美国作家纳博科夫有一次给学生上课，进到教室以后让大家把窗帘都关起来，把灯全都关掉。他先开了左边的一盏灯，说这是俄国文学中的普希金；又开了右侧的一盏灯，说这是果戈理；再开了中间的灯，说这是契诃夫。这三盏灯都打开以后，他跑到窗边，一把扯开窗帘，指着照进教室的阳光说，这就是列夫·托尔斯泰。

列夫·托尔斯泰的文坛地位无可动摇，然而他却给予了契诃夫比自己更高的评价——"契诃夫是一位无可比拟的艺术家……就技术而言，他高于我……"契诃夫与托尔斯泰是文学中的挚友，契诃夫也曾试图模仿托尔斯泰，却是失败的。

托尔斯泰的伟大有来自其对自己地主身份、贵族阶层的反思，晚年的他选择离家出走，希望摆脱与自己信仰不一致的实践，把土地还给农民，在道德上获得净化。他这种带有剥离自己贵族身份、俯身贴近平民的姿态，赋予了他写作中的崇高道德感和神圣感。而契诃夫恰恰相反，他扎根在卑贱、庸碌、愚昧的平民之中，揭示这种人生对于创造新生活的阻碍、无意义。契诃夫把自己对于贵族阶层在道德感和使命感方面的想象，代入了对底层社会的思考。列夫·托尔斯泰的伟大是其"下降"式的伟大，契诃夫的伟大是其"上升"式的伟大。

为了获得真实的社会观察，契诃夫曾途经西伯利亚，远赴库页岛，去观察苦役犯。回来后，他将自己的写作限定于目击者的角色——"在写盗马贼时，没必要也写上：偷马是不对的。"他的小说、手记口吻冷静、克制。这与托尔斯泰着实反差太大。《复活》中同样是写苦役犯，托翁批判国家法律、监狱体系，用激烈的情绪写人物内心的救赎，用热烈的口吻展现人物的道德教化。托翁像是站在阳光之下写那些暗处的阴影，而契诃夫则是站在阴影之处,等待阳光一点点渗漏。

内米洛夫斯基在《契诃夫的一生》中这样评价:"托尔斯泰充满激情与执拗的崇高,契诃夫则对一切都抱有怀疑和冷漠。一个像火焰一样燃烧,另一个则用清冷温柔的光点亮外部的世界。"

很多伟大的作家都试图通过宗教的方式解决现世困境,如托尔斯泰、巴尔扎克。然而对于无宗教信仰的人而言,现世困境何以摆脱?契诃夫的与众不同之处还在于,他不信教。于是我们看到了托尔斯泰笔下人物可以找到正当合理的宗教路径去拯救自己,而契诃夫笔下的人物最终只能靠自己解救自己,或者无法被拯救。因此,我们可以读出列夫·托尔斯泰笔下的人物自带光芒,而契诃夫笔下的人物身处阴沟。同样都是展现人类,或许我们更容易从契诃夫笔下认出我们自己。

第四课

契诃夫的文学：去除小市民习性，抵达崇高

契诃夫曾经在一封信中批评自己的堂弟："为什么你称自己是'一个微不足道的渺小的弟弟'呢？……你知道应该在什么地方意识到自己渺小吗？那应该是在神和智慧、美和自然面前，而不是在人们面前。在人们之中你应该意识到自己的尊严……要记住，诚实的小伙子可不是渺小和微不足道的。"他也在给哥哥尼古拉的信中谈及必须克服"小市民习性"，"把自己身上的奴性""一点一滴地挤出去"。

这样的性情基调为其文学创作增添了一些严肃的道义和反思的正气。尽管契诃夫出身贫穷，陷入不得不为了生存而机械写作的艰辛，但契诃夫对底层"小市民习性""奴性"的深谙与反思，使他跳出了固有圈层，在文学中展现了国民特性，以及相通的人类精神命运。

如果想向一个小说家学习写人、写景、叙事，契诃夫会是一个很合适的作家。

契诃夫的小说对自然环境的描写令人赏心悦目。毛姆称赞契诃夫的这种写作方式为民族的直接与真诚——"俄国是半开化的民族，他们保持了仍能看到自然本身的能力，似乎他们生活在真空里。而我们西方人，因为我们复杂的文化熏陶，看事情的时候总是联想到几百年文明发展的进程。而俄国人就看事情本身，他们眼光直接、真诚，这是民族的天赋。"

契诃夫的写作视野中不仅带有俄国这个民族的天赋，也展

现了他观察到的俄国人的阿喀琉斯之踵——"俄罗斯人的斗志有一种独特的性质：它很快就被厌倦代替了。"个体生命的倦怠、斗争的轻飘犹豫、心灵的妥协善变、意志的臣服与屈从……这些沙皇专制时期的脆弱人心，又何尝不是生活在我们身边的更多脆弱的心灵？一个作家质疑契诃夫的文学没有主题，契诃夫大叫：我的小说可以关于任何人、任何事！

高尔基这样评价契诃夫小说中的人物："一长串一大队的男男女女走过我们的面前，有的是自己恋爱的奴隶，有的是自己愚昧的奴隶，有的是自己懒惰的奴隶，有的是自己对于财富的贪心的奴隶，他们给生存的恐惧抓住了，陷在一种昏乱的痛苦里，他们觉得'现时'里没有他们的位子，所以拿一些'未来'的不连贯的谈话来充实他们的生活。"

契诃夫的创作是从戏剧开始的。舞台表演忌冗杂啰唆，契诃夫主张"简洁是天才的姐妹"大概也受其剧本创作的影响。简洁地写人怎么写？关于人的故事可以被简化成什么呢？契诃夫小说给出的答案是：情绪。

契诃夫极其善于呈现人内在的某种情绪，其中一种是压抑的情绪在蓄势待发之时的内心风暴。这种风暴不是猛烈狂暴的，往往是无声息的，所谓"笔落惊风雨"在契诃夫笔下往往变成"风雨笔不惊"。这令人想起他行医时的那般冷静——"我是医生，习惯了垂死的人。"这样冷静的笔调不仅体现在他的职业性格中，也融入了他的文学世界里，比如《哀伤》《苦闷》《窝囊》《跳来跳去的女人》……我们可以在他的小说中看到情绪的风暴来临，也可以看到这风暴怎样平静地消退。在《哀伤》这个故事里，一个农民在风雪中送生了病的老婆去医院看病，这一路他开始忏悔，希望一切能从头开始，然而他却在半路上发现老婆死了。对这满是风暴的心情，契诃夫只轻轻一笔带过："他的哀伤刚开了个头,怎么立即有了结尾。"这就是契诃夫。

契诃夫这样评价普通人和知识分子的区别:"知识分子,偶然遭受一两次痛苦,便会觉得这个刺激过于强烈,便会大叫起来;可是广大的群众,无时无刻不受着痛苦的压迫,感觉便麻木了,他们不会狂喊狂叫,或者错乱地跳动;于是,你们在大街上或者在住宅中所能看见的,只有沉默的人们,毫无声息地在活着、动着,他们到了过于痛苦的时候,反而只吹一声口哨。"

小说《苦闷》写一个死了儿子的马车夫,他想找人倾诉,却没有任何一个人愿意停下自己的生活。他听到别人对自己的咒骂,本是风暴起时,但契诃夫却来了一句"(马车夫)胸中的孤独感开始徐徐平息"。最后这个可怜的车夫向他嚼着干草的马谈起儿子,"说得得意起来便把一切讲给它听"。情绪在契诃夫笔下巧妙地掩藏在了微不足道的躯壳里,"纵然在白昼点上灯也照样发现不了它"。万千情绪中,最难写的便是这隐忍、掩藏到难以察觉的情绪。

契诃夫还很擅长写人情绪的迷茫、游离与转变,如《小公务员之死》《胖子和瘦子》《变色龙》《新娘》……时代浪潮之中,人的无力、迷茫与脆弱会外化于种种行为与选择之中。一个小官吏因为冲着一个官职高于自己的将军文官打了一喷嚏,担心失礼,陷入自我否定的狂想,最终猝死,这是《小公务员之死》中展现的一个人精神之死的过程;两个老同学相遇,本想秀优越感,却在对方更高的声望面前一败涂地,瞬间暴露出阿谀谄媚,这是《胖子和瘦子》中展现的隔阂与异化;一个警察正在处理一件狗咬人的事件,准备主持公道,却在听闻狗是将军家的后转变态度,这是《变色龙》的滑稽。一个喷嚏引发的恐惧、一种身份引发的隔阂、一条狗引发的"变色",所有这些故事都引发于微小的契机,发展于情绪的突变,终于人物灵魂的黯淡。

除了游离与转变，契诃夫还擅长写与其对立的另一种极端——死板教条、活在思想禁锢中的一类人，如《普里希别耶夫中士》《套中人》《醋栗》……一个人似乎成了既往生活、既定性格、既定模式的傀儡，另类地存活在往后余生，成为他人眼中滑稽荒诞的异类。这不仅是个人的悲剧，也是一个时代的悲剧。

契诃夫的作品距离我们这个时代已经120多年了，然而他从未过时。个体对他人的臆想、个体对权威的崇拜、个体对自由的幻想，这些也都是现代社会中正在发生着的真实。高尔基评价契诃夫说："他的心灵像秋天的太阳一样，用一种残酷无情的光明照亮了那些热闹的路、曲折的街、狭小龌龊的房间，在那里面一些渺小可怜的人被倦怠和懒惰闷得透不过气来。"这些渺小可怜的人，蕴含了人类可笑却真实的情绪。

契诃夫小说中呈现给读者的人生是由丑陋、烦恼以及平庸所构成的，然而他尽可能去除掉自己的悲观情调，展现出希望。如他在自己的手记中写的那样："为公共福利尽力的愿望应当不可或缺地成为心灵的需要和个人幸福的条件。"他在很多小说中会通过主人公对话或者独白展现出一种对高尚道德的纯粹追求，致力于服务社会的无私奉献，这种关乎心灵净化的纯净之感流淌在他的笔下。正如契诃夫本人的箴言："人在智慧上应当是明豁的，道德上应当是清白的，身体上应该是清洁的。"

文学可以超越国籍，超越种族，超越心灵的隔阂。时至今日，我们仍然可以从契诃夫的小说中读出批判的锋芒，更重要的是，这种批判仍然应景；我们仍然可以读出小人物的孤独苦楚，更重要的是，这样的人类的命运我们并不陌生；我们仍然可以读出那份人物对圣洁灵魂的追逐，更重要的是，这份崇高我们依旧渴望。与伟大的作家相遇，我们在现实人群中辨认出了那些作品中的人物，我们也在作品中与我们自己又一次相遇。这便是契诃夫的伟大之处。

第五课

小说的"整本书阅读"策略

拿同样的书给不同的人阅读,一个人却读得比另一个人好,首先在于前者阅读的主动性,其次在于前者阅读过程中使用了更多的技巧。比起教育学生要"多读小说",其实教师更该教会学生的是"如何读小说"的技巧。对一本经典名著的深度阅读远比对多本书的浅阅读,更能抵达阅读的思维纵深。因此,作为学生,需要培养深度阅读的素养。

整本书阅读这种提法似乎有悖于我们的寻常认知,看一本书难道不是整本书阅读吗?难道还有非整本书阅读?其实,"整本书阅读"的这种提法恰恰是对当下时代"碎片化"阅读的一种反抗,我们对作品的认知、对世界的认知,都需要放到"完整""连续"而非"局部""碎片"的维度来建构。在微博、公众号、短视频等自媒体主导的传播时代中,我们随时随地都可以表达,都可以阅读,但又不断因为"完整性"的缺失而制造出新的理解的沟壑、偏见的冲撞,如寻章摘句进行片面化的理解或攻击。"完整性"的思维在当下这个时代变得更加不可或缺。

与其说"整本书阅读"是一种对历时体验的阅读方式的提倡,不如说这是一种对关注完整性、强调理性精神的思维方式的提倡。

经典的作品往往需要反复阅读。然而事实上在初读时,也可以有技巧地提升阅读的品质。小说不同于诗歌、散文、戏剧,是通过虚构的人物形象、故事情节来反映社会生活的。我们在阅读过程中必然需要从情节、人物、环境这些基本要素开始，但不能始于此亦终于此。阅读一本经典，还需知其来路与其归处。

一、知其来路

第一步：从"看故事"到"看情节如何讲述"。

小说阅读常常容易沦为故事阅读，如果仅止于故事，对于经典小说的阅读实在是一种买椟还珠。《红楼梦》的伟大并非止于宝黛的爱情故事，《堂吉诃德》的伟大并非止于荒诞的骑士故事，故事之内还闪现着一位小说家的独特叙述方式。

首先，情节是故事的延伸。福斯特在《小说面面观》中如此区分故事和情节：

> "国王死了，后来王后也死了"是个故事。"国王死了，王后死于心碎"就是个情节了。时间的顺序仍然保留，可是已经被因果关系盖了过去。我们还可以说："王后死了，谁都不知道是什么缘故，后来才发现她是因国王之死死于心碎。"这非但是个情节，里面还加了个谜团，这种形式就具有了高度发展的潜能。

情节比故事多了变化的突转和波澜，多了前因后果的关联，多了内在情感的传递。经典的小说常常不是那种如同大浪来袭的爽感快文，而是需要慢下来静静观赏的水波涟漪，读者需要品出小说中的这种涟漪。短篇小说叙事节奏更快，加之契诃夫注重简洁的叙事偏好，他的小说直接且简约，在情节上看不出什么花式技巧和玄虚。

我们来看《彩票》这篇小说，如果只看故事——一对夫妻现实中并未中奖但想象自己中奖，一句话即可概括完，但这篇小说其实非常丰富。如果关注文本前后的细节关联，读者可以挖掘出更多的草蛇灰线。彩票并未中奖这个事实在前文有依据吗？夫妇之间的感情有铺垫吗？这对夫妻随着对中奖的想象逐渐深入，对彼此的恨意逐渐升级，暴露出了真实的一面，小说掀起了涟漪。最后随着彩票结果的揭晓，涟漪震荡一下子回落，完成了情节的波澜。这样的波澜恰恰是大多数人真实生活的写照，没有巨变，只有微澜；没有反抗，只有忍耐。这里便达到了契诃夫喜欢揭示的主题：在庸常生活中忍耐的人们，有其可怜、可恨之处。

情节是相互勾连的，小说中常常会出现一些值得注意的勾连之笔。例如《变色龙》中被狗咬的赫留金到底是否无辜，小说中其实也有闲笔进行了暗示，一个是旁人的闲嘴，一个是人、狗的不同姿态。不过契诃夫并未直说透彻，读者需要自行补足情节逻辑的空白之处。这便是针对小说的留白进行"补白"的过程。

小说是讲逻辑的，但文学的逻辑又不完全是日常经验的逻辑。我们在生活中常常吐槽一种"直男癌"思维，形容以自我为中心，不懂得转弯与换位思考。在文学理解中，也会出现这样的"直男癌"式逻辑。有的人阅读《红楼梦》时，将自我秉持的唯物论科学观代入，指斥宝玉在太虚幻境看到人物命运判词这个情节的不合事理，而无法读出曹雪芹关于人物命运设定的深意。还有的人阅读列夫·托尔斯泰的《复活》时，以一己之私代入，认为聂赫留朵夫的忏悔和求婚是虚伪的，而无法理解人物内在转变的伟大。

阅读小说,固然需要自我代入,但是需要去除的是"自我中心"式的代入,而是要以主人公为中心去进行"自我共鸣"式代入。发出"何不食肉糜"之问的晋惠帝,怎么可能真正理解百姓的饥饿穷苦? 同样,若没有姿态上的谦卑,贴近作者,走进人物的沉浸式同理,便很难理解小说的情节逻辑。

优秀的小说家不说废话,说出的"废话"往往有其用意。契诃夫小说的情节有一种常用的叙事方式——对话体,人物絮絮叨叨地唠家常。这对于崇尚简约、惜字如金的契诃夫来说,难道不像是在浪费笔墨吗? 当然不是,契诃夫正是在这种看似絮叨的对话体中达到了对人物日常生活的精细勾勒,小说情节的冲突常常在对话中建构、升级,如《小公务员之死》《变色龙》《胖子和瘦子》《假面》。对话体在他的小说中往往起着至关重要的作用。

人物的对话也常常展现出内在的空洞,高尔基这样评价:"他们觉得'现时'里没有他们的位子,所以拿一些'未来'的不连贯的谈话来充实他们的生活。"这种对话展现了人物现实生活的空洞无意义,符合契诃夫一贯的批判主题。此外,契诃夫笔下还有另一种对话,像是哲学家漫谈,在随意的漫谈中通往小说的纵深,如经典之作《套中人》中开篇和结尾设置的对话体,又如《第六病室》中精神病人之间的对话,可以令读者感受到契诃夫本人精神世界的投射。

总之,阅读需要从"看故事"的简化思维过渡到关注"情节如何讲述"的内部细读。情节的波澜、情节的勾连、情节的逻辑、情节的叙述方式……这些都是更加深入切近小说的方法。

第二步:从"看人物"到"看立体的时代中人"。

福斯特的《小说面面观》中提及:"人的生命从一种他已经忘却的经验开始,又以一种他虽亲自参与却无法理解的经验终结。"人生诚然如此,生的经验我们早已忘却,死的终结我们仍然未解,个体的经验始终存在着局限性,但是我们还是可以通过小说来体验到我们未尝触及的经验区域。这也是阅读的重大意义。

与经典小说中人物的相遇,是补足我们自我认知的重要途径。人物形象可分为扁平类、脸谱化的单面类型和立体、复杂的多面类型。脸谱化的扁平式人物设定也有出色的典型,比如莫里哀的"吝啬鬼"、巴尔扎克的"葛朗台",这些都是文学中的经典,然而他们更多是存在于文学形态中的少数人,而非现实生活中的大多数。我们从单薄的纸片人格中窥视出的生命变化、社会万象远不及立体人格来得丰富。立体、复杂的人物形象正是帮助我们通往复杂经验的通道。

相比大仁大恶,生活中更多的是平庸的仁与平庸的恶。人们带着瑕疵,闪烁着微光,彼此相拥,人物的瑕疵和微光都是构成人类完整性的不可抹杀的一部分。如莎士比亚笔下的哈姆雷特,满腔正义却犹疑不决,在一次次犹豫中延宕了复仇的时机。再比如加缪对古希腊神话中西西弗的解读,不认为他是个彻底的悲剧人物,反而认为他是荒谬的英雄,激情和痛苦成就了他。

契诃夫的小说《万卡》中,万卡日夜思念的爷爷其实并非完美的人,只是个有缺点的喜欢揩油的糟老头子,然而这样的人性才真实;《胖子和瘦子》中,瘦子是谄媚的,胖子似乎是高他一等的更单纯的人,但其实并非如此,胖子也有被无形中腐化的一面;《渴睡》中的女孩杀了人,然而她是多么善良、隐忍、悲苦……这些都是人性的复杂。即使是写《套中人》的别里科夫这种集讽刺于一身的形象,契诃夫的目的也并非在于批判这一个人,而是在笔墨中融入了对忍受别里科夫的更大群体的批判。别里科夫的存在是更多懦夫无声地制造出来的,纵容、妥协的沉默的大多数难道不是更该被批判的角色吗?作者由此揭示出别里科夫存在的社会合理性和复杂性。

对人物形象的立体刻画是评价一位优秀小说家的标准之一。此外,一位作家如何建构他文学蓝图中人物的多样性,从中也可以看出作家经验的深广程度。

在契诃夫的短篇世界中,他深刻地揭示了人生的悲剧和悲壮感。在他笔下,我们看到有在时代中遭受凌辱的小人物,无声无息,如尘似芥,如死去儿子却无人倾诉的马车夫;有被时代抛弃的人,在急剧降落中紧紧抓住自己的方寸执念,却荒唐滑稽,仍然坠落至深渊,如普里希别耶夫中士;有与时代共存的庸人,整天无所事事,没有任何意义感,如纵情社交的图尔金一家;有在时代中沦陷的人,在名利、欲望间跳来跳去,失去自我,如被物质奴役的姚内奇;也有在时代中敢于跳出一潭死水,追求新生活的大胆反叛者,如逃离旧生活的新娘。

这一系列的人物群像不仅仅是属于19世纪的特写,也远远地照进了21世纪的现实世界。我们一定可以从契诃夫的小说中读到身边似曾相识的人。

与契诃夫同时期的尼采提出"上帝已死",旧秩序、旧传统发生了坍塌,人们迫切地需要建立新秩序,需要新的超人。尼采批判虚无主义的危机来袭,可是陷入狂欢的庸众对于即将到来的危机却毫不知情。尼采通过哲学提出人类共同面对的命题,希望人们通过权力意志和超人理想去直面虚无,战胜虚无,最终成为人生和世界的主宰。契诃夫同样通过文学提出:人不能在虚无中陷落,必须有所反抗。然而,在时代的压抑下,人们不仅不用行动去消除生命的无意义,反而沉浸于幻想,陷入抱怨,及时行乐。于是契诃夫以文学作为批判之匕首,直指时代中人。

人物形象背后是人物所处的时代，没有任何人可以彻底脱离时代而独自存在。看到人物的时代性，可能也就同时触碰到了人物背后的时代局限性，这是入其时。看到人物当时的时代性，再感受到当下此时的时代性，这是出其时。伟大的作家笔下可以创造出一种独特的人物——无时代的人，并非没有时代，而是带有更强的兼容性。阅读小说，若能从"看人物"到"看立体的时代中人"，既读出人物的多面，也读出时代的延伸，这样的阅读才能真正达到入乎其内，出乎其外。

第三步：从"跳过环境"到"关注环境的不同功能"。

小说的情节、人物形象自有引人入胜之处，但是面对小说中的环境描写，很多学生在阅读过程中就跟看电视剧跳过广告一样略过，甚至部分学生对环境描写已经形成了"渲染氛围""烘托人物形象""推动小说情节发展""深化小说主题"等模式化的理解。长此以往，对小说中环境的缺位阅读，可能会带来阅读体验中形象直觉感的钝化。

小说环境的功能首先在于审美。朱光潜《谈美》中提到美感经验是形象的直觉。"美不完全在外物，也不完全在人心，它是心、物婚媾后所产生的婴儿。"面对文本的细节，读者将感受参与其中，生发出美感的经验，这个过程本身便可以促进直觉的酝酿和文学语感的养成。

阅读小说的环境描写时，我们不妨先剥去知识的框架，从关注作为审美本身的环境开始。很多经典小说的环境描写是可以直接触发人类审美直觉功能的，如《红楼梦》中写太虚幻境——

但见朱栏白石，绿树清溪，真是人迹希逢，飞尘不到。

写大观园——

> 只见佳木茏葱,奇花烂漫,一带清流,从花木深处曲折泻于石隙之下。再进数步,渐向北边,平坦宽豁,两边飞楼插空,雕甍绣槛,皆隐于山坳树杪之间。

写潇湘夜雨——

> 秋霖脉脉,阴晴不定,那天渐渐的黄昏,且阴的沉黑,兼着那雨滴竹梢,更觉凄凉。

我们会不由感叹曹雪芹文字的艺术。

契诃夫小说中的很多环境场景同样值得关注,很适合写作初学者借鉴学习。《草原》里的写景,仿佛将读者带到了辽阔的洋溢着晨光的草原——

> 这当儿,旅客眼前展开一片平原,广漠无垠,被一道连绵不断的冈峦切断。那些小山互相挤紧,争先恐后地探出头来,合成一片高地,在道路右边伸展出去,直到地平线,消失在淡紫色的远方。车子往前走了又走,却无论如何也看不清平原从哪儿开的头,到哪儿为止……太阳已经从城市后面探出头来,正悄悄地、不慌不忙地干它的活儿。起初他们前面,远远的,在天地相接的地方,靠近一些小坟和远远看去像是摇着胳膊的小人一样的风车的地方,有一道宽阔而耀眼的黄色光带沿地面爬着,过一忽儿,这道光带亮闪闪地来得近了一点儿,向右边爬去,搂住了群山。不知什么温暖的东西碰到了叶果鲁希卡的背脊。原来有一

道光带悄悄从后面拢过来，掠过车子和马儿，跑过去会合另一条光带。忽然，整个广阔的草原抖掉清晨的朦胧，现出微笑，闪着露珠的亮光。

《带小狗的女人》中的写景，让人们在眼前的景致中流连与满足，忘记了遥远的世界——

在莫斯科，家家都已经是过冬的样子了，炉子生上火，早晨孩子们准备上学、喝早茶的时候，天还黑着，保姆就点一忽儿灯。严寒已经开始。下头一场雪的当儿，人们第一天坐上雪橇，看见白茫茫的大地、白皑皑的房顶，呼吸柔和而舒畅，就会感到很愉快，这时候不由得会想起青春的岁月。那些老菩提树和桦树蒙着重霜而变得雪白，现出一种忠厚的神情，比柏树和棕榈树更贴近人的心，有它们在近处，人就无意去想那些山峦和海洋了。

与审美相对的还有一种功能是"审丑"。有时候环境并不都给人直观上的美感，也有阴暗、丑恶、恐怖、扭曲、异化的一面，如卡夫卡《变形记》中阴暗的下雨天与强劲的穿堂风，《城堡》中厚厚的积雪、浓雾和黑暗的环境。鲁迅的《祝福》则通过下雪的环境点出鲁镇的压抑——

天色愈阴暗了，下午竟下起雪来，雪花大的有梅花那么大，满天飞舞，夹着烟霭和忙碌的气色，将鲁镇乱成一团糟。

鲁迅的《在酒楼上》刻画旅馆外的环境，人物尚未出场，颓废枯寂之感已经来袭——

> 窗外只有渍痕斑驳的墙壁，帖着枯死的莓苔；上面是铅色的天，白皑皑的绝无精采，而且微雪又飞舞起来了。

这些小说中的环境都带有不同于审美的"审丑"的附着功能，"丑"在这里不是指人外表的丑恶，而是环境表象流露出来的"丑态"。美引发的是精神的感官愉悦，丑引发的是精神的智性思索。"丑"的环境本身指向了小说形式、内容、逻辑、主题等方面，成了介入小说理解的一种途径。法国诗人波德莱尔的经典作品《恶之花》，就是通过写都市的"丑恶"来揭露社会危机和精神病态。

契诃夫在《万卡》中对故乡的环境描写得非常梦幻，那是万卡梦想回到的地方，实际上爷爷住的打工的地方可能并不一定有这么美好。而写到眼前现实环境则是黑暗的——"阴暗的圣像和圣像两边摆满鞋楦的架子""黑乎乎的窗户，蜡烛的影子在窗上晃动着"。这里黑暗的环境是与人物命运相吻合的小说生存空间。

作家创作时的"贴着人物去写"，就是需要这样宿命般的契合，用环境去照见人物的命运，人物从某种环境中来，因而才有了属于他的特殊形象和情节；人物要到某种环境中去，他的形象和情节也需要承担相应的变化。

环境的功能是需要"审视"的，无论审美还是"审丑"，经典作品总能给我们带来阅读的震荡体验。读者需要做的，便是从情节、人物、环境中去发现小说的内在震荡，这些是"知其来路"的过程。

二、知其归处

一方面,我们需要指向作品深处的智性阅读。

如果说前面情节、人物、环境更偏向于对作品本身的解读与理解,指向作品深处的智性阅读,更需要的是读者调动自身积极性继续参与作品理解的过程。

阅读小说作品还需要解决四个核心问题:第一,这部小说的创作背景,包括作家背景和时代背景,是怎样的?第二,这部小说的主旨是什么,是否有多重主旨?第三,这部小说的经典价值何在?第四,这部小说如何进行横向与纵向比较阅读?这四个问题背后分别指向作家的创作动机、作品的核心内容、作品的意义、作品的延伸阅读。这些问题可以导向阅读的梳理、分析、延展过程。

我们读鲁迅的小说,是需要将其放到五四新文化启蒙的时代背景中去看待的。鲁迅在创作中秉持着很重要的"历史中间物"的个人角色,既具有破旧立新的勇气,也同时存在无地彷徨的悲哀。对于小说主旨的理解,常常会随着阅读主体的差异而存在差异,小说本身确实也会存在多重解读空间。比如《狂人日记》这篇小说,它的主旨意在暴露家族制度和礼教的弊害,此外,我们也可以读出更加普遍的社会中人在现实世界中遭遇的压抑与困顿。这篇小说可能会被作为"反封建檄文",强调其政治意义,但从文学本身而言,它的意义首先在于揭示了人类的精神挣扎。《狂人日记》是中国现代文学史上具有跨时代意义的第一篇白话小说。阅读时,可以将其与鲁迅其他小说,如《祝福》《孔乙己》,进行比较,探讨鲁迅小说的共性与差异,从中读出共同存在的对社会问题的直指、人的苦闷压抑的生存境遇、启蒙知识分子的软弱之感等。也可以和果戈理的同名小说《狂人日记》比较，对比其背后的文化差异，果戈理呈现了被侮辱、被损害的小人物的发狂，是农奴制俄国社会底层大多数人的写照，而鲁迅则带着更多的启蒙色彩。

契诃夫的小说大多比较短，我们在阅读时不仅要进行单篇细读，还需要注意关联贯通阅读。阅读《万卡》时，可以把它与《渴睡》放在一起比较，分析契诃夫怎样差异化呈现男童工和女童工的故事。阅读《变色龙》时，可以将其与《胖子和瘦子》《跳来跳去的女人》进行对比，同样是写人的善变，契诃夫写男性常常是写他们对金钱、权势的阿谀，写女性常常是写她们对名望、才华的追逐。阅读《套中人》时，可以把它和《普里希别耶夫中士》放在一起阅读，看到这些相似形象的共性及影响人物性格缺陷的社会因素。既要注重单篇的理解，更需打通文本，串联起来。

一个作家的创作主题里包含了他的人生态度。契诃夫的鲜明人生态度在于，即便贫穷，人也要活得有尊严。人生有两种不幸：一种是追求过度带来的悲剧，太多人被欲望所支配，被他人支配，而丧失了自己的自由人格；另一种是无所求带来的悲剧，活在当下的欲望满足之中，活在支配他人之中，人生在庸俗中逐渐钝化，失去了生命的更大意义。这样的主题贯穿在契诃夫的创作中，阅读时可以尝试进行分类、总结。

《如何阅读一本书》的作者艾德勒把阅读分成四个过程：基础阅读、检视阅读、分析阅读、主题阅读。具备阅读能力的人基本都能轻松完成基础阅读。从检视阅读开始，读者才真正走进阅读，需要读者逗留、倒退、摘要等。分析是带着问题意识进入阅读，并进行思考。主题阅读则将作品本身纳入相应的宏观思考之中。阅读经过这些过程性的步骤和方法，大体上才能指向作品深处,实现智性阅读,而非表层浅阅读。

另一方面,我们还需要指向自我省察的共鸣阅读。

阅读小说,是消化他人经验的过程,消化之后最终还需要回归到个人生活。伟大的小说作品不是只存在于虚构之中,它还可以延伸到现实中,给人现实的心灵启示和精神慰藉。

阅读可以分为两种不同的体验状态:一种是旁观者抽离式的阅读,一种是沉浸者共鸣式的阅读。小说是想象类的文学形式,如果读者在阅读过程中难以通过"想象的落地"来进行沉浸、共情,无法完成从想象走进现实的转换,那便很难真正理解小说的现实性,也很难从小说走进自己的现实人生。

作家阿来在一次演讲中谈起创作时说:"自从文学产生的那天起,文学表达就坚持着一个非常强烈愿望——希望这个世界上的人心灵积极向上;希望生命被尊重;希望一些人不是生来高贵,而大多数人生而卑贱;希望被少数人垄断的知识、财富、与政治权力能被普通民众所享有。我们这些从事文学的人,怀揣着自己的天真,想以自己在文学中表达的强烈祈望来使人受到感染。即便是进行剖析、批判与质疑的时候,内心深挚的本意,也是希望社会正常与健康,在这个社会中的人心灵可能得以丰满,人可能得以独立,对所有事物做出自己的判断。然而每一次写作完成,都使我对今天文学能否像经典理论所表述的那样对社会、对生活产生影响,产生强烈的怀疑。"

这种反思体现了一位作家通过写作建立与真实社会的联结、通过文学改变生活的渴望,这其实也是众多作家的文学创作本能。读者不仅需要在阅读中读出作者的创作本能,也需要唤醒自己的真实人生感受。

一个时代有一个时代之文学,但经典又是超越时代的。《巴黎圣母院》中善与恶的斗争绵延至今,可以唤醒人们的正义与良知;《一九八四》中窒息的极权同样是现实世界的某些缩影,可以激发出人们对自由的呼唤;《百年孤独》中世代家族在蒙昧中遭遇文明侵袭的演变仍未远去,可以令人们想见自己的文明与传统;《红楼梦》中宝玉摔玉、黛玉葬花的经典亘古相通,可以激发起生命意识的觉醒;《活着》中人生的苍凉和坚忍并未褪色,可以唤醒我们关于祖辈历史的疼痛记忆……文学是面向大众的,但是于读者自身而言,需要在阅读时提取出个体的经验。

契诃夫的小说不是仅能通往19世纪社会的桥梁,而是衔接、穿越至21世纪当下的桥梁。读《小公务员之死》,可以让人联想到当下社会种种焦虑、臆想的时代病症;读《胖子和瘦子》,可以让我们共鸣起老同学聚会却不复如初的心情;读《变色龙》,可以让我们想见那些阿谀矮化、左右逢源之人;读《万卡》,可以唤起我们对童年记忆的想象及对万卡的悲悯;读《套中人》,可以启发我们反思自己是否活在某个套子之中;读《跳来跳去的女人》,可以感受到一种人心善变、飘摇无根的相似性;读《姚内奇》,可以警醒在俗世尘埃中庸俗沉沦、背离生活的人们;读《新娘》,可以让人增添冲破桎梏、拥抱不确定的未来的勇气……

《礼记·学记》有言曰:"善待问者如撞钟,叩之以小者则小鸣,叩之以大者则大鸣。"阅读也如撞钟之叩,小者有小的共鸣,大者有大的共鸣。如果能够获得切入现实,击中内心的一些回响,那么,这样的阅读才是更为"走心"的阅读。

学者温儒敏认为,要求整本书阅读,首先就是"养性",涵养性情,让学生静下心来读书,感受读书之美,养成好读书的习惯。这可能是最重要的。

小的共鸣是体察小说情境,理解人物动机,深入文本的共鸣；而大的共鸣则是情绪、意识、精神、思想的共鸣。如能在小说阅读后，走出小说，养性养心，收获面对真实社会的力量，懂得探照人生的方法，这些大概才是阅读带来的更大意义。

下　编

契诃夫短篇小说选读

小公务员之死

这真是一个美妙的夜晚，心情不错的庶务官伊万·德米特里奇·切尔维亚科夫正坐在剧院的第二排椅子上，用望远镜欣赏着歌剧《科尔涅维利的钟声》[1]。他一边欣赏一边洋洋自得地想，还有什么能比这更幸福的呢？突然间……（小说中经常能碰到这样的"突然间"。作家们是对的，生活中总是充满着各种各样的意外之事！）切尔维亚科夫脸一皱，眼睛一眯，连呼吸都停止了……他赶紧把望远镜往边上一放，弯下腰来，只听……"啊嚏"一声！！！原来，他打了个喷嚏。打喷嚏这种事儿不管是谁，不管在什么地方，都是没办法的事情。庄稼汉要打喷嚏，警长也要打，就连达官贵人也会时不时地打个喷嚏。人人都要打喷嚏。切尔维亚科夫倒是一点儿也不慌张，他掏出手巾擦擦脸，然后像个礼貌得体的人一般，往四周环视一圈，看看自己的喷嚏有没有打扰到别人。不看不要紧，一看吓一跳。原来，他看

注意"弯下腰来"这个动作，说明切尔维亚科夫并没有对着别人打喷嚏，他算是一个在公共场所行为较为文明的人。

1　法国作曲家普朗盖特（1847—1903）所作的一部三幕轻歌剧的名字。

见坐在他前面，也就是第一排椅子上的一个小老头正在用手套使劲儿擦自己的秃头和脖子，一边擦，一边嘴里还在嘟囔着什么。切尔维亚科夫认出这个人是布里扎洛夫将军，一个在交通部任职的三等文官。

"我的喷嚏想必是溅着他了！"切尔维亚科夫心想，"虽说他不是我部门的长官，但这事儿总归不太好，得去道个歉才是。"

切尔维亚科夫咳嗽了一声，将身子往前探了探，凑近将军的耳朵小声说："长官大人，实在是抱歉啊，我的唾沫星子溅着您了……我实在是无心的……"

"没什么，没什么……"

"看在上帝的分儿上，您就原谅我吧。要知道……我真的是无意的啊！"

"哎呀，快坐回去吧！我还要看戏呢！"

切尔维亚科夫顿觉心慌意乱起来，只得傻傻地笑了一下，视线又转回舞台。他继续看着戏，却怎么也幸福不起来了。他开始惶恐不安，定不下心来。趁着幕间休息，他又走到布里扎洛夫跟前，在他身旁踟蹰了一会儿，终于克制住自己的胆怯，上前嗫嚅道："长官大人，我刚把唾沫星子溅到您身上了……真的很抱歉啊……要知道……我真的不是有意的……"

"哎呀，够啦够啦……我都把这事儿忘了，你怎么还提啊！"将军说完，不耐烦地撇了撇嘴。

小老头为什么这个时候擦自己的秃头和脖子？是因为喷嚏溅到他身上了吗？

小说开头是一个寻常的日常对话，我们都有可能遇到类似情境，给他人制造了困扰，这时候简单的一句抱歉便可以结束这个情境。而契诃夫小说的戏剧性恰恰发生在这看似戛然而止的地方。

这里需要注意将军的态度。小说中连续表现出他的不耐烦，小公务员固然多虑，但也正是将军的态度促成了小公务员的担忧。

"他虽然嘴上说忘了，可那眼神多凶啊。"切尔维亚科夫疑惑地望着将军，暗想，"他连话都不想多说。得向他解释清楚我真不是故意的，打喷嚏是自然规律，要不然他肯定以为我是有意啐他了。他现在倒是不这么想，以后就一定会这么想了！……"

回到家后，切尔维亚科夫把自己的失态告诉了妻子。他发现妻子对这件事全然不在意，只是开始的时候吓着了，但一听说布里扎洛夫是在"别的"部门任职，就放下心来了。

"无论如何你还是去道个歉为好。"妻子说道，"否则他会以为你在大庭广众之下举止不当呢！"

"就是就是！我都已经赔过不是啦，可他不知怎么搞的，有点古怪……一句中听的话都没说过。不过他那会儿也没工夫和我说话呢。"

第二天，切尔维亚科夫穿上新制服，刮了脸，又去找布里扎洛夫解释了……他一走进将军的会客厅，就看见那儿已经来了很多拜访者，而将军就在这些人中间，已经开始接见了。在询问过几个人之后，将军把眼睛一抬，望向了切尔维亚科夫。

"长官大人，倘若您还有点印象的话，昨天在阿尔卡吉亚剧场，"切尔维亚科夫开口说了起来，"我打了个喷嚏……并且不小心溅到了您身上……请您原……"

妻子和小公务员态度一样，懦弱胆怯，怕招惹是非。这也引发了小公务员进一步道歉的行为。

38

"都什么乱七八糟的……天知道怎么回事儿！"将军扭过脸，转向了下一个来访者，"您有什么事儿？"

"连话都不想说呢！"切尔维亚科夫脸色惨白，心里想，"保准是生气了……不行，这事儿不能就这样放下了……我得去跟他说明白才行……"

当将军和最后一个来访者谈完话正要返回内室时，切尔维亚科夫立马跟上去，又开始嗫嚅道："长官大人！倘若我能再斗胆打扰您一下的话，那真的是出于一种悔过的心情！……我真的不是故意的，请您务必相信我才是啊！"

将军沉下了脸，摆了摆手。

"您简直是在跟我开玩笑，先生！"将军说完，关上了身后的门。

"这怎么可能是在开玩笑啊？"切尔维亚科夫心想，"这开的是哪门子玩笑啊！身为将军，却一点儿都不明事理！既然这样，我也不要再来给这个好摆架子的人赔不是了！去他的！干脆写信算了，再也不要来了！老天啊，我说什么都再也不来了！"

切尔维亚科夫一边这么想着，一边回了家。可是给将军的信却没有写成。他想来想去，实在想不出这信到底该怎么写。于是只得次日再次登门亲自解释。

"我昨天来打搅大人，"当将军抬起头

这里将军的态度由之前的不耐烦转变成不屑，甚至可以说是不尊重。切尔维亚科夫是一个不被尊重的人，于是他更加迫切地想证明自己的自尊。

切尔维亚科夫一次次地鼓起勇气，一次次地失去自尊。为什么被伤害之后他还要去道歉呢？

39

来,用疑惑的眼神望着切尔维亚科夫时,他又开始嗫嚅道,"可不是像您说的那样是为了开玩笑啊。我真是为了把喷嚏溅到您身上这个事儿来赔不是的……我想都没想过要开玩笑呢。我哪敢对您开玩笑啊!倘若我真的是开玩笑,那岂不是就失去了对您的尊敬了……就失去了……"

"滚出去!!"将军脸色发青,浑身发抖,突然间大吼了一声。

"您说什么?"切尔维亚科夫低声问道,已经被吓呆了。

"滚出去!!"将军又跺着脚大吼了一声。

切尔维亚科夫感觉自己肚子里仿佛有什么东西突地碎了一般。他好像什么也看不见,什么也听不着了,就这样一步一步地退到门口,然后走上大街,步履艰难地挪动着……他一路跌跌撞撞地回到家里,连制服都没脱,就这样倒在沙发上……死了。

所有被谅解的希望、被尊重的可能,在最后一瞬间毁灭。从精神到肉身,作为一个人,切尔维亚科夫被摧毁了。

【拓展延伸】
一种过度省察的人生

苏格拉底有句名言："未经省察的人生不值一过。"然而若是对人生过度省察呢？契诃夫的《小公务员之死》便为我们呈现了一个过度思虑、过度省察的小公务员的悲剧。

小说写了一个小官吏切尔维亚科夫在剧场不小心打了一个喷嚏，发现坐在他前面的人用手帕擦了下秃头和脖子，而且那人是个将军。切尔维亚科夫于是便以为自己冒犯了对方，想办法向他道歉，但是将军并没有当回事儿，对道歉感到莫名其妙。越是这样，切尔维亚科夫越是惶恐。最后在他一遍遍地请求原谅中，将军被激怒，让他"滚出去"。切尔维亚科夫回去后便死了。

如果用一句话概括，我们可以称这篇小说为"一个想太多的人，最后死于自己的想太多"。值得我们思考的是：一个道歉本可以解决的问题，为何切尔维亚科夫会"想太多"，以至于最后付出生命的代价呢？

首先，切尔维亚科夫的形象是敏感脆弱的。这种敏感脆弱不仅来自他的性格本身——多疑多虑、胆小怕事，而且他的疑虑担忧已经到了草木皆兵近乎病态的程度。对他来说，冷淡即是伤害，拒绝即是暴力。我们可以想象如果整个对话过程中，将军对他一开始没有表现出不耐烦，而是礼貌、温暖地安抚他，那么这场悲剧还会发生吗？

事实上即便这样，悲剧肯定还是会以另一种形态出现。切尔维亚科夫的敏感脆弱还有一重心理来源。他对权威的绝对服从以及极度恐惧使他变成了一个"战战兢兢,如临深渊,如履薄冰"之人。一旦他所站立的这层"薄冰"出现裂痕,于他而言便是崩塌的毁灭。所以切尔维亚科夫在比自己地位更高的将军面前,无法容许自己出现任何冒犯、疏忽。这并非出于谨慎,而是出于惊恐。

一个已经混到庶务官的小官吏,这一路职业生涯一定踏过风浪,而他却在这一次倒下。这里有小说中契诃夫所谓的"突然"——

> 小说中经常能碰到这样的"突然间"。作家们是对的,生活中总是充满着各种各样的意外之事!

也有其必然。切尔维亚科夫的自我人格到此时已经被"在交通部任职的三等文官"侵蚀,"三等"尚非最高等官职,自我主体性在官僚体制中不堪一击,他其实需要的并不是"友善的回应"本身,而是权力攀爬过程中的步步为营。

用我们今天的词语来形容,切尔维亚科夫应该属于极端讨好型人格。一旦他失去了"讨好的权利",便转变成"极端的侵犯"。他追踪到将军办公室、家里的行为已然构成了对将军本人的一种"侵犯"。这种一开始可能并不存在的"冒犯",最后却在他的过度臆想与维护中变成了真实的"侵犯"。"切尔维亚科夫"在俄语中有"蛆"的意思,意味着他像虫豸一般低下卑贱,悲剧中也制造了滑稽与荒诞的效果。

这并非在为将军开脱,小说中的将军确实自始至终带有一些傲慢、无视,身份的权威令他高高在上——

> "哎呀,够啦够啦……我都把这事儿忘了,你怎么还提

啊!"将军说完,不耐烦地撇了撇嘴。

…………

"都什么乱七八糟的……天知道怎么回事儿!"将军
扭过脸,转向了下一个来访者,"您有什么事儿?"

…………

将军沉下了脸,摆了摆手。

"您简直是在跟我开玩笑,先生!"将军说完,关上了
身后的门。

…………

"滚出去!!"将军脸色发青,浑身发抖,突然间大吼
了一声。

但凡将军愿意停下来倾听一个弱者的恐惧,切尔维亚科夫便有
被解救的可能。虽然这对一个已经丧失自我独立人格的小公
务员来说,只可能是众多凌辱中的一端,压死这个骆驼的稻草
早已生长在他的生命中。

这篇小说最初发表时,原有副标题"事故",后来契诃夫将
其删去。单看个体,确实小公务员之死像一场事故,但这样
的事故其实也具有普遍性。

我们的生命中,必然会误会一些眼神、动作,误解一些语
言、行为,也必然会被他人误会。我们需要解释、自证,但过多
的自我解释有时反而显得多余,凡事不要过度。获得自尊感
需要讨好的不是他人,而首先应该是自己。小说结局是一个
空心人的死去。契诃夫最后赋予他"死亡"的结局是有深意
的。此前即便他的肉身没有死亡,在精神上他已经彻底失去自
己了。

这篇小说至少可以给我们带来三点启示:

第一，将自己灵魂寄托在对权力的倾心之上的人，最终会遭到权力的反噬。

第二，过度地维护自己在他人心中的形象反而会带来负面效果。

第三，未经省察的人生不值一过，但过度省察的人生同样不值一过。

胖子和瘦子

在尼古拉耶夫斯基铁路的一个火车站上，两个朋友相遇了，一个是胖子，一个是瘦子。胖子刚在火车站吃完午饭，嘴唇还泛着油光，亮铮铮的，像熟透了的樱桃一般，浑身都散发着白葡萄酒和香橙花的气味。瘦子刚从车厢里下来，吃力地提着箱子、包裹和硬纸盒，身上有一股火腿和咖啡渣的气味。在他背后，一个长下巴的清瘦女人探头张望着，这是他的妻子；还有一个高个子的中学生，眯着一只眼，那是他的儿子。

"波尔菲里！"胖子看到瘦子以后，突然大声呼喊起来，"真是你吗？我亲爱的朋友！好久不见了啊！"

"哎呀，我的老天啊！"瘦子吃了一惊，也叫道，"这不是米沙吗？！我小时候的朋友啊！你这是从哪里来的呀？"

两个朋友立马拥抱在了一起，连吻了三次，然后互相望着对方，眼里饱含泪水。两人都是又惊又喜！

"我亲爱的朋友啊！"吻过之后，瘦子开始

开头处描写胖子和瘦子都采用了肖像描写，二人的处境可以从中窥见，"吃饭"的胖子的生活相比"吃力"的瘦子而言，似乎是更轻松的。且开篇都写到两人身上的"味道"，一种是葡萄酒味儿和花味儿，一种是火腿和咖啡渣味儿，揭示了二人不同的生活轨迹。这种开头可视为下文两人地位差异的一个伏笔。

45

说道，"简直是太意外了！这真是一个惊喜！哎，你倒是好好瞧瞧我！你还是跟以前一样英俊呢！还是那么气派！我的老天啊，你现在混得如何呀？发财了吧？结婚了没？你也看到了，我都已经成家了……瞧，这是我妻子路易莎，娘家姓万岑巴赫……她是个清教徒……哦，这是我儿子纳法纳伊尔，还在读中学三年级呢。纳法尼亚[1]，这是我小时候的朋友！我们中学时候也是同学！"

纳法纳伊尔犹豫了一下，把帽子摘了下来。

"我们中学是在一起念的！"瘦子继续说着，"你还记得吧，那个时候大家都是怎么拿你开玩笑的？同学们给你取了个外号叫'赫洛斯特拉特'[2]，那是因为你拿香烟把公家的一本书烧了个洞。大家还给我取了个外号叫'厄菲阿尔特'[3]，是因为我喜欢打小报告。哈哈哈……那个时候大家都还是孩子呢！你别怕羞呀，纳法尼亚！你倒是走过来呀……哦，这是我妻子，娘家姓万岑巴赫……是个清教徒。"

纳法纳伊尔迟疑了一会儿，躲到父亲身后去了。

1　纳法纳伊尔的爱称。

2　古希腊人，为了扬名于世，于公元前356年放火焚烧了古代世界七大奇迹之一的宏伟壮丽的阿尔忒弥斯神庙。

3　古希腊人，于公元前5世纪初，为波斯军队带路，引敌入境。

"对了，朋友，你现在过得怎样啊？"胖子热情地望着瘦子问道，"现在在哪儿供职啊？都做到几等官啦？"

胖子的开口提问更加直接，询问的是官职级别。

"我亲爱的朋友啊，我现在还在供职呢！做八等文官都有两年啦，还得过一枚圣斯坦尼斯拉夫勋章呢。可就是薪水太少……唉，去他的！我妻子现在在教音乐课。我呢，工作之余用木料做些烟盒。都是些很棒的烟盒呢！我拿出去卖一卢布一个。要是有人一次性买十个或者更多的，我就给他点折扣。反正就这样勉强过着呗。你也是知道的，我以前在一个厅里做科员，现在调到这边做科长了，还是在以前那个部门……之后还会在这里继续干着。对了，你呢，现在怎么样啊？恐怕都做到五等文官了吧？嗯？"

"不止呢，还得再说高点儿。"胖子说，"我现在已经升到三等文官了……都有两枚星章了。"

瘦子听到胖子官职比自己高之后，态度发生反转，由一瞬间的惊愕变成谄媚，人物肖像描写传神生动。不仅仅是瘦子自己，连带着他携带的物件和他的家人，也全在一瞬间变得卑微。颇具喜剧效果和讽刺意味。

刹那间，瘦子脸色苍白、目瞪口呆，但很快他脸上的肉就朝四下里扭动开了，并立即露出一副相当欣喜的笑容，仿佛他的脸和眼睛都要射出火星一般。他耸起肩膀，弯下腰，缩下去半截。他手上的那些箱子、包裹、硬纸盒好像也跟着缩了半截似的。他妻子的长下巴拉得更长了。纳法纳伊尔则垂手直立，系紧了大衣上所有的纽扣……

"大人，我……真是太高兴了啊！您和我

可称得上是儿时的朋友啊,而您一下子就平步青云,变成大贵人啦!嘻嘻!"

"哎呀,够啦够啦!"胖子皱起了眉头,"干吗要用这样的腔调说话呢?我和你可是小时候的朋友呢,用不着搞官场上的那一套奉承啊!"

"那怎么行啊……大人您怎么能这么说呢……"瘦子嘿嘿笑着,整个人缩得更小了,"大人您的恩情……使我如蒙再生的甘露啊……大人,这是我儿子纳法纳伊尔……这是我妻子路易莎,清教徒,某种意义上来说……"

胖子本想反驳点什么,但瘦子脸上那副尊崇谄媚、低三下四的寒酸相,使得这个三等文官一阵恶心。胖子于是扭过脸去,挥手向瘦子作别。

瘦子握了握胖子的三根指头,整个身子都弯下去了,嘿嘿赔笑。他的妻子也在一旁赔着笑脸。纳法纳伊尔将两脚靠拢敬礼,制帽都掉到地上去了。一家三口都感到又惊又喜。

胖子看起来是注重友情、不屑于谄媚的,但结合小说中他"满嘴油光"的形象以及对瘦子官职级别的发问,他自身也带有一种世俗感。虽然不失对友谊的质朴纯真的怀念,但亦有身居高位本身带来的自信与自尊。

【拓展延伸】
小说中的两层冲突

老同学聚会,从纯真年岁走向世俗生活之后,彼此还能保留不掺杂世俗的纯真情感吗? 人与人暴露于金钱、家庭、社会地位的参差之中,如何带着这些层层包裹共处? 这是契诃夫的小说《胖子和瘦子》刻画的经典名场面。

小说中胖子与瘦子的重逢如果用一句话概括,可谓是"始于旧情,终于鸿沟"。瘦子原本被重逢激发出的热情、对过往的美好回忆,一下子在比自己地位更高的老友面前被击溃,他的阿谀奉承令胖子心生厌恶。

小说中最精彩的部分是对两人的形象刻画。首先,人物形象的"胖"与"瘦"可以视为一种象征,不仅仅是外表的胖瘦,两人的内在心灵也呈现出一宽裕、一贫瘠的对比。胖子还保有对美好友情、回忆的纯真想象,因而才会如此抗拒瘦子在他面前的诌媚。

人物形象的经典还在于契诃夫对他们外在肖像、神态、动作的刻画。两人地位差距其实在小说开头已有暗示。一个满嘴油光、全身散发着花与酒香的人,理应比一个吃力地提着硬纸盒、全身散发火腿与咖啡渣味道的人生活更优渥一些。

小说看似简单,实则也有复杂的文本。该小说收入小说集时,契诃夫对人物性格做了重大改动——在杂志上最初发表时,"瘦子"的阿谀行为是由于"胖子"发出长官气派的嚷叫而引起的;可是在收入小说集后,诌媚却是"瘦子"的性格特征,是他固有的奴性的表现。

如果读完这篇小说，只读出"纯真的守护者"与"地位的谄媚者"这两者之间的冲突，这样的理解仍然停留在表层。小说还有一层冲突在于胖子"无意识的居高之态"与瘦子"有意识的自贬之态"的冲突。小说修改后，并未完全去除胖子的"长官气派"。小说中关键的瘦子的官职地位的暴露，并非他自己主动暴露出来的，而是在胖子对他的发问下显露出来的。而胖子也对自己的职级流露出一种自得之意，特别是"不止呢，还得再说高点儿"这句，毫无谦逊保留之态，反而在或有意或无意中制造了一种对旧友的地位压迫。由此，后面胖子对瘦子谄媚之态的厌恶便失去了一些真诚。瘦子的自卑是有意识的自卑，而胖子的自傲是无意识的自傲，或者更可憎，是有意识的自傲。

小说中的瘦子和胖子都走向了身份的悲剧。前者活在了因对身份崇拜而失去自我、失却纯真的悲剧中，而后者则活成了自身身份的模样。一个鄙视阿谀奉承却参与制造了阿谀奉承的人，其实并不能真正证明自己的"无辜"与"纯真"。

这篇小说可以与鲁迅的小说《故乡》放在一起读。鲁迅写曾经的富家少爷与少年好友闰土重逢时，两人充满了身份悬殊的隔膜，不复儿时亲密无间的纯真情谊。这与契诃夫的《胖子和瘦子》中表达的主题异曲同工，但是契诃夫在写法上与鲁迅完全不同。鲁迅笔下的闰土是一种常态反应，重逢时闰土对"我"的客套恭敬经过时间内化，已然属于自然流露，鲁迅省略了分裂、异化的过程；契诃夫笔下的瘦子是一种瞬间反应，将一个人瞬间从惊愕到自卑、谄媚的本能展现出来，这种本能看似浮夸，实则是真实的分裂、异化过程。

《故乡》中写道：

他的态度终于恭敬起来了，分明地叫道："老爷！……"

我似乎打了一个寒噤；我就知道，我们之间已经隔了一层可悲的厚障壁了。我也说不出话。

…………

"啊，你怎的这样客气起来。你们先前不是哥弟称呼么？还是照旧：迅哥儿。"母亲高兴地说。

"啊呀，老太太真是……这成什么规矩。那时是孩子，不懂事……"闰土说着，又叫水生上来打拱，那孩子却害羞，紧紧地只贴在他背后。

《胖子和瘦子》写道：

"不止呢，还得再说高点。"胖子说，"我现在已经升到三等文官了……都有两枚星章了。"

刹那间，瘦子脸色苍白、目瞪口呆，但很快他脸上的肉就朝四下里扭动开了，并立即露出一副相当欣喜的笑容，仿佛他的脸和眼睛都要射出火星一般。他耸起肩膀，弯下腰，缩下去半截。他手上的那些箱子、包裹、硬纸盒好像也跟着缩了半截似的。他妻子的长下巴拉得更长了。纳法纳伊尔则垂手直立，系紧了大衣上所有的纽扣……

"大人，我……真是太高兴了啊！您和我可称得上是儿时的朋友啊，而您一下子就平步青云，变成大贵人啦！嘻嘻！"

契诃夫不仅写出了人无法抑制的本能，也写出了这种本能的微妙变化。尽管重逢的两人都有对美好回忆发自内心的热情与瞬间的真诚，这是无法抑制的，但是瘦子的瞬间谄媚和胖子潜在的居高自傲,营造了一场本能褪去后的魔幻社交。

我们固然无法苛求生活轨迹已无交集的旧日同学在重逢时依旧少年情怀,众人都在攀爬自己生活的道路上增添了新的烙印,这烙印改变了人们衡量友情、交友待人的标准。然而相比自我沦落,我们至少应该尚能忠于自我;相比自我膨胀,我们至少应该念及旧情、暂放身段。

变色龙

警官奥楚蔑洛夫穿着崭新的制服大衣，提着一个小手袋，正穿过集市广场。跟在他身后的是一个警士，一头棕色的头发，手上端着一个箩筛，里面装得满满的，全是没收来的醋栗。广场上一片寂静。连个人影都没有。店铺和酒馆那一扇扇敞开的大门，像一张张饥饿的大嘴，无精打采地望着这个上帝创造的世界。店铺和酒馆四周连个乞丐都寻不着。

"嘿！你竟敢咬人，你这该死的东西！"突然，奥楚蔑洛夫听到一阵叫骂。"伙计们，不要放它跑啦！狗东西居然敢咬人！抓住它！哎——呀！"

只听得一阵狗的尖叫。奥楚蔑洛夫朝狗叫的方向望去，只见一条狗从商贩毕楚金的柴仓跑出，边用三条腿蹦跳着奔跑，边四处张望。一个身穿印花浆衬衣和敞扣坎肩的汉子紧跟着追了出来。汉子跑着跑着，突地将身子往前一探，鱼跃般地扑在地上，一把抓住了狗的后腿。只听得又是一阵狗的尖叫，还伴着一声叫喊："别让它跑了！"顺着叫喊声，一张张睡眼惺忪

我们可以从"崭新"二字推测，警官奥楚蔑洛夫很可能是新官上任。"没收来的醋栗""装得满满的"这一行为，提示人物运用权力侵占小利。

这段描写很精彩，看似是闲笔，实则营造了寂静冷落、百无聊赖、缺乏生机的环境，小说人物正是在这样的背景中出场，此时亟待一场"热闹"来打破困局。

人与狗的冲突一下子打破了环境的寂静，看客纷纷出场。

松的脸纷纷从店铺里探了出来。很快，在柴仓周围，像是从地里长出来一般，一下子聚集起来一群人。

"长官，看样子要起乱子呢！"警士说道。

奥楚蔑洛夫微微向左转了半个身子，径直向人群走过去。在柴仓正门前，他看到，那个身穿敞扣坎肩的人正站着，高举右手，向人们展示着自己那根血淋淋的手指。那张半醉半醒的脸上仿佛写着："我要宰了你，你这畜生！"而那根手指也似乎成了他显示胜利的标志。奥楚蔑洛夫认出此人是金银首饰匠赫留金。而在人群中央的，就是此次事端的罪魁祸首——一条嘴巴尖长，背上有块黄斑的白毛小狗。它前腿劈开，全身颤抖着趴在地上。一双泪汪汪的眼睛里，满是悲惨和害怕的神情。

此刻，人的"胜利"和狗的"悲惨"似乎宣告这一场对峙必定是人的胜局。

"这怎么回事儿啊？"奥楚蔑洛夫挤进人群问道，"怎么啦？你的手指怎么成这样啦？……刚才是谁在叫嚷啊？"

"长官，我本来走我自己的路，谁都没招惹……"赫留金开始述说起来，并用手罩在嘴上一阵咳嗽，"我当时正和米特里·米特里奇商谈有关木柴的事儿呢，哪想这条贱狗没来由地就跳出来，还咬了我的手指……您可怜可怜我吧，我可是一个要干活儿的人啊……我做的可还都是精细活儿呢。得赔偿我的损失才行啊，我这根手指可能得有一个星期都没法动弹了……长官，咱们法律里可没写着被狗咬了还得忍着啊……要是每个人都被这样乱咬一气，那可真是没法活了……"

"嗯！……行啦……"奥楚蔑洛夫厉声说道，边清清嗓子，边皱起眉头，"行啦……这是谁家的狗啊？我可不会对这事儿坐视不管。我要让你们瞧瞧，乱放狗出来是什么后果！这些不愿意遵守法律的老爷们，是该管管了！等这个坏蛋受到处罚以后，他就会从我这里知道，乱放狗和其他畜生出来是什么后果了！我要给他点苦头吃吃！……叶尔德林，"奥楚蔑洛夫转向警士，"去弄清楚这狗是谁家的，然后打份报告！该把这狗打死。马上就去办！我估计是条疯狗……来，我问问你们，这是谁家的狗啊？"

"这狗好像是热加洛夫将军家的！"人群中不知是谁说了一句。

"热加洛夫将军家的？哦！……叶尔德林，过来帮我把大衣脱掉……我的老天，怎么会这么热啊！估计要下雨了……我有个问题没弄明白：这条狗怎么咬得到你呢？"奥楚蔑洛夫又转向赫留金说道，"它怎么可能够得着你的手指？它这么矮小，而你却这么牛高马大！想必你是被钉子扎到手指头了吧，然后就想出这么个骗人的点子。你可是做那种事出了名的人啊！我可是知道你们这些鬼东西的！"

"长官，是他用烟头戳这狗的脸取乐，这狗

奥楚蔑洛夫一开始还是站在赫留金和正义这一边，替他主持公道。

奥楚蔑洛夫的反转十分自然，立刻将矛头指向赫留金。这是他练就的本性使然，俨然一个"变色"的沙场老手。

55

又不是傻的，就咬了他一口……长官，他这人就爱胡说八道！"

"你胡说什么呢，独眼龙！你那瞎眼看都看不见，胡说什么啊你？我们长官可是个聪明人，到底是谁在狗血喷人，又是谁像面对上帝一样，凭着良心说话的，长官可都清楚得很呢……要是我撒谎的话，那就让调解法官来审问我好了。他那法律条文上都写着呢……现在是人人平等了……我有个哥哥在宪兵队呢……要是你们想知道的话……"

"少废话！"

"不对，这不是将军家的狗……"警士沉思着说道，"将军没有这样的狗。他家大部分都是猎狗……"

"你确定吗？"

"是的，长官，我确定……"

"我就知道，将军家的狗都很名贵，还都是纯种狗，而这条狗谁知道是个什么货色呢！要毛色没毛色，要模样没模样……纯粹就是只贱种……谁会养这种狗呢？！你们的脑袋都长到哪去啦？要是把这种狗扔到圣彼得堡或是莫斯科，你们知道会怎么样吗？在那些地方，还管什么法律呢，立马就让它断了气！赫留金，你受委屈了，我不会不管这事儿的……得给他们点教训！现在就该……"

"哦，也没准就是将军家的狗……"警士想了想，又大声说道，"它脸上又没写字……我

这里赫留金透露了两点信息。一是对前面说他拿烟头戳狗的人进行了回击，瞎眼如何能看见？不过此处我们需要注意的是，这并不能证明"独眼龙"前面污蔑了赫留金，他可能通过独眼看到，也可能听到。二是搬出了救兵——宪兵队的哥哥，试图制造一种威慑。

这里警士的种种推测、犹豫制造了奥楚蔑洛夫变色的滑稽，也体现了警士自身不确定的"变"，这种"变"背后也有一种对权威的慑服。

前几天在将军家的院子里见过这样的狗。"

"没错，就是将军家的！"人群里有人说道。

"呃！……叶尔德林老弟，帮我把大衣穿上吧……哪来的一阵风啊……冷死了……你把这条狗带到将军家去问问。你就说是我找到的，派你送去的……还有，你对将军说，让他以后别把狗放到街上来了……这狗估计很名贵，要是每头蠢猪都用烟头戳它的鼻子，没多久就能把它作践死。狗可是娇气的动物啊……喂，你这个蠢货，把手放下来！用不着展示你那根愚蠢的指头！这还不都是你自己造的孽！……"

"瞧，那不是将军家的厨师吗，我们去问问他……哎，普洛诃尔！亲爱的，快到这边来！来看看这条狗……是你们家主子的吗？"

"胡说！我们家从来没有过这样的狗！"

"那就没什么可多问的了。"奥楚蔑洛夫说道，"这就是只野种！没什么可多说的了……既然他说是野种，那这狗就是野种……直接把它弄死得了。"

"这狗不是我们家的。"普洛诃尔继续说道，"这是将军哥哥家的狗，他是前几天刚来的。我们将军不喜欢这种细长腿的狗，不过他哥哥却喜欢……"

"啊，莫非他老人家的哥哥来啦？是弗拉基米尔·伊万内奇吗？"奥楚蔑洛夫问道，他的整张脸上都洋溢出动情的笑容，"哎呀，我的老

小说中通过人物对话中的停顿制造了"变色"的过程，充满戏剧性。

天哪！我还不知道呢！他是来做客的吗？"

"是的……"

"哎呀，我的老天哪……将军可是一直惦记着他哥哥的呀……我竟然都不知道他老人家来啦！这是他老人家的狗啊！太高兴了……快把它带走吧……瞧这小家伙怪不错的……多机灵啊……一口就咬破了这家伙的手指头！哈哈哈……哎呀，你抖什么呢？呜呜……呜呜……瞧它还生气了，小坏蛋……好一条小狗崽子……"

普洛诃尔把小狗唤了过去，领着它离开了柴仓……人群都在纷纷取笑赫留金。

"等着我来收拾你！"奥楚蔑洛夫威胁他说，然后把身上的大衣裹了裹紧，穿过集市广场，径自走了。

58

【拓展延伸】
狗咬人并不是新闻，人咬狗才是

契诃夫的《变色龙》这篇小说因为入选教材而被很多人熟知。小说写了首饰匠赫留金被狗咬后希望警官主持公道，警官奥楚蔑洛夫的态度随着这条狗是否是将军家的而不断发生反转，一会儿要替受伤的赫留金主持公道，称狗为"贱种"，一会儿认为狗是"名贵"的狗，是赫留金自己造孽。他的这种反转显示了对将军的谄媚奉承，对权力的臣服。

契诃夫很多小说都写这类相似的主题：人在权力面前是软弱的。这篇小说有何特殊之处呢？

首先，我们来关注小说中的一个细节。小说中到底是赫留金先拿烟头戳狗，还是他无辜被狗咬了？我们可以从文本中找到依据。先看开头处对赫留金与狗的描写。赫留金是"半醉半醒"的不清醒状态，极有可能惹怒了狗。而小说中描写的狗完全是一副弱势的姿态，"一双泪汪汪的眼睛里，满是悲惨和害怕的神情"，不具有强烈的攻击性。

以下对话中透露的信息也不可忽视——

"它怎么可能够得着你的手指？它这么矮小，而你却这么牛高马大！想必你是被钉子扎到手指头了吧，然后就想出这么个骗人的点子。你可是做那种事出了名的人啊！我可是知道你们这些鬼东西的！"

"长官，是他用烟头戳这狗的脸取乐，这狗又不是傻的,就咬了他一口……长官,他这人就爱胡说八道!"

这里道出可能的事实:赫留金拿烟头戳狗。赫留金虽然进行了回击,但是从大家对他的评价来看,他爱胡说八道,具有小市民的庸俗劣根性。我们可以做出的推测是,赫留金更可能不是无辜的。

小说也借赫留金之口批判了"在法律面前,并非人人平等"的社会现实。赫留金虽然嘴上说着"现在是人人平等了",可很显然他自己也不信任法律,故而立刻又搬出了救兵——宪兵队的哥哥,试图制造一种不平等的威慑。他身上体现了一个无权者试图靠近权力的市侩庸俗。

可见契诃夫笔下的小市民本身是有缺点的,他并不包装美化小市民,而是真实地再现人的欺瞒和市侩。这是这篇小说中需要关注的第一个特殊之处,契诃夫不是在为弱者辩护。

下面,我们再来关注小说中的第二个细节。小说中的奥楚蔑洛夫是一个获得了权力的人,他享受着权力给自己带来的好处,自知权力规则以及迎合权力的方式。小说开头写他与手下警士没收了满满一箩筛醋栗的小细节,这里我们可以与契诃夫另一篇小说《醋栗》放在一起读。小说《醋栗》中,醋栗虽然是一种廉价的果实,却被主人公奉为宝贝,成为他所向往的生活的标志,主人公在对这种庸俗、安逸的幸福的追求中,丧失了个人的追求、个人的品质。对比《变色龙》这篇小说,主题有相似之处。奥楚蔑洛夫没收的醋栗不仅是他凭借身份与权力的所得,也是他追求的一种世俗成功的物象。他固然渴望权力,更渴望权力带来的生活。开头的"醋栗"是一种隐喻,奥楚蔑洛夫的墙头草两边倒并非毫无根据,他在满足自己小小的世俗化欲望的过程中早已丧失了自我。

奥楚蔑洛夫这个形象最令我们惊诧的地方在于：他为何能变得如此快，还如此真实？所谓见风使舵的风一开始还都是一些捕风捉影的推测，人心便摇晃欲坠。

我们当然可以一言以蔽之，是奥楚蔑洛夫对权力的畏惧、谄媚。这与《小公务员之死》中的情形极其相似。不过《小公务员之死》中的公务员事出有因，他认为自己冒犯了将军。而这篇小说中，热加洛夫将军自始至终都未出场，仅仅是一只可能是他家的狗，便对奥楚蔑洛夫产生这么大的震慑，人的身份、权威在无形中成了他人的牢笼。这并非客观上带来的某种压迫，而是来源于人自身的"奴性"。

契诃夫为什么对失去自尊、充满奴性、谄媚讨好的人如此反感？我们一起来读一封他写给弟弟的信——

> 亲爱的弟弟米沙！
>
> 正当我百无聊赖地站在门口打呵欠的时候，接到了你的来信，因此你可以判断，你的来信正是时候。你的字写得很好，在整封信里找不出一个语法错误。只有一点我不喜欢：你为什么把自己称作"微不足道的、渺小的小弟弟"。你承认自己的渺小？弟弟，不是所有的米沙都是一个样子的。你知道应该在什么场合承认自己的渺小？在上帝面前，在智慧面前，在美面前，在大自然面前，但不是在人群面前。在人群中应该意识到自己的尊严。……诚实的小伙子可不是渺小和微不足道的。你别把"依顺"和"意识到自己渺小"这二者混为一谈。

本质上，契诃夫批判的是人失去自我的奴性、主动依顺的卑微。这是小说故事背后批判的对象。

鲁迅笔下经典的看客形象在这篇小说中也出现了。小说中的群众最后终于在嘲笑中达到了他们围观的快感，对他们来说，狗咬人并不是什么新闻，人咬狗才是。

　　具有小市民习性的赫留金、依顺奴性而变色的奥楚蔑洛夫、围观嘲笑的看客，这些都构成了这部小说特有的滑稽与批判。其中的每个人都带有悲剧感，他们却不自知。

假面

出于慈善目的，某地的一个社交俱乐部举办了一场假面舞会。按照当地女士们的叫法，就是化装舞会。

已是午夜十二点。几个摘下面具没再继续跳舞的知识分子(一共五个人)围坐在阅览室的一张大桌旁，将鼻子和胡子埋进报纸，读报的读报，打盹的打盹。用京报驻地方的一位颇有自由主义文风的通讯员的话来说，他们这是在"思考"。

"思考"一词具有讽刺意味,是对知识分子的美化。

大厅里传来卡德里尔舞曲《纺车》的乐声。门外不时有服务生飞奔过，留下一阵嘟嘟的脚步声和一片叮叮当当的杯盘声。而阅览室里却静得出奇。

"这里好像更舒服！"突然，一个男子的声音传来，喑哑低沉，像是从炉子里发出的一般，"都上这里来！快点儿，朋友们！"

门被推开了，闯进来一个肩宽背厚的男人，穿着一件车夫服，脸上戴着面具，帽子上还插着几根孔雀毛。跟着他进来的，是两个同样戴着面具的女人和一个端着托盘的服务生。

63

托盘上摆着一个盛有烈性甜酒的大肚玻璃瓶、三瓶红酒和几只杯子。

"快到这里来！这里凉快些！"男人还在吆喝着，"把托盘放到桌上去……快坐下，小姐们！热—武—普利—阿—利亚—特里蒙特朗[1]！我说先生们，快点儿挪开……别待在这里！"

男人摇晃了一下身子，挥手掀落了桌上几本杂志。

"就放这里吧！嘿，你们这些看报的先生，都快点儿挪开。现在没时间让你们读报和关心政治……快把报纸都扔掉！"

"请你安静一点儿。"一个知识分子透过眼镜，对男子发话了，"这是阅览室，不是小餐馆……这里不是给你喝酒的地方。"

"怎么不是啦？难不成桌子会晃？还是，天花板会塌？真奇怪！……不过我这会儿没工夫和你瞎扯！你们都快点儿把报纸扔掉……看了这么久也该够了。何况你们都已经这么聪明了，别把眼睛看坏了。最主要的是，我现在不想你们在这儿读报，就这么简单。"

服务生把托盘摆到桌上，然后将手巾搭在胳膊肘上，就站到门口去了。两个女人立马端起了红酒。

"哪找得着这么聪明的人啊，居然会认为

面具男子的出场其貌不扬，醉意熏熏，举止粗俗，对知识分子带有轻视。

此处通过描写醉汉的命令式语言，展现了其狂傲、霸道。

1　原文为用俄语口音念出来的一句法语，意义不明。

报纸比这些美酒还好。"插着孔雀毛的男人给自己倒了杯甜酒，开口说道，"依我看啊，你们这些可尊可敬的先生之所以这么热爱读报，就是因为你们没钱去买酒。我说对了吧？哈哈！……你们天天这么读报，都读到些啥啦？喂，那位眼镜先生，您说说，您都读到些什么事件啦？哈哈！嘿，快把报纸扔了吧！别再装腔作势啦！还不如过来喝一杯呢！"

插着孔雀毛的男子稍稍探起身子，从戴眼镜的知识分子手中一把夺过报纸。对方的脸一阵白，一阵红，无比惊诧地望向其他人，而那些人也正十分莫名地望着他。

"您太过分了，先生！"戴眼镜的知识分子愤怒了，"您不仅拿阅览室当酒馆，还这么无礼地夺我的报纸！我不会纵容你这么嚣张的！您知不知道您正在和谁对着干呢？！告诉您吧，我可是银行经理热斯佳科夫！……"

"热斯佳科夫又怎样？就能朝我唾口水啦？！你的报纸也就配享受这种待遇……"

男人捡起报纸，将它撕成了碎片。

"先生们，这到底是怎么回事儿啊？"热斯佳科夫惊讶地嘟噜着，"太莫名其妙了，这……这简直不可理喻……"

"瞧啊，还生气了呢。"男人哈哈大笑，"哎哟，吓死我了！瞧我的腿都哆嗦起来了，哈哈。是这么回事儿，我可尊可敬的先生们！说正经的，我可没心思跟你们耗时间……我现在呢，想和这两位小姐单独待一会儿,在这里找点乐子,所以请大家都出去,不要在这里妨碍我们……请吧!别列布欣先生,快点儿给我滚出去!你皱什么眉啊?我叫你出去,你就乖乖出去!否则小心我揍你了!"

"这都什么跟什么啊?"孤儿院的会计别列布欣通红着脸,莫名地耸耸肩,"太莫名其妙了……这究竟是从哪里闯进来的无赖啊……都生出些什么乱七八糟的事情啊!"

"无赖?什么叫无赖?"插着孔雀毛的男人愤怒地叫嚣起来,一拳头捶在桌子上,把托盘里的杯子都震得蹦了起来,"你这是在跟谁说话呢?你以为我戴着面具,你就可以这么放肆地说话了?好你个泼汉子!我叫你出去,你就得出去!哪个混蛋都不准留在这里!快点儿,都给我滚出去!"

"等着瞧吧!"热斯佳科夫激动得连镜片都冒汗了,"我要给你点厉害看看!哎,快打电话叫值班主任过来!"

没过一会儿,身材矮小的值班主任进来了。这人一头棕红色头发,衣领上还别着个蓝色小布条。刚跳完舞的样子,还在大口喘着粗气:"请您出去!这里不是给您喝酒的地方!请到小吃部去!"

"你这是从哪儿跳出来的啊?"戴面具的男人问道,"我有召唤过你吗?"

"别开口闭口都是'你''你''你'的,请快点儿出去吧!"

"听我说,可爱的人儿,我现在给你一分钟的时间……既然你是值班主任,也算个有点头面的人物,那就请你拽着这些演员的胳膊,将他们一个个轰出去。我的女人们可不喜欢有外人在这里打搅她们……她们会不好意思的,我也不想自己的银子白花了,我喜欢看她们最真实的一面。你听明白了吗?"

"这个蛮子显然还没搞清楚,自己现在可不是在猪圈里!"热斯佳科夫又开始嚷起来,"快去把叶夫斯特拉特·斯皮里多内奇叫来!"

"叶夫斯特拉特·斯皮里多内奇!"俱乐部里响起了叫喊声,"叶夫斯特拉特·斯皮里多内奇在哪儿?"

叶夫斯特拉特·斯皮里多内奇,一个穿着警服的老头儿,随即出现了。

"请您马上离开这里!"叶夫斯特拉特·斯皮里多内奇瞪着一双可怕的大眼睛,耸动着染过的八字胡,声音嘶哑地说。

"这次我还真怕了!"戴面具的男人快活地哈哈大笑,"哎哟哟,我怕极了!老天啊,居然还有长得这么恐怖的人!瞧你那撮胡子,长得和猫的胡须有啥区别啊!还有你那双眼睛,瞪得都快蹦出来了……嘿嘿嘿!"

"少废话!"叶夫斯特拉特·斯皮里多内奇气得直哆嗦,使尽浑身力气大声咆哮着,"滚出去!不然我就叫人来把你拖出去了!"

此处出现的"真实",不妨将其视为小说的重要解码线索。面具男子之所以对知识分子嫌恶,也有知识分子虚伪矫饰的原因。

阅览室里一片难以想象的嘈杂。叶夫斯特拉特·斯皮里多内奇脸红得像只大虾一般，边跺脚边大声叫嚷着。热斯佳科夫也在叫嚷。别列布欣也在叫嚷。所有的知识分子都在叫嚷，但大家的声音很快就被面具男子低沉暗哑的嗓音压下去了。舞会也因突发的混乱局面而被迫中断了，人群全都从大厅涌进了阅览室。

叶夫斯特拉特·斯皮里多内奇大张旗鼓地将俱乐部的所有警员都叫到了跟前，自己则坐下来准备开始做笔录。

"写吧，写吧。"戴面具的男人用手指弹弹他的笔尖，"哎呀呀，现在叫我这个可怜的人儿怎生是好啊？你们怎忍得下心毁掉我这个无依无靠的可怜虫啊？哈哈！……怎么样？笔录做好了没？该写的都写进去了吧？好吧，那现在让你们好好瞧瞧我是谁吧！……一……二……三！！"

男人站起来，挺直了身板，一把扯下自己脸上的面具。面具下是一张醉醺醺的脸。望着大家脸上的表情，欣赏着自己制造的现场效果，男人一屁股坐到椅子上，然后开心地哈哈大笑起来。他这一摘面具，的确产生了非同寻常的效果。所有知识分子都惊诧地面面相觑、脸色惨白，有几个还一个劲儿地挠后脑勺。叶夫斯特拉特·斯皮里多内奇不安地清着嗓子，一副不小心干了蠢事的样子。

这个捣乱分子大家都认识,他是当地的百万富翁、工厂主兼世袭荣誉公民皮亚季戈洛夫。此人同时以爱生是非和好做慈善而出名。地方杂志还不止一次报道过他是一个"热心教育事业"的人。

"怎么,你们现在是走还是不走?"片刻的沉寂以后,皮亚季戈洛夫先发话了。

知识分子们一句话都不敢再说,蹑手蹑脚地出了阅览室。皮亚季戈洛夫砰地关上了大门。

"你早就知道他是皮亚季戈洛夫了,是不是?"过了一会儿,叶夫斯特拉特·斯皮里多内奇死劲儿地晃着端托盘进阅览室的服务生的肩膀,小声质问道,"你竟然不告诉我!"

"他不准我说!"

"他不让你说,你就真不说了? ……好呀,等我把你这个该死的畜生关上那么个把月,你就知道不说的下场了! 给我滚!! ……先生们,你们还真不赖啊!"叶夫斯特拉特·斯皮里多内奇将身子转向那群知识分子,"都敢造反了! 你们就不能从阅览室出来待上十分钟吗! 现在该你们自己去收拾这烂摊子了。唉,我说先生们啊,先生们……我可真不喜欢这样,真的!"

那几个知识分子在俱乐部里不停地踱着步子,一副垂头丧气、神色慌乱、满脸愧容的样子,不住地喃喃自语,像是预感自己快要厄运

面具男子摘下面具展现出自己的真实身份后,金钱、荣誉这些原本隐藏的权威属性彰显出来。

人物的"变色"充满了戏剧性。

刻画了知识分子的软弱无力。

69

当头了一般……他们的妻女得知自己的丈夫把皮亚季戈洛夫得罪了,还让他大发雷霆,都吓得不敢吱声,早早地回家去了。舞会也因此彻底终止了。

两个小时以后,皮亚季戈洛夫从阅览室出来了。他已经喝醉了,东倒西歪地摇晃着身子进了花园,一屁股坐到乐队旁边,在乐曲声中打起了盹。接着,他又怅然地垂下头去,打起鼾来。

"别再演奏了!"主任们紧张地向乐师挥手示意,"嘘! ……叶戈尔·尼内奇[1]睡着啦! ……"

"叶戈尔·尼内奇先生,要送您回府吗?"别列布欣弯腰凑近这个百万富翁的耳边,轻声问道。

皮亚季戈洛夫努努嘴,像是要赶跑脸上的苍蝇似的。

"先生,请问需要送您回府吗?"别列布欣再次问道,"或是吩咐下去,为您备马车?"

"啊? 谁? 你……你什么事?"

"先生,我想送您回府……已经到睡觉的时候啦……"

"我要回家……快送我回去!"

别列布欣高兴得两眼发光,赶紧将皮亚季戈洛夫扶了起来。其他知识分子也赶忙跑过

---

[1] 皮亚季戈洛夫的本名和父称,二者连用表示尊敬。

来搭一把手，个个都欣喜不已，小心翼翼地将这位世袭荣誉公民扶起来，再极其谨慎地将他送上马车。

"要知道，只有天才的演员才能有这种本事，才愚弄得了一大群人呢。"热斯佳科夫兴高采烈地说着，小心地扶皮亚季戈洛夫坐下，"叶戈尔·尼内奇先生，我简直太诧异了！到现在我都还觉得好笑呢……哈哈……我们竟然还这么大动干戈地折腾了一番！哈哈！你们信不信？我在剧院都没有这么开心地大笑过……太滑稽了！我这辈子都会记得这个难忘的夜晚！"

送走皮亚季戈洛夫以后，知识分子们都面露喜色，方才安下心来。

"刚才分别时，他还向我伸了手呢。"热斯佳科夫得意地说着，"这说明他已经不生我的气啦，一切都已经风平浪静啦……"

"上帝保佑啊！"叶夫斯特拉特·斯皮里多内奇也大大地松了口气，"这人虽说带着那么点儿无赖品性，却又是个大大的慈善家！……唉，真没法说！……"

【拓展延伸】
真实的野蛮与虚伪的文明

契诃夫的小说很善于设置戏剧的情境，可以没有背景铺垫，没有人物陈说，一下子就让人物在具体情境中展现出戏剧性的反应。这种直接进入情境的能力，充分展现了作家的独特性。一位捷克作家评价契诃夫是能够"把日常生活的矿石变成宝贵的金子"的魔术师。

《假面》这篇小说写的是一个百万富翁兼荣誉公民的无赖，戴着面具在阅览室撒泼，命令知识分子给自己喝酒腾出空间，知识分子和工作人员一开始极力制止他的这种无赖行为，然而在得知他的真实身份后，大家纷纷妥协，不再强硬，甚至谄媚讨好。小说让阅览室成为这种戏剧化情境的舞台，并用面具掩饰，制造了众人的滑稽。

诗人胡弦写过一首《面具》，面具反而比面具背后的存在更为真实：

　　　　——只有面具留了下来，后面
　　　　已是永恒的虚空。
　　　　"以面具为界，时光分为两种：一种
　　　　认领万物；另一种，
　　　　和面具同在，无始无终。"
　　　　回声在周围沸腾，只有面具沉默。
　　　　现在，对面具的猜测，

是我们生活的主要内容。

有人拿起面具戴上，仿佛面具后面

一个空缺需要填补。而面具早已在

别的脸上找到自己的脸。面具后面那无法

破译的黑夜，谁出现在那里，

谁就会在瞬间瓦解。

作家博尔赫斯也写过一篇小说《镜子和面具》。在小说中，国王要求诗人为自己写颂诗，并赠予诗人一副面具，诗人改变了自己原先的阿谀创作风格，写出了更具真实震慑威力的一句诗，令国王震惊色变，最终国王成了流浪的乞丐。小说中的面具可谓是一种通过掩饰抵达真实的隐喻。

小说《假面》中不同的人代表着不同的权威：一类是知识权威，一类是身份权威，一类是财富权威。戴面具的皮亚季戈洛夫是百万富翁、工厂主，他看不起知识分子，也瞧不起经理、主任这类有一官半职的人，财富带来的权威凌驾于知识与身份之上，本质是人们臣服于对金钱的崇拜。

沙皇政府国民教育部学术委员会在1905年裁定该小说不适合放进国民图书阅览室和学生图书馆内，认为"该小说描写富翁的丑恶行为，旁人则因他有钱而无可奈何"。然而这种"无可奈何"恰恰说明小说确实触痛了金钱至上的社会现实。

小说对知识分子的刻画是带有调侃和讽刺的，如：

几个摘下面具没再继续跳舞的知识分子（一共五个人）围坐在阅览室的一张大桌旁，将鼻子和胡子埋进报纸，读报的读报，打盹的打盹。用京报驻地方的一位颇有自由主义文风的通讯员的话来说，他们这是在"思考"。

那几个知识分子在俱乐部里不停地踱着步子,一副垂头丧气、神色慌乱、满脸愧容的样子,不住地喃喃自语,像是预感自己快要厄运当头了一般……

　　知识分子一开始其实还是大声疾呼,痛斥无赖的,但很快便反转。契诃夫曾经这样评价知识分子:知识分子偶然遭受一两次痛苦,便会觉得这个刺激过于强烈,便会大叫起来;可是广大的群众,无时无刻不受着痛苦的压迫,感觉便麻木了,他们在大街上或者在住宅中所能看见的,只有沉默的人们,毫无声息地在活着动着,他们到了过于痛苦的时候,反而只吹一声口哨。

　　在契诃夫看来,比起默默忍受压迫的普通民众,知识分子往往会率先反抗,但是这种反抗的坚定性是值得质疑的。这篇小说便揭示了这种反抗的脆弱性,并对知识分子反抗的持续程度提出了质疑。

　　值得我们思考的是,为何契诃夫笔下的知识分子如此软弱善变。

　　契诃夫笔下有两类知识分子:一类缺乏原则,容易动摇,丧失追求,陷入堕落,如《没意思的故事》中的教授斯杰班内奇,虽然德高望重,却丧失了精神追求;一类则热忱、勇敢地追求新生活,如《我的一生》中的波洛兹涅夫,冲破家庭,打破贵族枷锁,自食其力。这些不同的形象真实地再现了19世纪沙皇专制统治时期,知识分子选择的不同出路,要么反抗,要么臣服于更高的权威。这些知识分子亦是处于时代巨浪之中的小人物,其呼号、其卑微、其滑稽,皆是时代众生相的一个缩影。

　　小说另一个值得探讨的问题是,"真实的野蛮"与"虚伪的文明"这两种人生该如何选择。

戴面具的百万富翁是一个真实的无赖,他鄙视知识分子身上的文绉绉、矫饰和虚伪,虽然无赖、野蛮,但两相对比中,竟体现出了一种可贵的真实感。那些知识分子虽然文明,遵守秩序,但真实的他们在面对揭下面具的无赖时,竟然都虚伪可憎。这是真实的野蛮对虚伪的文明的胜利。

　　真实的野蛮与虚伪的文明,如何选择? 契诃夫给出的答案是:文明固然体面,野蛮固然可憎,但更重要的是真实,真实可以战胜虚伪。

万卡

    万卡·茹科夫是一个九岁的小男孩。三个月前，他被送到鞋匠阿利亚欣家做学徒。圣诞节前夜，万卡没有直接上床睡觉，而是等老板、老板娘，还有几个帮工出门去做晨祷以后，从老板的柜子里取出一小瓶墨水和一支笔尖都已生锈的钢笔，再将一张皱巴巴的白纸铺在长凳上，然后跪在长凳前写起信来。在写下第一个字母前，万卡好几次战战兢兢地回过头去望望门窗，再斜眼瞧瞧阴暗的圣像和圣像两边摆满鞋楦的架子，方才颤巍巍地叹口气，写了起来。

    "亲爱的爷爷康斯坦丁·玛卡雷奇！"万卡写道，"我正在给你写信。首先，祝你圣诞节快乐，愿上帝能保佑你万事如意。我没爹没娘，你是我唯一的亲人。"

    写到这，万卡抬头望了眼黑乎乎的窗户，蜡烛的影子在窗上晃动着，他开始生动地想象爷爷康斯坦丁·玛卡雷奇的形象。爷爷65岁上下，是个身材瘦小却仍然矫健灵活的小老头，一直在日瓦列夫老爷家做守夜人。爷爷的脸上总是充满笑容,眼里也总带着几分醉意。白天,他在仆人的厨房里睡觉,或是跟厨娘们聊天说笑;到了夜里,他就裹上肥大的羊皮袄,敲着梆子,绕着庄园,四处巡视。他身后总跟着两条耷拉着脑袋的狗,一条是老母狗卡什坦卡,一条是小公狗泥鳅。之所以叫泥鳅,是因为它长着黑色的毛发,身材细长,活像条黑泥鳅。这条"泥鳅"相当恭顺,无论是见着自己人还是外人,都同样热情,但它却靠不住。在它恭敬和温顺的背后,隐藏着最狡黠的恶毒。哪条狗都不如它那么会把握时机,要么悄悄溜到人背后,冷不丁地在你腿上咬一口,或是偷偷窜进冷藏室里,或是跑去偷吃农民的鸡。大家已经不止一次打断过它的后腿,有两次还把它吊了起来,每周它都会被打得半死,可每次它都能活下来。

现在,爷爷或许正站在门边,眯眼望着乡村教堂里那些通红的窗户,跺着毡靴,跟看门人聊着天。他的梆子还系在腰上。<u>他正冻得直搓手,整个人都缩进去一截,一会儿在女仆身上捏一下,一会儿又对着厨娘拧一把,老声老气地发笑。</u>

"咱们来闻闻鼻烟如何?"爷爷一边说着,一边将鼻烟盒递到了女人们跟前。

那些女人边闻边打起了喷嚏,而爷爷却因此而感到了难以言表的兴奋,边乐得直笑,边大声喊着:"快擦掉,不然就冻上啦!"

万卡思念的爷爷并不是完美的爷爷,只是个普通人,他也有世俗的缺点。

此处环境描写非常梦幻,是万卡梦想中的地方,实际上爷爷住的地方可能并不这么美好。

可结合契诃夫的《渴睡》这篇小说一起看,《渴睡》讲的是一个童工哄睡小孩却被老板虐待的故事。为何万卡如此渴望逃离,渴望回到爷爷那里?这背后有忍无可忍的悲惨生活。

爷爷还给狗闻鼻烟。卡什坦卡打着喷嚏,龇牙咧嘴,委屈地跑到一边去了;而泥鳅为了表示恭顺,没打喷嚏,只是直摇尾巴。天气真不错。空气清新而沁人心脾。夜色很黑,但仍能看清整个村庄,还有那白白的屋顶、从烟囱里飘出的缕缕烟雾、被霜染成银白色的树木,以及一个个雪堆。天空中布满了星星,正对着人们欢快地眨巴着眼睛。银河显得如此清晰,像是在节前被人们用雪擦洗过一般……

万卡叹了口气,蘸了蘸墨水,继续写道:"昨天我挨了顿打。老板揪住我的头发,把我拽到院子里,然后拿做工时用的皮条狠狠地抽我,只因为我在为他的孩子摇摇篮时,不小心睡着了。上个星期,老板娘吩咐我收拾一条青鱼,我从鱼尾巴开始下手,她就一把抓起青鱼,拿鱼头朝我脸上一阵乱戳。那几个帮工也取笑我,老打发我去小酒馆买酒,还唆使我去偷老板的黄瓜,老板随手操起个家伙就打我。我没得什么东西可吃。早上老板只给块面包,中午就喝碗粥,晚上还是面包。至于茶和菜汤,只有老板和老板娘才享用得到。他们让我睡在过道里,可只要他们的小孩一哭闹,我就不能再睡了,得一直在旁边摇摇篮。亲爱的爷爷,你就行行好,带我回家吧,带我回乡下去,我真的在这儿熬不下去了……我给你磕头了,我会永远为你祈祷的,只求你带我离开这儿吧,要不然我会死的……"

万卡撇了撇嘴，用黑黑的拳头揉了揉眼睛，啜泣起来。

"我会给你搓烟叶。"万卡继续写着，"我会在上帝面前为你祷告。要是我做错了什么，你尽可以像抽打西多尔的山羊那样抽我。要是你觉得没有我可干的活儿，我可以去求管家，求他看在基督的分儿上让我帮他擦鞋，我还可以顶替费季卡去做牧童。亲爱的爷爷，我真的受不了了，再这样下去我就只有死路一条了。我本打算徒步跑回村子的，可我没有靴子，我怕冻……等我长大了，我会养你，不让任何人欺负你。等你不在了，我会为你做安魂祷告，就像为妈妈别拉格娅做的那样。

"莫斯科好大呢。房子很多，全是老爷们的，马也很多，没有羊，狗都不凶。这里的孩子不会举着星星游玩[1]，也不能随便参加唱诗班。有一次，我在一家铺子的橱窗里看到了好多钓鱼钩，都是带钓线的，可以钓各种鱼。鱼钩挺能吃重的，有一种鱼钩还能钓起一普特重的鲶鱼呢。我还看到有些铺子里在卖各种各样的枪，跟老爷家的枪很像，一支恐怕得卖100卢布吧……肉铺里有野乌鸡、松鸡和兔子，但它们究竟是从哪里打来的，掌柜的却不肯说。

"亲爱的爷爷，等老爷家摆上挂有各种礼

这里流露出万卡眼中莫斯科孩子们的生活是无趣乏味、受到约束的。

两种不同的生活，一种是顶层贵族，享受着被服务的生活；一种是底层贫民，提供着无止境的服务。

1　基督教习俗，在圣诞节前夜，孩子们常常举着用箔纸糊的星星走来走去。

物的圣诞树时，你就帮我摘个金色的核桃吧，放到我的绿箱子里去。你去找奥丽加·伊格纳季耶夫娜小姐要，就说是给万卡要的。"

万卡抽搐着叹了口气，又凝神望向窗户。他记得爷爷每年都会到森林里去给老爷砍圣诞树，每次都会带上他。那些日子多快活啊！爷爷嘎嘎地咳着，树林子被冻得嘎嘎作响，万卡瞅着他们，也跟着欢快地嘎嘎叫着。通常，爷爷在开始砍树之前，总要先吸一袋烟，再闻一阵子鼻烟，然后和冻僵了的小万卡逗逗乐……披着雪霜的小枞树一动不动地立着，像是在等着瞧到底哪棵树会先遭殃。不知从哪儿蹿出一只野兔，箭一般地从雪堆旁穿过……每当这个时候，爷爷总会忍不住地大叫："抓住它，抓住它……快抓住它！嘿，这秃尾巴鬼！"

<u>爷爷将砍下的枞树拖回老爷家，然后大家伙儿就开始动手装扮起来……奥丽加·伊格纳季耶夫娜小姐是其中忙得最起劲儿的，她是万卡最喜欢的人。</u>万卡的母亲别拉格娅在世时，也在老爷家当女仆。奥丽加·伊格纳季耶夫娜常给万卡糖果吃，闲着没事儿时会教他读书写字，教他从1数到100，还会教他跳卡德里尔舞。别拉格娅过世后，万卡就成了孤儿，被送进仆人厨房跟爷爷过，之后又从厨房送到了莫斯科的鞋匠阿利亚欣家……

"快来吧，我亲爱的爷爷。"万卡继续写着，"我会为你向基督上帝祈祷的，快带我离开

这里有万卡怀念的生活里最挚爱的两个人，爷爷和奥丽加·伊格纳季耶夫娜小姐，是小说中温情的亮色调。小说详写幸福的回忆，而略写他的悲惨身世，更加反衬出悲。

这里吧。你就可怜可怜我这个不幸的孤儿吧。我在这里老挨打，还得挨饿。我闷得慌，却没法给人说，只能一个劲儿地掉眼泪。前几天老板拿鞋楦打我的头，把我打昏了过去，之后好不容易才醒过来。我的生活太苦了，连狗都不如……请代我向阿莲娜、独眼龙叶戈尔卡和马车夫问好。还有，别把我的手风琴送人了。你的孙子伊万·茹科夫。亲爱的爷爷，快来接我吧！"

万卡将信纸折成四叠，装进了昨天刚花一卢布买的信封里……他想了一下，用笔蘸了蘸墨水，写上地址：

乡下　爷爷收

然后万卡又搔了搔头，想了想，补写上了：

康斯坦丁·玛卡雷奇

万卡很高兴，没人打扰他写信。他戴上帽子，连皮袄都没披，只穿了件衬衣，就跑到街上去了……

昨晚万卡刚向肉铺的伙计们打听过，信该投到邮筒里去，然后醉醺醺的马车夫会驾着邮车、响着铃铛，将信从邮筒分送到全国各地去。万卡跑到最近的邮筒，将这封无比珍贵的信塞进了缝里……

万卡虽然命运悲惨，却在这封信中体现出他的礼貌、善良、朴实、勤劳。让美好的人生破碎，这也使得小说具有了更强烈的悲剧效果。

信上的地址模糊，这注定是一封不可能被收到的信。

怀揣着甜美的期盼,万卡在一个小时以后沉沉地睡着了……梦中,他看到了一个炉子。爷爷正坐在炉子边,垂着光脚,给厨娘们念着信……泥鳅在炉边转来转去,一个劲儿地直摇尾巴……

《万卡》这篇小说写了一个被送到鞋匠家当学徒的孤儿万卡,被老板虐待到忍无可忍,写了一封信寄给爷爷,希望爷爷把他带回去的故事。信封上写的地址是"乡下爷爷收",很显然,这是一封难以被收到的信。结局处,万卡做着美梦,回到了爷爷身边。

契诃夫为读者展现了一种破碎人生不可及的梦想。契诃夫写了很多底层者的悲剧小说,其中关于儿童这一类群体的悲剧尤其令人心碎。儿童这一视角,抱怨的力度是虚弱无力的。我们在他的小说中也看不到一句作者代入批判的影子,但小说却制造了更深的批判力度。这与契诃夫的创作观念有关,他曾说过:"艺术家不应当做自己的人物和他们所说的话的审判官,而只应当做它们公正的见证人。"

小说中九岁的万卡是个天真、善良、朴实、勤劳的好孩子,他被送到鞋匠铺,被迫与爷爷分离,失去了一切快乐的源泉,却没有怨恨,仍然想着孝敬照顾爷爷。虽然在鞋匠铺受尽虐待,惨遭毒打、剥削,在这样的恶毒对待下,他仍然保有童心,想要一个小核桃,想要举着星星游玩;仍然保有善良礼貌,在信里不忘向独眼龙和马车夫问好,内心纯洁无瑕。

小说中有个容易被跳过的重要细节,契诃夫让万卡回忆爷爷时,花了很多笔墨描写两条狗,这两条狗一条忠厚老实,一条恭顺狡猾恶毒——

他身后总跟着两条耷拉着脑袋的狗，一条是老母狗卡什坦卡，一条是小公狗泥鳅。之所以叫泥鳅，是因为它长着黑色的毛发，身材细长，活像条黑泥鳅。这条"泥鳅"相当恭顺，无论是见着自己人还是外人，都同样热情，但它却靠不住。在它恭敬和温顺的背后，隐藏着最狡黠的恶毒。哪条狗都不如它那么会把握时机，要么悄悄溜到人背后，冷不丁地在你腿上咬一口，或是偷偷窜进冷藏室里，或是跑去偷吃农民的鸡。大家已经不止一次打断过它的后腿，有两次还把它吊了起来，每周它都会被打得半死，可每次它都能活下来。

为何作者要花这么多笔墨写一条狗呢？

司马迁言孔子"累累若丧家之狗"，《大话西游》里有句经典台词"你看那个人好像一条狗啊"，这里的"狗"都是人物命运窘迫、流离失所的现实形象的投射。

此处契诃夫小说里的狗也并非闲笔。万卡的爷爷同样在上流社会老爷家做帮工，他的狗正生活在这样的环境里。在万卡的回忆里，并没有写地主老爷的美好部分，与爷爷在一起的生活哪怕同样贫困窘迫，却有温情。若跳开儿童的视角，爷爷所在的老爷家本质上仍然是充满压榨的剥削者，有被忽略美化的生活的残酷。为什么万卡不能留在原来的老爷家而被送走？为什么爷爷无法留下他？又有什么样的人能在被压迫的环境里如鱼得水生活下去呢？

只有像泥鳅一样的狗才可以。

只有表面恭敬温顺，但具有狡黠的心思，学会偷偷摸摸，善于把握时机，而且生命力极强的人，才能存活下来。这里的"狗性"其实就是隐喻的"人性"，可惜这样的"人性"万卡都不具备。他不够"讨喜"，不会狡诈，不会表面一套背后一套，因其无用，只能任人差遣，遭人遗弃。小说中有一句话写万卡的生活："我的生活太苦了，连狗都不如……"他确实连泥鳅那样的狗都不如，可以凭借狡黠留下。这是万卡形象的悲剧性。

《万卡》给我们留下了一个含蓄而留有余味的结尾，可怜的万卡在甜甜的梦乡中实现了内心的梦想，而在现实中，他醒来后仍会陷入悲惨的生活。这里显示了契诃夫的创作理念："在短小的短篇小说里，留有余地要比说过头为好。"在笔尽之处留有未尽之处，因而这篇小说更加丰富。

爱伦坡曾说过："契诃夫身上有所有人少有的善良。"万卡的形象代表了契诃夫纯洁、善良的理想寄托。这样善良的人被欺凌到想死，却仍然满怀希望与善良写下了这封信。契诃夫没有为这种善意辩护，没有谴责罪恶，而只是做真实的记录。

有人曾经质问契诃夫："社会各个阶层的人对您都有微词。他们说，从您的作品中看不出您同情谁或厌恶谁……有些人说也许这是您有意为之的，还有些人说您根本就是一个冷漠的人。"契诃夫答道："我写作的时候，时刻都在按照作品中人物的方式说话和思考。如果我在其中加入某种主观态度，那么人物的真实性和作品的紧凑感就会被破坏……而且，我认定并相信读者会把小说里缺少的主观成分加进去。"

从《万卡》这篇看似简单的小说中，我们可以看到文学表现生活本质的一面，也可以感受到契诃夫表现这种本质的忠实、诚恳的文学方法。亚里士多德曾在表达古希腊悲剧的艺术价值时用到一个词：净化。悲剧具有净化人内在心灵的作用。人类总是更容易铁石心肠，应对悲剧给予应有的同情。同时这些悲剧也在提醒我们,糟糕的事情可能会发生在好人身上,包括我们自己。万卡是俄国过去时代的悲剧,也可能是当下某个被遗弃的孩子的悲剧,我们对他怀有悲悯,便是对人类自己抱有温情。

渴睡

是夜,小保姆瓦里卡,一个13岁左右的小女孩,还在摇着摇篮。摇篮里躺着一个小婴儿。瓦里卡哼着歌,声音低得只能勉强听得见:

> 睡吧,睡吧。
> 我来给你唱支歌……

神像前点着一盏绿色的小长明灯。房间的两个角落间拉了根绳子,上面搭着娃娃的襁褓和几条又大又黑的裤子。长明灯在天花板上印出一块大大的绿斑,而襁褓和裤子也在炉子上、摇篮里和瓦里卡身上投下一条长影子……当长明灯的光摇曳起来,绿斑和影子也跟着活了过来,前后摆动着,像风吹过一般。屋里很闷,有一股菜汤和鞋皮的气味。

摇篮里的婴儿一直不停地啼哭,声音都哭哑了,也早已哭累了,可仍一个劲儿地哭,谁也不知道他什么时候才能停歇。瓦里卡很困,眼睛都快睁不开了,眼皮和嘴唇也已动弹不得,

开头描写营造了阴暗昏沉、沉闷杂乱的环境。人物在这样的环境出场,更显压抑沉闷。

87

脖子更是阵阵酸痛。她朝下耷拉着头，感觉自己的脸像要干枯成木头了一般，头也快变得跟大头针的针尖一样小了。

"睡吧，睡吧。"瓦里卡哼着，"我会给你煮点粥……"

炉子里有只蟋蟀在叫个不停。门后的那个房间里，老板和帮工阿法纳西正长一阵儿短一阵儿地打着鼾……摇篮幽怨地发出吱吱嘎嘎的响声，瓦里卡自顾自地哼着歌——这一切交织起来，俨然是一首夜色下的摇篮曲。这曲子要是能躺在床上听，想来定会相当美妙，可放在现在这种环境下，却惹得人一阵恼怒，甚至生厌，因为它催得人昏昏欲睡，而瓦里卡此刻却偏偏不能睡。要是不小心睡着了（上帝保佑，可千万别让她睡着了），老板和老板娘就要打她了。

长明灯的光还在闪烁着。绿斑和影子又动了起来，纷纷扑入瓦里卡半睁半闭、呆滞无神的眼睛里，紧接着，在她半睡半醒的脑子里全都化成朦胧的幻影。她恍惚看到一团团乌云在天空中相互追逐，发出孩子般的叫声。突然，一阵风吹过，云散了，出现一条满是稀泥的宽阔马路。一辆辆货车正沿着马路驶过去，背着行囊的人们在马路上缓缓移动，留下一串串前后不一的影子。马路两边，隔着渗满寒气的冷雾，一片树林依稀可见。忽然背行囊的人群和他们的影子全倒在地上，倒进了稀泥里。"这

此处的环境描写开始出现寒意、阴森。"满是稀泥""渗满寒气的冷雾"以及"人群和他们的影子"倒在地上……为接下来写瓦里卡悲伤的回忆做铺垫。

是怎么回事儿？"瓦里卡疑惑着。"该睡觉啦，该睡觉啦！"人群向她回应着。然后，所有人都沉沉地睡了，睡得那么甜美，只剩下乌鸦和喜鹊还立在电线杆上，发出婴儿般的叫声，极力想要叫醒熟睡的人们。

"睡吧，睡吧，我来给你唱支歌……"瓦里卡继续哼着。现在，她又看见自己正在一间阴暗的、不透风的小木屋里。

瓦里卡那已故的父亲叶菲木·斯捷潘诺夫此刻正在木屋的地板上翻来滚去。她看不见他，却能听见他正痛得在地板上边打滚边发出阵阵呻吟声。用父亲自己的话来说，就是"疝气病又闹起来了"。他痛得一句话都说不出来，只能不住地吸气。牙齿咯噔着，像在打鼓一般："卜——卜——卜——卜……"

瓦里卡的母亲别拉格娅此刻正赶着去庄园，向主人报告叶菲木快不行了。她已经去了好久，早该回来了。瓦里卡躺在炉台上，没有睡觉，只是凝神听着父亲发出的"卜卜"声。这时，有人坐着马车到小木屋这边来了，是主人派来的年轻大夫，正巧从城里来主人家做客。大夫进了木屋，可屋里太黑，看不清他长什么样，但能听见他的咳嗽声和咚咚的敲门声。

"把灯点上。"大夫说话了。

"卜——卜——卜……"叶菲木只能以这种方式应着。

别拉格娅跑到炉台那边找火柴罐去了。屋里沉寂了一小会儿。大夫在自己口袋里摸索一阵，划亮了一根随身带着的火柴。

"马上就来，老爷，马上就来。"别拉格娅跌跌撞撞地跑出小木屋。不一会儿，拿着一截蜡烛头回来了。

叶菲木此时已满脸通红、两眼发亮。目光也变得尖利起来，像要一眼看穿大夫和整个木屋。

"嘿，你怎么啦？怎么成这样的？"大夫对着他俯下身去，"哎！你这样已经多长时间了啊？"

"什……么？……我快死啦，老爷，大限到啦……不会再让我活下去了……"

"别胡说……能治得好的！"

"随你怎么说，老爷，我们都对你感激不尽了，只是我们心里都明白……我的死期已经到啦。"

大夫在叶菲木旁边忙活了一刻钟，然后起身说："我无能为力了……你得马上去医院做手术才成。现在就得去……一刻都不能耽搁了！这个时候稍微有点晚了，医院的人都睡了，不过没关系，我给你写个条子带过去。你听得见吗？"

"老爷，他怎么去医院啊？"别拉格娅犯愁着，"我们没有马车。"

"没事儿，我去跟你家主人说一声，他会借

马车给你们的。"

大夫走了,蜡烛灭了,又只能听见"卜——卜——卜"的声音了⋯⋯约莫过了半小时,又有人坐着车来了。这是主人派来送叶菲木去医院的一辆大马车。叶菲木稍稍收拾,就跟着马车去了⋯⋯

第二天早晨,天气晴好。别拉格娅没在家,她到医院打听叶菲木的情况去了。不知是什么地方,有个婴儿在哭。瓦里卡听见有人在用她的声音哼唱着:"睡吧,睡吧,我来给你唱支歌⋯⋯"

别拉格娅回来了。她在胸前画着十字,嘟哝着:"昨天夜里给他治的病,今天一大早就归天了⋯⋯愿他能在天堂里永远安息吧⋯⋯他们说,医得太迟了⋯⋯要早点治就好了⋯⋯"

瓦里卡走进树林,在那里失声大哭。突然,有人用力地捶了一下她的后脑勺,害得她一头撞在了一棵白桦树上。她抬起眼睛,竟看到鞋店老板正站在自己跟前。

"你在干吗?贱丫头!"老板嚷着,"孩子哭得这么厉害,你却在这里打瞌睡?"

老板使劲儿揪了一下瓦里卡的耳朵。瓦里卡晃了下脑袋,又开始摇着摇篮,哼起了歌⋯⋯绿斑、褶裸和裤子的影子摇摆不定,向她眨着眼,很快又占据了她的整个大脑。她又看到了那条满是稀泥的马路。背着行囊的人们和他们的影子都躺下了,沉睡着。看着他

和《万卡》里写信陷入对故乡回忆的万卡不同的是,瓦里卡梦境里的回忆是伤痛的。小说中现实和幻境都是通过声音切换完成的,这里梦境止于哭声和挨打,下面是止于鞋店老板的呵斥。

们，瓦里卡也想睡得不行。她多想就这么舒舒服服地躺着，可母亲别拉格娅正走在她旁边，死命地催她快点儿——她们得赶着去城里找活儿做。

"看在基督的分儿上，赏几个钱吧！"母亲哀求着路人，"发发慈悲吧，好心的老爷！"

"把娃娃抱过来！"一个熟悉的声音回应道，"快把娃娃抱过来！"那声音又响起来了，但已变得愤怒和凶煞，"你这个下贱的东西，还给我睡着啦？"

瓦里卡立马跳了起来，赶紧四下张望，方才明白过来：根本没有马路，没有别拉格娅，也没有什么路人，只有老板娘正站在屋中间。她是来给自己的孩子喂奶的。这个肩膀宽厚的胖女人一边给孩子喂着奶，一边安抚着他。瓦里卡在一旁站着，等着她把奶喂完。窗外，天空已经开始泛蓝。天花板上的影子和绿斑正在明显地变淡——天亮了。

"把孩子接住！"老板娘系好胸前的衬衫纽扣，"一个劲儿地哭，恐怕是中邪了。"

瓦里卡接过孩子，把他放回摇篮，重新开始摇起来。绿斑和影子一点点地消失了，已经不再有人钻进她的脑子里，却反而弄得她的大脑昏沉沉的。她还是困，想睡得不行！瓦里卡把头贴着摇篮，让整个身子都晃动起来，好让自己不睡着，但眼睛还是睁不开，头也好沉。

小说里这段由梦境折回现实的瞬间，高度重叠了现实和梦境，一句"把娃娃抱过来"不仅是瓦里卡听到的鞋店老板娘的呵斥，还是她与母亲在现实中的真实分离。

"瓦里卡，给炉子生上火！"老板娘的声音从门外传进来。

生火？又该干活了。瓦里卡丢下摇篮，跑去草棚取柴火。她暗自高兴。通常跑动着的时候，就不会像坐着时那么想睡了。她取来柴火，生好炉子，感觉自己那张干枯的脸也跟着舒展开来不少，思路也清晰了很多。

"瓦里卡，烧茶炊！"老板娘又叫了起来。

瓦里卡将一根柴劈断。刚点上火，准备把它们放进茶炊，新的指令又来了："瓦里卡，把老板的雨鞋刷干净！"

瓦里卡坐在地板上，擦洗着雨鞋，心想，要是能把整个头都钻进这又大又深的雨鞋里，然后在里面打一小会儿盹，该有多好啊！……突然，雨鞋膨胀起来，越变越大，把整个房间都包了进去。瓦里卡的刷子从手里掉了下去，她赶紧晃晃脑袋，睁大眼睛，努力使身边的东西不会在自己眼皮底下长大和浮动。

"瓦里卡，把外面的台阶擦一擦。让顾客瞧见这样的台阶就不好了！"

瓦里卡清洗台阶，打扫屋子，给另一个炉子生上火，然后又跑去店铺。活儿总是这么多，一分钟都闲不得。

可是，没有什么比站在厨房的桌子旁一动不动地削土豆来得更痛苦的了。瓦里卡的头止不住地想往桌上奔，土豆在她眼皮底下跳来跳去，刀也快从手上滑落了，而怒气冲冲的

此处用迷离、梦幻的想象写出了瓦里卡的极度渴睡与极端克制。

胖老板娘还要不停地在她旁边走来走去,挽着袖子,大声喊着,震得瓦里卡的耳朵嗡嗡作响。伺候开饭、洗衣、缝补,同样是些苦差事。有时候,她真想什么都不管了,就这么往地板上一躺,痛痛快快地大睡一场。

白天结束了。望着窗外开始渐渐变暗,瓦里卡按按自己已经僵硬的太阳穴,露出一丝笑容,可她自己都不知道为什么会笑。夜幕温柔地抚摩着她那快要睁不开的双眼,似乎在应许着很快就能让她好好地睡上一觉了。晚上,老板家来了客人。

"瓦里卡,烧茶炊!"老板娘的声音又响起来。

老板家的茶炊很小,通常得一连烧上五次左右,才能让客人们喝够茶。烧好茶炊以后,瓦里卡在原地站了足有一个小时,瞧着客人,等着吩咐。

"瓦里卡,快跑去买三瓶啤酒回来!"

瓦里卡立即奔了出去,拼命地跑着,好把身上的瞌睡虫全都赶走。

"瓦里卡,去买瓶白酒!瓦里卡,开瓶器在哪儿?瓦里卡,再弄条青鱼来!"

最后,客人终于走光了,屋里的灯也随着熄灭了,老板和老板娘都上床睡觉了。

"瓦里卡,摇摇篮去!"瓦里卡听到了最后一条指令。

炉子里的蟋蟀不停地叫着。天花板上的

绿斑、褪褓和裤子的影子又开始爬进瓦里卡半睁半闭的眼睛里，摇摆飘忽着，弄得她的脑子昏昏沉沉的。

"睡吧，睡吧。"瓦里卡低声哼着，"我来给你唱支歌……"

摇篮里的婴儿还在啼哭，声音已是有气无力。瓦里卡又看到了那条满是泥泞的马路，还有背着行囊的人们、母亲别拉格娅和父亲叶菲木。样样事情她都明白，个个人儿她都认得，可在这半睡半醒中，她却唯独弄不明白到底是什么力量在捆绑着她的双手和双脚，压抑着她，让她活得这般艰难。她环顾四周，寻找这股力量，好摆脱它，可是却寻不着。后来，她实在筋疲力尽了，只得用尽全身力气睁大眼睛，抬头看那闪烁摇晃的绿斑。最后，在婴儿的阵阵啼哭声中，她终于找到了让自己不得安生的敌人。

这个敌人就是——摇篮里的婴儿。

瓦里卡突然笑了，自己都觉得奇怪：这么小的问题，之前怎么会一直没弄明白？绿斑、影子和蟋蟀似乎也对着她笑了，一副吃惊的神态。

错误的想法将瓦里卡包围。她从凳子那头站起来，脸上露出开心的笑容，眼睛一眨都不眨，自个儿在房间里走来走去。一想到马上就能摆脱这个束住她手脚的婴儿，她感觉无比畅快，心里痒痒麻麻的……只要把这个娃娃弄死,我就能睡啊,睡啊,睡啊……

　　瓦里卡笑着,朝那块绿斑挤挤眼、摇摇手,径直走向摇篮,俯下身去……掐死婴儿之后,她一咕隆地躺在了地板上,喜滋滋地笑起来,终于可以睡觉啦! 还没过一分钟,瓦里卡已经酣睡得跟死人一样了……

【拓展延伸】
只有反抗，才是出路

《渴睡》写了一个谋杀案的故事，一个13岁左右的童工瓦里卡被过度奴役压榨，极度渴睡，疲劳不堪，最终忍无可忍，在哄睡婴儿的过程中掐死了小婴儿，终于获得了睡眠。这个谋杀案丝毫不血腥，全篇没有展现人物内心的戾气，也没有情节的冲突，一切似乎都是在平静、昏沉中自然发生的。

这篇小说是契诃夫在写中篇小说《草原》期间为了完成约稿而写成的。契诃夫曾在信里写道："由于下月一日就要来临，家中需要开支，我就心惊胆战，坐下来写了一篇匆匆赶出来的作品。不过这也不要紧。那个短篇小说只用了我半天的工夫，现在我又可以继续写我的《草原》了。"我们看到了一个为了生存而不得不挤出珍贵的创作时间来谋取稿费的契诃夫，但是尽管是润笔之作，这篇小说却被托尔斯泰列为契诃夫的最佳小说之一，它仍然具有较高的思想和艺术价值。

小说中长明灯光影闪烁的第一次出现带出了瓦里卡当童工的家庭环境：昏暗阴沉、沉闷杂乱。"当长明灯的光摇曳起来，绿斑和影子也跟着活了过来，前后摆动着，像风吹过一般。"灯火成了激活环境、为环境注入生机的一束光。第二次出现使情节从现实转入梦境，使"绿斑和影子又动了起来，纷纷扑入瓦里卡半睁半闭、呆滞无神的眼睛里，紧接着，在她半睡半醒的脑子里全都化成朦胧的幻影"。此外，长明灯的闪烁制造了小说中的光影斑驳、如梦似幻的扑朔迷离之感，长明灯常在静穆、默哀之场合出现,仿佛也为小说增添了哀悼。

　　小说最精彩的地方在于瓦里卡的梦境穿越。人在最痛苦的时候会本能地寻求回忆来获得自我安慰,瓦里卡痛苦至极时想到了自己生命中最依赖的父母,可是他们并不能成为她温暖的怀抱,不能给予她一些现实的慰藉,她想到的是父亲临死的具体场景以及自己在父亲去世后的大哭,这些梦境中更加巨大的失去至亲之痛包围了她。我们可以将它与《万卡》放在一起比较阅读,同样是写在鞋店当童工,《万卡》写小男孩被压榨,《渴睡》写小女孩被压榨。万卡和瓦里卡相比还可以沉醉在美好的梦境中,他对爷爷和生活还抱有美好的记忆和幻想,这是不幸中残存的幸福。而瓦里卡已经无法回头,身无寄托。

　　农奴依附主子的生活是凄惨的,一旦失去劳动力不能养活自己的子女,亲生骨肉只能被送走,过着寄人篱下的日子。瓦里卡的母亲还在吗? 小说中没有交代,但是我们可以通过小说中不多的笔墨猜测,她的母亲身不由己,并没有能力养活瓦里卡。

　　　　她多想就这么舒舒服服地躺着,可母亲别拉格娅正走在她旁边,死命地催她快点儿——她们得赶着去城里找活儿做。

　　　　"看在基督的分儿上,赏几个钱吧!"母亲哀求着路人,"发发慈悲吧,好心的老爷!"

　　　　"把娃娃抱过来!"一个熟悉的声音回应道,"快把娃娃抱过来!"那声音又响起来了,但已变得愤怒和凶煞,"你这个下贱的东西,还给我睡着啦?"

小说里这段由梦境折回现实的瞬间高度重叠了现实和梦境,一句"把娃娃抱过来"不仅是瓦里卡听到的鞋店老板娘的呵斥，还是她与母亲在现实中的真实分离。

女孩的命运比男孩还要凄惨。这也是为何瓦里卡最后会走向掐死婴儿的地步。一个失去希望也并没有任何现实慰藉的人，只能走向极端。

也许只有当了妈妈之后，才更能理解瓦里卡所面临的这种极度渴睡的惨境。安抚一个婴儿无止境的啼哭，这件事实在是太需要来自亲妈的毅力和无私的爱才能坚持下去。契诃夫终身并没有养育过子女，但他却呈现了这样真实的题材，这是小说家的创造力和对生活倾注的极大理解。

而让一个孩子安抚照顾另一个孩子，这件事本身更存在着巨大的残忍。这里有契诃夫对底层贫困农奴的同情和对社会不平等的无言的控诉。类似主题在同时期俄国作家托尔斯泰笔下也有流露，托尔斯泰陷入了渴望摆脱自己贵族身份、土地来获得与农奴平等的道德自赎中。契诃夫本就是贫民出身，他无须通过降低身份姿态来贴近贫民生活，他可以直接从现实生活中走进底层，做最真实的还原。尽管后来他通过成为作家获得了更接近贵族的地位，但他也并没有通过某种俯首的优越感来建构作品的道德指向。

杀人当然是不道德的、有罪的，但是我们对瓦里卡这样的杀人犯却丝毫憎恶不起来。在小说《儿童读物》中，契诃夫给孩子们留下了一个充满光明的教诲："亲爱而宝贵的孩子们！在当前生活里，只有性情诚实、品行端正的人才会幸福。流氓和坏蛋不可能幸福，因此你们要诚实而端正。"

如果诚实而端正不能带来幸福，那么，只有反抗才是出路。

牡蛎

我总能毫不费力地记起那件往事的所有细节。

那是一个秋雨蒙蒙的傍晚,我和父亲站在莫斯科一条人潮涌动的街上。我感觉一种奇怪的疾病正逐渐笼罩着我。我虽然感觉不到任何疼痛,但两条腿却软弱无力,想说的话都哽在了喉咙口,头也只能无力地耷拉着……显然,我很快就会倒下,并失去知觉。

倘若这时把我送去医院,大夫们一定会在我的诊断书里写上 "fames" [1] 这个词,这可是在任何医学教科书里都找不到记载的疾病呢。

我的父亲挨着我站在人行道上。他穿着一件破旧的夏季大衣,戴着一顶花条呢的帽子,一小撮棉花从帽子里露出来,脚上穿着一双又大又重的胶皮雨鞋。这个喜欢折腾的人,生怕别人看出他是光脚穿雨鞋,索性在小腿上再套了一副旧皮靴筒。

这个可怜而又略显钝拙的怪人,他身上那

这里体现了一个穷人对自尊的维护,不愿让别人看出自己的窘迫。可见,父亲是一个自尊心很强的人。

1　拉丁语,意为"饥饿"。

件做工考究的夏季大衣越是破旧和肮脏，我对他的爱却越是深沉。五个月前，他来到首都，想谋个文员的职位。这几个月里，他一直在城里奔波忙碌、四处找活儿，直到今天才下定决心来街上乞讨……

在我们对面，是一幢很大的三层楼房，蓝色的招牌上写着"旅馆"字样。我的头软软的，时而后仰，时而侧歪，于是我不由地抬头，望向旅馆里那些灯火通明的窗户。窗户里形形色色的人影在晃动着。我看到一架轻便管风琴的右半边、两幅粗制滥造的油画和一盏盏悬着的吊灯……当我望进另一扇窗户时，看到一块发白的东西。那东西一动不动，呈直线状，在四周深褐色的背景下，显得格外突出。我凝神盯着它，终于分辨出那是一块挂在墙上的白色招牌。招牌上似乎写着什么字，但具体写的是什么，却看不清……

我盯着那块招牌足足有半个小时。那块白色吸引着我的眼球，像是对我的大脑施了催眠术一般。我很努力地想要看清上面的字，却都是徒劳。

最终，我身上那种奇怪的疾病开始发挥威力。马车的噪音在我耳里都变成了雷鸣，街上的臭气能让我嗅出上千种不同的气味，旅店和街道的灯光交织着，在我眼里都变成了炫目的闪电。我的五官开始变得高度紧张而敏感。迷迷糊糊中，我开始看到以前从未见过的

这段描写非常精彩。一个饥饿到近乎病态的人，感官异常敏感，被无限放大，似乎人在极限之中只能以此来消解饥饿的感觉。

东西。

"牡蛎……"我终于辨清了牌子上的字。

好奇怪的两个字啊！我在这个世界上已经活了整整八年零三个月，却从没听说过这么个词。这词是什么意思呢？难不成是旅店老板的姓？但用姓氏命名的招牌应当挂在门口，而不该是墙上啊！

"爸爸，牡蛎是什么意思？"我吃力地把脸转向父亲，用虚弱的声音问道。

父亲并没听到我在说什么。此刻他正专注于川流不息的人群，目送着每一个经过他身边的人……从他眼里，我看出他想对行人说点什么，可那句重如秤砣的要命的话，却始终只是悬在他颤抖的嘴边，怎么都吐不出来。他甚至都已挪到一个行人身后，并用袖子碰了碰那人，可当那人转过身来时，他却只吐出了一句"对不起"，然后又一脸尴尬地退了回来。

自尊盖过了乞讨的勇气。

"爸爸，牡蛎是什么意思？"我再次问道。

"是种动物……长在海洋里……"

我立马开始对这种我从未见过的海洋动物发挥起想象来。它应该是中等个头，大概介于鱼虾之间吧。既然是海洋动物，那用它加上胡椒和月桂叶肯定能做盆美味的热汤，还可以加上些脆骨做成酸辣汤，做虾汁也不错，哦，还可以加上辣根做道冷盘呢……我身临其境般地畅想着人们是如何从市场上买回这种动物，又是如何迅速地将它清洗干净，接着火速下锅……快做呀，快做呀，大家伙儿在等着吃呢……都快等不及了！厨房里飘出了煎鱼和虾汤的阵阵香味儿。

我感觉这股香味儿惹得我的上颚和鼻孔都痒酥酥的，它正逐渐渗入我全身……旅店、父亲、白色招牌，还有我的袖子……到处都能闻到这股香味儿。它是如此浓郁，竟使我开始情不自禁地咀嚼起来。我嚼着、咽着，好似我的嘴里真含着一块牡蛎肉一般……

用想象咀嚼美味，在幻想中实现了盛宴。

我的双腿因那种咀嚼所带来的兴奋感而不自觉地弯了下去。为了不摔倒，我拽住父亲的袖子，身子紧紧贴住他那件湿漉漉的夏季大衣。父亲紧缩着身子，颤抖着。他冷……

"爸爸，牡蛎是该素烧，还是荤烧啊？"我问道。

"一般生吃……"父亲说，"牡蛎有壳的，像乌龟一样……不过，它有两片壳。"

那些香味儿所带来的酥痒感瞬间从我身上抽离了，梦境破灭了……现在我全明白了！

父亲的话令"我"清醒，令"我"回到现实。

"真恶心！"我嘟噜着，"真恶心！"

牡蛎原来就是这样的！我脑子里随即闪现出类似青蛙的形象。现在这只披着壳的青蛙正瞪着一双硕大发亮的眼睛往外看，还不停地摆动着它那令人生厌的下颌。于是我开始想象人们是如何从市场上将这种带壳的、有钳的、眼睛发亮的、皮肤黏糊糊的动物弄回来……孩子们都害怕得躲了起来，只有厨娘厌恶地皱起眉头,扯住这活物的一只钳,将它放入盘里,再送上餐桌去。大人们一把抓起它就开吃了……就这么生吃,连同眼睛、牙齿和爪子都一股脑儿地吃掉!而它还在吱吱直叫,挣扎着咬人的嘴唇……

我皱紧了眉头,可是……可是我的牙齿怎么也开始不争气地嚼动起来了?牡蛎是这么讨厌、这么恶心、这么可怕,可我还是要吃它,狼吞虎咽地吃它,生怕尝出它的味道,闻出它的气味。刚吃掉一只,我就已经看到第二只、第三只……那闪闪发亮的眼睛了。我要把它们都吃掉……最后,我把纸巾、盘子、父亲的胶皮雨鞋、白色招牌……统统都吃掉了。我吃掉了眼睛所能瞅到的所有东西,因为我感觉到,只有吃东西才能治好我的病。而牡蛎睁着它那可怕的眼睛,虽然让我阵阵生厌,一想起来就直哆嗦,可我还是想吃它!我就要吃它!

"给我牡蛎!给我牡蛎!"一种呼喊从我的胸口迸出来,我不由得伸出了手。

"行行好吧,老爷们!"这时,我听到父亲嘶哑而又压抑的声音,"真的是不好意思求人的,可……上帝啊,这孩子快要支撑不下去了!"

"给我牡蛎!"我呼喊着,拽住父亲的大衣后襟。

"你这么个小家伙,还会吃牡蛎?"我听到周围有人发笑。

在我们面前站着两个头戴圆筒礼帽的男

这段表现"我"因为过度饥饿而陷入疯狂。事实上"我"还保留着一丝清醒理智,用"恶心""厌恶"的场景来让自己克制饥饿感,但即便如此仍然无法克制自己饥饿的生理本能。

注意细节"头戴圆筒礼帽",体现了吃牡蛎的人们的身份、生活境遇更上等。

人,满脸笑意地望着我的脸。

"小家伙,你会吃牡蛎? 当真会吃? 真有意思! 你竟然会吃牡蛎?"

于是,一双强有力的大手就这么拽着我进了那家灯火通明的旅店。然后我四周瞬间围上了一群人,他们充满好奇地、哈哈大笑地围着我瞅来瞅去。我在一张桌旁坐下,开始吃一种又滑又咸的东西,湿乎乎的,还带着一股霉味儿。我如饥似渴地吞咽着,都顾不上嚼一下,既不去看一眼,也懒得弄清楚自己到底吞的是什么东西。我敢保证,要是这一刻我睁开眼睛,准会看到一双亮闪闪的眼睛、一对大钳子和两排尖利的牙齿……

我突然嚼到一块硬邦邦的东西。我咔嚓一下就将它咬碎了。

"哈哈哈! 他连壳都吃了!"人群中一片哄笑,"这能吃吗? 真是个傻瓜蛋啊!"

我记得吃完以后我渴得厉害。我躺在自己床上,怎么都睡不着,全身阵阵灼痛,还有一股奇怪的味道留在我发烫的嘴里。父亲在屋里的角落间来回踱步,并不停地挥手比画着。

"我应该是感冒了。"父亲嘟囔着,"我感觉脑袋里……像是有个人……不过也可能是因为我今天没有……那啥……我今天没有吃过东西……我真是又蠢又怪啊……我分明看到这些大老爷们给了十卢布的牡蛎钱,我当时干吗不凑上去讨点过来呢……借总可以吧?

他们应该会给我点儿的。"

　　直到第二天早上，我才迷迷糊糊地睡着。我梦到了一只有钳、有壳、眼珠直转的青蛙。睡到中午，我渴醒了，开始四处寻找父亲。而父亲，依旧还在那里踱来踱去，双手也还在不停地比画着……

【拓展延伸】
世界是谁的"牡蛎"

"牡蛎"这个意象在很多作家的作品中出现过,如法国莫泊桑的短篇小说《我的叔叔于勒》中提到了优雅地吃牡蛎的上流太太以及卖牡蛎的潦倒的于勒叔叔,写出了人与人之间的社会地位差距,以及"我"的家人对他态度由期盼到漠然的反转——

> 父亲忽然看见两位先生在请两位打扮得漂亮的太太吃牡蛎。一个衣服褴褛的年老水手拿小刀一下撬开牡蛎,递给两位先生,再由他们递给两位太太。她们的吃法很文雅,用一方小巧的手帕托着牡蛎,头稍向前伸,免得弄脏长袍;然后嘴很快地微微一动,就把汁水吸进去,蛎壳扔到海里。
>
> 毫无疑义,父亲是被这种高贵的吃法打动了,走到我母亲和两个姐姐身边问:"你们要不要我请你们吃牡蛎?"

海明威《流动的盛宴》里也将吃牡蛎写成一种享受,写出了自己旅居巴黎的独特感受——巴黎是一席流动的盛宴——

> 我吃着那带有强烈海腥味和淡淡的金属味的牡蛎,一边呷着冰镇白葡萄酒,嘴里只留下那海腥味和多汁的蛎肉,等我从每个贝壳中吸下那冰凉的汁液,并用味道清新

的葡萄酒把它灌下肚去,我不再有那种空落落的感觉,开始感到快活并着手制订计划了。

最著名的是莎士比亚的戏剧《温莎的风流娘们儿》中的这样一句台词:"世界是我的牡蛎(The world is my oyster)。"这句话意为"天地尽在我掌握"。这个世界如同牡蛎一样,可以用刀子把它撬开,一切尽在掌握,充满了梦想皆可实现的自信。

而在契诃夫笔下,牡蛎成了穷人珍贵的想象,世界并非"我"的牡蛎,而是他人的牡蛎,是贵族对穷人尊严的一种凌驾。

契诃夫谈起《牡蛎》时曾说:"在这篇小说里我尝试着做一名medicus。""medicus"在拉丁文中是医生的意思。契诃夫的职业本身就是医生,在这篇小说里尝试医生的职业是指在小说里代入医生审查病人那样的视角。这篇小说中人物生了什么病呢? 饥饿的病。契诃夫以医生的观察写出了一对穷困潦倒的父子因为饥饿而近乎病态的故事。他们走到一家售卖牡蛎的餐馆,"我"在想象中完成了对牡蛎的享用,随后现实中受到有钱人的嘲弄,出于饥饿,把牡蛎的壳也吃掉了。

小说中的父亲一直保持着自己的骄傲和尊严,直到最后他也没有真正乞讨,维持着自己可怜的自尊,甚至都不好意思开口说自己没有吃饭,还对有钱人心存幻想——

"我应该是感冒了。"父亲嘟囔着,"我感觉脑袋里……像是有个人……不过也可能是因为我今天没有……那啥……我今天没有吃过东西……我真是又蠢又怪啊……我分明看到这些大老爷们给了十卢布的牡蛎钱,我当时干吗不凑上去讨点过来呢……借总可以吧? 他们应该会给我点儿的。"

父亲在小说中是懦弱的,过于在意自己的尊严。事实上他的这种自尊并不能解决他所面临的现实困境,穷人的自尊是一张廉价的纸,根本遮不住自己的现实破洞。这倒不是说契诃夫在否定穷人的自尊,他只是将穷人身上的这点可怜无力和自我顽固的困窘真实地反映出来了。如果说《万卡》是一出儿童的现实悲剧,那么《牡蛎》则是一出成人的现实悲剧。前者还可以哭诉自己的悲惨境遇,到了成人这里,毫不见哭诉和发泄,只见隐忍和懦弱。虽然契诃夫没有交代这个父亲饥饿背后的更多生活,但是一切尽在不言中。父亲直到小说最后还在踱来踱去,不停比画着……这些是契诃夫给予人物的无声胜有声的悲情时刻。

小说中的"我"对父亲是有倚仗依赖的。小说结局里儿子醒来本能的动作是"寻找"父亲,这里的父亲确实可以无愧于儿子精神上的追寻,但是他在现实中,其实并未能给儿子更多庇护。现实中先发出乞讨动作的,不是父亲,而是儿子——

> "给我牡蛎!给我牡蛎!"一种呼喊从我的胸口迸出来,我不由得伸出了手。
>
> "行行好吧,老爷们!"这时,我听到父亲嘶哑而又压抑的声音,"真的是不好意思求人的,可……上帝啊,这孩子快要支撑不下去了!"

想象吃牡蛎的美味这一部分是这篇小说的精彩之笔。中国当代小说家余华《许三观卖血记》中也有类似的情节。许三观生日那天,一家人面对着玉米粥,许三观用想象"炒"出了一道道美味佳肴,展现了生命的乐观情调。不过《牡蛎》这篇小说中塑造的"我"并非出于乐观的心态而想象美味,而是陷入病态饥饿之后的绝望。其后，"我"遭遇了施舍的人们的群嘲，更加增添了父子俩的悲剧色彩。

世界是他人的牡蛎，并非由自我撬动，这是个充满无限悲情的主题，作家很难置身其外。伟大的契诃夫竟对批判与同情不置一词，而交由读者去理解，这是高级的小说写法。

普里希别耶夫中士

"普里希别耶夫中士！您被指控于今年9月3日出言中伤并动手殴打了本县警察日金、村长阿利亚波夫、乡村警察叶菲莫夫、见证人伊万诺夫和加夫里洛夫，以及另外六个农民，并且前三人还是在执行公务的过程中受到您的侮辱的。对此您认罪吗？"

普里希别耶夫，一个满脸皱纹的低级士官，生着一张像是长刺的脸，双手贴紧裤缝站立着，用嘶哑而又低沉的嗓音答话，努力让自己咬清每一个字，听上去像是在发布命令一般。

"长官，调解法官先生！当然，根据各项法律条款，法院有理由让双方陈述当时的一切情况。我认为，有罪的不是我，而是其他一些人。所有这一切其实都是由一具死尸引起的。哦，祝愿他的灵魂能够升天吧！……3号那天，我本来和我妻子安菲莎很安静、很规矩地走在路上，突然，见到一群形形色色的人围在岸边。请问，老百姓有什么权利在这种地方集会呢？他们是什么目的来着？法律条文里写着老百姓可以成群结伙地走路吗？于是我就大叫了一声：'都给我散开！'说完，我就试图去推开他们，好让他们各自回家去。当时我还下令乡村警察揪住他们的脖子，好把他们驱散……"

"对不起，请容我插句话，您既不是本县警察，也不是村长，驱散人群是您的事儿吗？"

"不关他的事儿！不关他的事儿！"只听得从审讯室的各个角落传出一片声音，"长官，他搅得人不得安生啊！我们都受了他15年的气啦！自从他退伍回乡那刻起，我们简直想从这个村子逃走了！他可把大家折磨坏了！"

"长官，确实是这样的！"村长也发话了，"全村人都是叫苦连天啊。只要有他在，我们简直都没法活下去了！捧个圣像走路他要管，办个喜事他也要管。无论在什么地方，也不管是出了什么岔子，总能听到他大喊大叫、吵吵嚷嚷的。反正不管什么事儿都得由他来维持秩序，他才能罢休。他揪小伙子的耳朵，还暗地里监视村里的女人，生怕她们整出什么事儿来，搞得他像是她们的公公一样……他还挨家挨户地下令，不准大家唱歌和点灯，说是没见法律里有准许人唱歌这一条……"

"请您等一下，待会儿会给您机会提供证词的。"调解法官打断了村长，"现在还是请普里希别耶夫继续陈述吧。请继续吧，普里希别耶夫！"

"遵命，长官！"普里希别耶夫操着沙哑的

普里希别耶夫的判断依据不是法律中写明的律令，而是法律中没有写明的律令。以不存在的法律作为权威，其实是以自己的意志作为权威。

嗓音继续说道，"长官大人，刚才您提到驱赶人群不是我的事儿……好吧……可要是出了乱子怎么办？难道可以容许村民胡闹吗？哪条法律条文写着可以任老百姓胡来呢？反正我是不能容许的。要是我不驱散他们，不有点儿作为的话，谁又会站出来管这事儿呢？长官大人，我敢说，全村上下没人弄得明白现行的规章秩序，只有我知道该怎么和普通村民打交道，我什么都弄得懂。要知道我又不是庄稼汉，我可是中士，是退役的军输给养员呢，还在华沙的司令部当过差。长官大人，您要是愿意知道的话，我继续说给您听，当完差以后，我堂堂正正地退了伍，当了一名消防队员。后来由于病后体虚，我就离开了消防队，到一个古典男子初级中学[1]当了两年门卫……所有的规章秩序我都懂。而这些庄稼汉都是粗人，什么都不懂，他们就该听我的，况且我也是为了他们好啊。就拿这件事儿来说吧，我是驱散了人群，可那岸边的沙地上还躺着一具从水里打捞上来的死尸呢。请问，这具尸体是该躺在那儿的吗？这能算是正常情况吗？县里的警察是管什么的？我当时就问县警察，怎么不把这件事报告上级。这淹死的人当然有可能是投河自尽的，可也说不定带着那么点儿西

这里流露出普里希别耶夫中士对自己曾经身份的骄傲，他的行为其实是希望维持这份骄傲。

1　沙俄时期四年或六年制学校。

伯利亚[1]的气息呢——搞不好这就是一桩刑事凶杀案……可是县警察日金当时却一副漫不经心的样子，只顾抽他的烟，还说：'这人是谁啊？在这指手画脚的，从哪跑出来的啊？好像没了他，我们就不会办事了一样。'我说：'既然你只知道像个傻瓜一样站在这里，什么都不闻不问，那你恐怕就是不知道该怎么办。'然后他说：'我昨晚就已经报告过本县警察局局长了。'我就问他：'干吗要报告警察局局长啊？你这依据的是法典里的哪一条啊？像这一类案子，比如说有人淹死、吊死，以及诸如此类的，难道该归本县警察局局长管吗？这分明是刑事案件、民事诉讼啊……得赶紧写报告呈到调查员和法官那儿去。'我还说了，第一步要做的就是应该写份报告，然后送交调解法官大人。可这个县警察却光是在那儿边听边发笑。那些庄稼汉也在跟着笑。长官大人，所有人都只顾在那儿笑。我敢对天发誓，我所说的都是千真万确的。当时这个人笑过，那个人笑过，哦，连日金也笑过。我说：'你们龇牙咧嘴地笑什么呢？'那个县警察开口了：'这类案子调解法官都管不着。'就是这话把我惹火了。县警察，你当时是说过这话吧？"中士转身问县警察日金。

"是说过。"

1　沙俄时期的杀人犯通常会被流放到西伯利亚一带去。

"大家都听到了吧,你当着所有人的面就是这么说的:'这类案子调解法官都管不着。'大家都听到了吧,你就是这么说的……长官大人,我当时火冒三丈,甚至整个人都被吓坏了。于是我说:'坏蛋,你刚才都说什么了!你再说一遍,把那话再说一遍!'他还真又重复了一遍……我就走到他跟前,责问他:'你怎么能这样说调解法官大人呢?你身为本县警察,怎么能和政府作对呢?啊?你知道吗,只要调解法官大人他愿意,就能凭你说的这些话,认定你行为不端,把你送到省宪兵队去!你知道吗,凭你这几句带有政治色彩的言论,调解法官大人就可以把你发配出去!'这时,村长又说话了:'只要是职权之外的事情,调解法官一件都管不着。他只能管管鸡毛蒜皮的小事情。'大家当时都听到他这么说了吧?……我马上反驳他:'你怎么敢藐视当局?嘿,老兄,你可别跟我开玩笑啊,否则你会倒霉的呢。'想当初我在华沙当差以及在男子中学当门卫的时候,只要一听到这种不合规矩的话,就会立马朝街上望去,看能否碰到宪兵,然后我就会大喊:'长官,请到这儿来一下!'接着我就会把事情原原本本地向他报告。可如今在乡下你讲给谁听去呢?……我真是气愤极了。一想到现在的老百姓这么放肆、目无法纪、任意胡来,我就憋闷得很,于是我就抡起了拳头……当然,我下手可不重,真的,就这么轻轻地意思了一下，好让他下次不敢再这么冒犯长官大人您……这时警察又跑出来给村长撑腰，因此我就又给了一下……然后就这样乱打起来了……长官大人，我也是一时兴起，可是不这样又不行啊。你要是见着蠢人不打他，良心上也过不去啊。何况这还是桩人命案子呢……还是民众在滋事呢……"

"请容我插句话！就算是民众滋事也是有人管的。这不还有本县警察、村长、乡村警察……吗？"

"县警察总不能样样问题都发现得了吧，何况他还没我懂得多呢……"

"可是你要明白，这些都不关您的事儿！"

"这话怎么说的呢？怎么会都不关我的事儿呢？太奇怪了……有人恣意胡闹，难道都不关我的事儿吗！难不成还要我去夸奖他们一番？瞧，他们还向您诉苦，说是我不准他们唱歌……这唱歌有什么好处啊？他们放着正经事儿不做，就只知道唱歌唱歌……如今又流行起来大晚上点个灯闲坐着了。该睡觉的时候不睡觉，却一群人又说又笑的。这些我可都记下来了呢，大人！"

"您记下来什么了？"

"都有哪些人晚上点灯闲坐着。"

普里希别耶夫从口袋里掏出一张油腻的小纸片，戴上眼镜，读了起来："晚上点灯闲坐的农民有：伊万·普罗诃罗夫、萨瓦·米基佛罗夫、彼得·彼得罗夫。此外,大兵家的寡妇舒斯特罗娃与谢米扬·基斯洛夫私通。还有,伊格纳特·斯韦尔乔克大搞巫术,他的老婆玛芙拉是个巫婆,每天半夜跑出去挤人家母牛的奶。"

"够了!"法官打断了普里希别耶夫,开始询问证人。

普里希别耶夫中士把眼镜推到额头上,无比惊讶地望着法官。很显然,这位法官并没有站在他这边。他那双瞪着的眼睛大得发亮,鼻子也变得通红通红的。他看看法官,又看看那些证人,却怎么也弄不明白,法官大人为什么会这么生气,而审讯室的各个角落里又为什么会时而传来嗡嗡的埋怨声,时而还发出各种极力克制的笑声。更让他不能明白的是:法院最终的判决结果竟然是要拘禁他一个月!

"这是为什么啊?!"普里希别耶夫大惑不解地摊手问道,"这是依的哪一条法律?"

然而有一点普里希别耶夫却是明白的,那就是这个世界已经变了,他已经没法在这样的世界上活下去了。种种阴郁、沮丧的想法笼罩着他。可当他从审讯室出来的时候,一看到几个庄稼汉在那里结群谈论着什么,他那种已经无法克制的惯性就又马上冒出来了,他情不自禁地手贴裤缝立正,然后用他那嘶哑而又带着怒气的嗓音吼道:"快散开,老百姓! 不准成群结队! 都各自给我回家去!"

此处,神经质的普里希别耶夫揭发了一些社会不道德事件,他的正义感虽然滑稽,但也戳痛了一些现实。

普里希别耶夫的命令式权威已经成为深入骨髓的惯性,这是一个无法从过去时代、过去经历中走出来的悲剧人物。

《普里希别耶夫中士》写一群人因为水里打捞出死尸,聚众围观,一个退役的中士路过,认为法律里没有规定百姓可以成群结队,便试图驱散人群,还下令让警察制服百姓,要求警察按照自己的方式处理,最终发生冲突,他以中伤、殴打罪名被控告,拒不认罪,最后被法院审判拘禁。这个故事看起来像是一个路见不平维护社会秩序的正义者故事,实则并非如此。为什么一个打着正义之名的人最终却陷入了不正义呢?

我们先来看普里希别耶夫的出场——

> 普里希别耶夫,一个满脸皱纹的低级士官,生着一张像是长刺的脸,双手贴紧裤缝站立着,用嘶哑而又低沉的嗓音答话,努力让自己咬清每一个字,听上去像是在发布命令一般。

一张"长刺的脸",与他带刺、挑刺的性格吻合。他站立的姿势依然保留着在部队的习惯,这里我们可以感受到虽然他退伍多年,但过去的观念固化至今。他说话的方式"像是在发布命令",这里有他对自己身份的高傲。

其后,普里希别耶夫自叙身世,言语间充满了对自己曾经荣耀的念念不忘,以及对普通庄稼汉的轻视——

长官大人，我敢说，全村上下没人弄得明白现行的规章秩序，只有我知道该怎么和普通村民打交道，我什么都弄得懂。要知道我又不是庄稼汉，我可是中士，是退役的军输给养员呢，还在华沙的司令部当过差……所有的规章秩序我都懂。而这些庄稼汉都是粗人，什么都不懂，他们就该听我的，况且我也是为了他们好啊。

这里普里希别耶夫自述中的"中士"与前面作者上帝视角叙述的"低级士官"是矛盾的。普里希别耶夫自视甚高，他的这种心态造成了他"卫道者"的心理：他有权监管、捍卫道德与法律的正当性，这是他高举的正义的旗帜。他为捍卫自己的行为寻找到的依据都是"法律没有这样的规定"。普里希别耶夫最荒诞的地方在于：把未经阐释的不存在的正义，当成现实中捍卫正义的原则。这背后的本质已然不是把法律当成武器了，而是利用法律的空白，以自己的意志作为权威。

　　这样的"卫道者"并不全然是可憎的，比如普里希别耶夫拿出小纸条举报小偷，如果他都在这方面卫道，倒也能维护社会秩序。他的可恶之处在于，比起卫道者，他更多是偷窥、监视和举报者，比如监视妇女、举报"点灯闲坐"的人……这样的行为与乔治·奥威尔《一九八四》中的"老大哥"倒有几分相似。他招致了村民的不满，村长也怨声载道：有这样的人在，其他人简直没法活下去了。

　　这里我们看到小说中有一个隐形的冲突：极权与自由。一个好的道德生态是需要具有一定空间的，道德自净的过程需要弹性的自由，而非极端监控与压抑。

　　契诃夫和鲁迅一样，讽刺冷漠的看客。不过这篇小说构造出了另一种看客——不冷漠，而是过度热情，成了无所不在的潜入者、越界者。这也是契诃夫批判的另一种极端看客。

普里希别耶夫这个形象是滑稽而可悲的,他自认为以正义之名,行道德教化之事,自始至终不认为自己有罪。我们可以感受到他在部队那种服从权威、凡事都要打报告的过去生活的痕迹,在他身上发展成一种极端,这样的形象与契诃夫的另一篇小说《套中人》中的人物亦有相似之处。这是个人的悲剧,也是时代的缩影。人被权威彻底吞噬,却仍一心奉其为真理与毕生的信念。契诃夫只是在写小人物,却更深地折射出社会现实体制对人的摧残。

柏拉图在《理想国》中构建了"各归其位,各司其职"理想的城邦正义,这是一种固守自己本位带来的有序的正义。虽然我们今天鼓励"斜杠",但是这种各归其位仍然是社会的必需,否则会失序。个人的正义若假借群体,甚或假借更大的某种权威之名,放大膨胀自身的权力,颇有狐假虎威的味道。悲哀的是,身处其中之人如鱼在水,根本不会自知水之浊。

沙皇专制的社会虽已是过去,但身处现代文明之中,这种假借正义之名的罪恶仍在我们的生活中屡见不鲜。我们的自由越来越得到保障,但也过度被滥用。我们固然需要警惕冷漠,但也需警惕越界。从这个角度而言,契诃夫的这篇小说颇具现代意识。

彩票

伊万·德米特里奇生活在一个中产家庭，全家每年要开销 1 200 卢布。他向来对自己的人生十分满意。

一天晚饭后，德米特里奇坐在沙发上，读起了报纸。

"我今天都忘了扫一眼报纸啦。"德米特里奇的妻子在一旁收拾饭桌，"快帮我瞧瞧，那上面有没有开奖的号码？"

"嗯，有呢。"伊万·德米特里奇边看边应着，"怎么，你没把彩票抵押出去？"

"没呢，我星期二才刚取过利息。"

"号码是多少？"

"9499组，26号。"

"好的……让我来瞧瞧……9499组和26号。"

伊万·德米特里奇是不相信彩票真能带来什么好运的。要是换了别的时间，他说什么都不会瞅一眼开奖单子的，不过此刻他确实闲得没事，而报纸又偏巧就在眼前，于是他就伸出食指，从上往下核对起彩票组号来。不知是

开头交代了伊万·德米特里奇的家庭经济情况，他的人生似乎不会陷入经济的烦恼之中。

为什么这个平时从不信彩票中大奖的人后面制造出了这场白日梦呢？

不是对他以往那种不相信的嘲讽,他才刚看到顶上第二行,一串数字"9499"就赫然跳入他的眼帘!还没顾得上看票号,也没想着再核对一遍组号,德米特里奇就立即把报纸往自己膝盖上一摊,然后像是被谁朝他的肚子上泼了一瓢冷水一般,整个心窝都透着一丝丝令人愉悦的清凉——痒痒的、怪怪的,却又甜甜的!

"玛莎!还真有9499这个号呢!"德米特里奇说话的声音都变得沙哑了。

妻子望了一眼德米特里奇那张满是惊愕的脸,明白他不是开玩笑。

妻子比丈夫的表情更夸张,但也更冷静,想确认真假。

"真的是9499?"妻子问道。她整张脸都发白了,把刚叠好的桌布又扔回了桌上。

"是的,是的……千真万确啊!"

"那么票号呢,是多少?"

前面丈夫第一次不着急确认票号也许是因为抑制不住的激动,但第二次仍然不去确认,这里人物是什么心态呢?

"哎呀,对哦!还有票号没看呢。不过,先别忙,再等一下……先别急着看,怎么样?反正我们的组号已经对上了!反正,我想你明白的……"

伊万·德米特里奇望着妻子,咧嘴傻笑着,像是个孩子在瞧一件金光闪闪的东西一般。妻子也笑开了,看着自己丈夫只是读出个组号,却又不急着弄清楚票号的那副模样,她心里也和他一样,说不出的欢喜。揣着能交上好运的期盼,并借此折磨和刺激一下自己,这是件多么美妙而又令人忐忑的事情啊!

长久的沉默以后,伊万·德米特里奇先开

122

口说话了:"我们的组号对上了,这就是说,我们有中彩票的可能性呢。虽然只是有这个可能而已,但还是很有希望的!"

"行啦,快看看票号吧!"

"慌什么呢,待会儿有的是时间让你失望去!你瞧瞧,我们的组号在顶上第二行,也就是说,我们的奖金能有七万五呢!这不是钱,这是实力,是资本啊!要是我现在核对票号,然后上面还真有26呢?!啊?听着,万一我们真中奖了,我们会怎么样啊?"

夫妇两人禁不住笑了起来,默默地对视了很久。这种可能交上好运了的想法让他们变得晕晕乎乎的。他们甚至想不出,也说不出他们两人要拿这七万五去做什么、买什么、上哪儿去旅游……他们现在满脑子就只有两个数字"9499"和"75000",在各自的想象中勾画着这两个数字。至于可能实现的幸福本身,不知怎的,他们倒并没有想到。

伊万·德米特里奇双手捧着报纸,在屋里来回踱步,直到从最初的兴奋中慢慢平静下来,才开始有点想入非非。

"要是我们真中彩了,会怎么样啊?"德米特里奇说道,"要知道这可是崭新的生活,是时来运转啊!不过这是你的彩票,要换了是我,我肯定首先要拿两万五左右去买一套类似庄园的不动产;然后再拿出一万用于一次性的开销,比如说添置新家具等;接着就是去旅游、

現实中,人们可能会幻想,但还是会先确认事实。小说中却将这一幻想的真实过程无限放大、延长,充分显示了小说"无中生有"的戏剧性。

123

还债等；最后剩下的三四万可以存到银行里吃利息……"

"对，买座庄园不错！"妻子一边说着，一边坐了下去，把双手放在膝盖上。

"该去图拉省或是奥尔洛夫省买……这样的话，别墅都不需要了，庄园还能有收益呢。"

于是，德米特里奇开始浮想联翩。那画面一幅比一幅更甜美，一幅比一幅更富有诗意。他在所有画面中都似乎看到了一个大腹便便、平和健壮的自己，他感到阵阵暖意，甚至有点浑身发热了！在画面中，他刚喝完冰凉的杂拌浓汤，正挺着个肚子躺在河边一块热乎乎的沙地上，或是躺在花园里的一棵椴树下……天很热……一对小儿女在他身边爬来爬去，挖着沙坑，或是在草地里捉着小甲虫。他美滋滋地打着盹，什么都不用去想，整个身心都只感觉到，今天、明天、后天都不用去上班，多好啊。要是觉得躺腻了，他就去割割草，或是到林子里去采蘑菇，或是去看看农夫们怎么用大渔网捞鱼。等太阳开始落山了，他就拿起浴巾和肥皂，慢慢悠悠地晃去更衣房，在那儿不紧不慢地脱掉衣服，用手掌长时间地摩擦着自己赤裸的胸脯，然后跳进水里。在水里，在那一圈圈暗银色的肥皂波纹周围，小鱼儿游来游去，绿色的水草也摇来摆去。洗完澡以后，再喝杯奶茶，吃点儿奶油鸡蛋甜面包……晚上便去散散

小说这一段描写非常动人，人物在幻想中实现了自己渴望的惬意舒适的生活。这里透露出，尽管这一家是中产阶级，但厌倦了日复一日的工作，渴望获得身心的愉悦享受。

124

步,或是和邻居一起玩玩文特[1]。

"对,买上座庄园就好。"妻子一边说着,一边也幻想开来。从她的脸上就能知道,她都已经想得痴迷了。

伊万·德米特里奇继续为自己勾描起了秋雨蒙蒙的画面,还有凉凉的夜晚,以及那些晴和的初秋景色。在秋天的这种时候,要有意地去花园中、菜园里和河边多散散步,这样才能更好地经冻。之后再喝上一大杯伏特加,吃点儿腌松乳菇或是用茴香油拌的小黄瓜,然后再来上一杯。孩子们从菜园里跑回家,拖来了还带着清新泥土气息的胡萝卜和青萝卜……在这之后,往长沙发上一躺,懒洋洋地随手翻翻画报,再将画报往脸上一合,解开坎肩上的扣子,就这样惬意地打个盹……

过了暖和的初秋,便进入阴雨绵绵的时节了。白天晚上都在下雨,光秃秃的树干似在低泣,风也变得潮湿而又寒冷。那些狗啊、马啊、母鸡啊,都湿漉漉的,一副没精打采、畏畏缩缩的样子。这种天气,没地方可散步,也没法出门,就只能成天在屋里来回踱步,不时愁苦地望望阴暗的窗户。真是烦闷啊!

伊万·德米特里奇停下了思绪,望着妻子。

"玛莎,你是知道的,我一直很想到国外去

幻想的真实性在于,伊万·德米特里奇不仅勾勒出了未来的美好,也想象出了未来的烦闷。

___
1 一种牌戏。

看看。"德米特里奇说。

于是德米特里奇又开始想象着深秋时候去国外旅游是件多美的事情啊,可以去法国南部,还有意大利……嗯,去印度也不错!

"那我也得出国呢。"妻子说,"行了,快瞧瞧票号吧!"

"别急!再等等……"

德米特里奇在房间里来回踱步,又开始陷入了沉思。他的脑子里突然冒出了一个念头:要是妻子当真也要出国,那可怎么办啊?一个人的旅行才叫惬意呢,或是和一群好相处的、无忧无虑的、懂得活在当下的女人结伴出行也不错,就是不能跟着那种一路上只知道惦记和念叨着孩子、成天唉声叹气、花一个小钱也要心惊肉跳的女人一同出去。伊万·德米特里奇开始想象自己的妻子在车厢里,身上满是各种各样的包裹和提篮;她总是在长吁短叹,还抱怨着自己一路上都在头疼,以及又花了多少多少钱;时不时地还要跑到车站上去弄开水、买夹肉面包和矿泉水……她连午餐都舍不得吃,嫌那里的东西太贵……

这里丈夫想象的妻子其实正是现实中真实的妻子,他们的生活并不像中产阶级,而是像拮据的底层。

"瞧着吧,她保证一分一厘都要和我计较!"想到这,德米特里奇看了一眼妻子,"这彩票是她的,又不是我的!再说她干吗要到国外去啊?她在那儿能看到什么名堂啊?她保准就在旅馆里待着了,还不放我离开她一步……我知道她就是这样的!"

于是德米特里奇平生第一次注意到,他的妻子老了、丑了,浑身上下尽是一股厨房的油烟味儿。而他自己呢,却还是那么的年轻、健壮、充满活力,哪怕再结一次婚都不成问题。

"当然,这些都是小事儿,也都是些废话。"德米特里奇又想到,"可是……她跑到国外去干吗呢? 在那儿她能看得懂什么呢? 她要是真去了……我都想象得到……那不勒斯和克林这两个地方对她来说也不会有什么两样。还尽是碍着我的事儿。我还得处处受她的约束。我都想象得出来,她只要一拿上钱,准会像个婆娘一样拿六把锁把钱锁起来……还会藏得不让我找着……她准会把钱拿来周济自己娘家的亲戚,但对我却要连一个子儿都吝惜!"

伊万·德米特里奇立即想起了妻子的那些亲戚。要是被她那些兄弟姐妹、叔伯姨婶知道她中彩票的事儿了,他们准会立马找上门来,然后像个叫花子一样缠着要钱、满脸假笑、极尽谄媚。真是些可恶又可怜的人! 给他们钱吧,他们还会接着再要;要是不给呢,他们准会骂骂咧咧、无事生非的,整天巴望着你开始倒霉。

伊万·德米特里奇又想到了自己的亲戚。以前见着他们时,也没什么感觉,可现在一想起来,竟也开始觉得令人生厌起来了。

"全都是些小人!"德米特里奇想着。

此时,妻子的脸在德米特里奇眼里也开始变得令人讨厌和憎恶了。他对她窝着一肚子的火，于是，他开始幸灾乐祸地想："她对钱的事儿一窍不通，所以才会那么抠门。要是她真中彩票了，说不定只会给我100卢布呢，剩下的钱她全都会锁起来。"

德米特里奇已经笑不起来了，而是充满憎恶地望着妻子。而妻子也正带着恨意和愤怒望着他。她有着自己五彩斑斓的梦想，有着自己的计划和自己的主意。她很清楚，她的丈夫心里在想什么。她也知道，谁会第一个把爪子伸向自己的奖金。

"你拿人家的钱做什么美梦啊！"妻子的眼神似乎在说，"没门儿，你想都别想！"

丈夫读懂了妻子的眼神，仇恨在他的胸中翻滚。为了气一气他的妻子，故意和她作对，他飞快地扫了一眼报纸的第四版，然后大声地、显得很正式地宣读起来："9499组，46号！不是26号！"

希望和憎恨一下子全都消失了，伊万·德米特里奇和他的妻子立马开始感到，他们的屋子是那么的阴暗、狭小和低矮，他们刚吃过的晚餐连肚子都填不饱，腹部阵阵难受。这样的夜晚又是如此漫长和令人烦闷……

"鬼知道是怎么回事儿。"伊万·德米特里奇开始挑起刺来，"脚不管踩到哪里，都是满地的纸片、面包屑、各种瓜果壳。屋子从来都没打扫过！弄得人只想逃出去！真是见鬼了！我这就要走，碰到第一棵杨树我就上吊！"

丈夫对妻子嫌弃、鄙夷，甚至憎恶，显示了真实的人性。

妻子对丈夫的清醒认识令读者哗然。彩票是否仅是一个导火索，映照出二人真实婚姻生活中的种种不堪。

小说揭开彩票是否中奖真相的时间节点，居然设置在两人在幻想中彼此仇恨，丈夫故意报复妻子之时。这个节点的设置完成了小说前后的反转，两人从幻想的天堂坠入现实的阴暗。

【拓展延伸】
中产阶级的白日梦泡沫

小说开头便赫然交代了主人公"中产阶级"的身份。我们想象中的中产阶级是一种什么样的生活状态呢？生活较为优渥，无须太为生计、金钱烦恼，有一定的自由闲暇时间享受生活，至少应该过得比贫困底层人幸福。

然而现实并非如此。

小说讲述了一对夫妇想象自己中了彩票之后该怎么花钱享受生活，可以说是一场在金钱驱使下完成的精神幻想曲。在这场幻想中，丈夫暴露出了对自己妻子的嫌恶，妻子也再一次确证了丈夫的本性。在日常生活中，可能人人都做过彩票中奖的白日梦，但契诃夫这篇小说不止于此，而是充分展现了人在臆想中的恶，以及这种恶被生活的庸常击退，人又回归日常的"善"中。

伊万·德米特里奇虽然自认为对生活满意，但其实他一点儿都不满意。不满意自己的工作，没有闲暇，没有休息；不满意自己的妻子，庸俗计较，掌控自己。然而在平庸的生活中，这些都被掩盖了，风平浪静的生活表面下，是暗涌的滔天巨浪。《彩票》的精彩之处就在于，使这种人性深处的暗流白热化。

小说中夫妻两人关系最终破裂，前文中有关于二人婚姻关系的暗示吗？注意文中的这两句伏笔："不过这是你的彩票，要换了是我……""你拿人家的钱做什么美梦啊"。这里的用词并非"我们"，而是"你""人家"，小说这些细节其实透露了夫妻二人的关系，还是带有一些距离，带有一些你我之分的，并非完全和谐地融为一体、不分你我的夫妻关系。

尽管如此，仍然有很多经济独立但关系融洽的夫妻，真正暴露出人性之恶的是伊万·德米特里奇想象有钱之后的膨胀——

> 他的妻子老了、丑了，浑身上下尽是一股厨房的油烟味儿。而他自己呢，却还是那么的年轻、健壮、充满活力，哪怕再结一次婚都不成问题。

这样的想法一定曾经也在伊万·德米特里奇的潜意识中闪过，只不过生活的庸常无为赐予了他淡化、隐忍的平静，甚至自我安慰认为当下的生活还不错。

按照弗洛伊德关于意识的观点，本能、欲望等心理活动内容会被排除在意识层面之外，那些原始的、不被接受的欲念、动机和情绪等则被压抑使得个体并不能觉知，因为它们为社会现实所不容。尽管潜意识中的欲望、情绪被压抑，但它们始终存在，会在转换中影响个体的心理活动及行为。小说中男主人公即压抑了自己真实的欲念和情绪。

相比丈夫，小说中的妻子要稍微人性化一些。她虽然在丈夫的描述中有些小市民的市侩，却对丈夫没有恶毒的积怨，可以想象平日的生活中她对丈夫的隐忍。

有趣的是，小说中二人的冲突都是在意念中完成的，现实中并没有真正爆发矛盾。在意念的激烈冲突中，夫妇二人的怨恨中居然有一种"相知"的默契——

> 德米特里奇已经笑不起来了，而是充满憎恶地望着

妻子。而妻子也正带着恨意和愤怒望着他。她有着自己五彩斑斓的梦想,有着自己的计划和自己的主意。她很清楚,她的丈夫心里在想什么。她也知道,谁会第一个把爪子伸向自己的奖金。

"你拿人家的钱做什么美梦啊!"妻子的眼神似乎在说,"没门儿,你想都别想!"

丈夫读懂了妻子的眼神,仇恨在他的胸中翻滚。

这场冲突是转瞬即逝的,随着最后丈夫的"报复",希望消失,怨恨也消失。贫穷令人和解,这是真实生活的残酷,也是真实生活留下的善意与圆满。"在艺术中,也正像在生活中一样,没有什么偶然的东西。"这是契诃夫式的残酷与真实。

他们的屋子是那么的阴暗、狭小和低矮,他们刚吃过的晚餐连肚子都填不饱,腹部阵阵难受。

这些描写揭示了开篇所谓的"中产阶级"同样也只是他们的想象。这对夫妇在想象中实现了自己真正的中产阶级生活,有钱、有闲、有生活,也在想象中暴露了与另一半的冲突,渴望人生可以有选择。

小说还有一个细节值得探讨,为什么男主人公一次又一次地推迟对开奖号码的公布呢?第一次延迟可以理解成被惊喜冲昏了头脑,但第二次、第三次延迟就不能如此解读了。这里是否有他对现实的真实预感和逃避呢?他是否也渴望进行一次虚幻的想象来填补现实的贫瘠呢?结局处他报复性地说出真实的数字,打消了妻子的希望。这里是否意味着还有一种可能性,也许他一开始就知道了真相呢?这些都是这篇小说溢于文本的精彩之处。

比起人性经不起考验更残酷的是，经过了考验之后的不堪人性，还需彼此相拥。也许这并非人性的残酷，还有直面真实生活的残酷。

阿尔伯特·爱因斯坦曾说过："现实不过是一场幻觉，尽管它十分持久。"《彩票》正是制造了这样一场幻觉，这种幻觉是中产阶级真实的白日梦，它在生活中发酵，也在生活中湮没。

打赌

一

　　一个黑沉沉的秋夜，老银行家在自己的书房不停地踱步，回忆着15年前的那个秋天。那年秋天，他举办了一场晚会，应邀参加的都是各方俊杰。大家在一起聊了很多有趣的话题，其中包括死刑。客人中不乏学者和记者，他们中大多数人都对死刑持反对态度，将它视为过时的、不合乎信奉基督教的国家意旨的、有违道德的刑罚方式。其中几个人甚至指出，应当用无期徒刑取代死刑。

　　"我不同意你们的观点。"作为晚会主人的银行家反驳道，"我虽没感受过死刑，也没体验过无期徒刑，但如果能靠priori [1] 对它们进行评判的话，我认为死刑比无期徒刑更合乎道德，也更人道。死刑就是一瞬间的事儿，而无期徒刑却要让人承受漫长的煎熬。究竟哪个刽子手更人道？是那个几分钟内就将您处死

　　1　拉丁语，意为"主观"。

的呢，还是那个用几十年的时间将您慢慢折磨死的呢？"

"我觉得两种方式都不人道。"有个客人说，"因为它们的目的其实是一样的，都是要剥夺人的生命。国家又不是上帝，没有权力夺去人的生命。日后它就算有心想把人命归还，已是不可能的事儿了。"

在客人当中，有一个25岁左右的年轻律师。当大家问起他的意见时，他说："在我看来，死刑和无期徒刑都是不道德的。如果要我必须从中选择一个的话，那我当然会选择后者。活着总比死了好。"

于是，众人开始热烈地争论起来。当年还年轻气盛的银行家，听不得有人反驳他，一下子来了火，一拳砸在桌上，对着年轻的律师嚷道："你这话不对！我现在就出200万，赌你在监牢里待不过5年！"

"此话当真？"律师回答道，"好，我就和你打这个赌，但不是赌5年，而是15年。"

"15年？行！"银行家喊道，"大家都听到了，我就下200万赌注！"

"好，就这么说定了！您拿200万下赌注，我用我的自由当赌资！"律师说。

一次野蛮而又疯狂的赌约就这么成立了！那时的银行家骄逸浮躁，自己都不清楚自己账上到底有几百万，纯粹是一时兴起打下了这个赌。吃晚饭的时候，银行家取笑律师说：

读这篇小说，要注意情节的戏剧性。此为小说的第一处戏剧性，律师主动加重赌注，表示愿意在监狱里待15年。如果是为了钱，5年就足够了。他究竟是出于什么目的答应这场赌博的呢？

"年轻人，现在反悔还为时不晚。对我来说，区区200万只是笔小数目，而您却在拿人生中最美好的三四年时光冒险呢。之所以只说三四年，是因为您不可能在囚牢里待得更久的。小可怜虫，别忘了，自愿受监禁可远比被强迫坐牢来得更痛苦。那种有权随时出去享受自由的念头，会使您在囚室里的生活苦不堪言的。我真同情您！"

……

此刻，银行家在书房里坐立不安，来回踱步。回想起当时的一切，他不禁责问自己："我当初干吗要打这个赌啊？律师荒废掉15年的时间，而我也将损失200万，这对于我们有什么好处呢？难道这样就能向世人证明死刑比无期徒刑更坏或者更好了吗？不不不。真是毫无意义、荒谬至极。我真是吃饱了没事儿做，而律师也纯粹是在贪恋钱财……"

银行家接着回想起那次晚会之后的事情。按照约定，律师将被关在银行家的后花园的一间小屋里，接受最严厉的监视。在这15年中，他不得踏出小屋一步，不能会见任何人，不得听见人声，不能接收任何报纸和信件。他可以要求为他提供一种乐器，可以读书、写字、抽烟和喝酒。若要和外界联系，只能通过为他特设的小窗口，并且不能说话。他可以在小纸条上写出他所需要的各种东西，比如书、乐谱、酒等，想要多少都行，但只能通过小窗口传

这样的囚禁方式并非彻底非人道的，还是为被囚禁者留下了很多空间。

递。契约里还列出了各种细节条款,并保证监禁将做到最严密的隔离,还规定律师必须在木屋里待满15年整,即从1870年11月14日12时起到1885年11月14日12时止。律师一方任何违反契约的企图,哪怕是提前两分钟出了木屋,即可解除银行家支付他200万的义务。

在律师被囚禁的第一年,根据他所递出的内容简短的便条来看,他正经受着孤独和烦闷的折磨。从他的小木屋里,日夜都能听到钢琴的弹奏声。他拒绝烟酒,并写道:酒会激起人的欲望,而欲望是囚徒的头号敌人,更何况没有比品着美酒却无人做伴更叫人愁闷的了;而香烟又会让我的房间充满恶味儿。第一年里,律师只读一些内容轻松的书籍,比如情节复杂的爱情小说、侦探小说、科幻读物,以及喜剧故事等。

第二年,小木屋里已不再传出琴声。律师的纸条上只要求给他递进一些古典作品。到了第五年,乐声再次响起,而律师也开始饮酒。那些透过小窗口监视他的人都说,这一年里,他基本上只是吃喝玩睡,时常哈欠连天、愤愤不平地自说自话。他不再读书,只是时不时地会在半夜里坐起来写点什么,一写就写很久,可一到早晨,又把夜里写好的东西全都撕碎。人们还不止一次地听到他在屋里哭泣。

到了第六年的下半年,律师潜心钻研起了语言、哲学和历史。他如饥似渴地研究着这些学问，经常弄得银行家都来不及订购他所要的书。在接下来的四年时间里，律师一共读了600册书，他还给银行家写过这样一封信：

> 亲爱的狱长大人！我现在正用六种语言给您写信。请将此信交由相关专家评阅。如果他们从中找不出任何错误，那就请您在花园里鸣上一枪。这枪声将告诉我，我的努力没有白费。历代历国的天才们，尽管所操的语言不同，但心中却燃烧着同样的激情。哦，但愿您能知道，正因为我读懂了他们，此刻我的内心正感受到常人所无法体会的巨大幸福。

律师的愿望实现了。银行家叫人在花园里放了两枪。

十年之后，律师经常一动不动地坐在桌旁，只读一本《福音书》。银行家很是好奇，一个用四年的时间就读完了600部深奥著作的人，怎么要用将近一年的时间啃一本简单易懂又不厚的书呢。读完《福音书》，律师又开始读起了宗教史和神学著作。

在监禁的最后两年时间里，律师已是不加选择地广览群书。时而研究自然科学，时而读读拜伦和莎士比亚的作品。他的一些小纸条往往会要求同时递给他化学书、医科教材、长篇小说、某篇哲学论文或是神学著

读的书不同，其实反映了律师内心的变化。前十年博览群书，如饥似渴获得知识、学问。十年后投身宗教和神学，探寻心灵归属。最后两年随性自由阅读，追随自我内心。

作。他读得既多又杂,就像是船遇险沉没后在海上漂着的人,为了救自己的命,急切地一会儿抓住这块沉船碎片,一会儿又去抓住那一块!

二

老银行家回忆完这些,心底暗自寻思着:"明天十二点他就将获得自由了。按照当年的约定,我得支付给他200万的赌金。可我要是把钱付给了他,我可就彻底破产了,一切就都完了……"

15年前的银行家,挥霍无度,毫无节制。如今,他最怕别人问自己,是财产更多,还是债务更多?交易所里一次又一次全凭运气的赌博、各种铤而走险的投机买卖,还有他那到老都改不掉的火暴脾气,让他的事业一点点儿走向了没落。这个昔日天不怕地不怕、自信过头、骄傲不可一世的大富翁,如今已沦落为一个中产的小银行家,整天因股票的涨跌起落而胆战心惊。

两个人的人生发生了巨大变化,银行家从物质富足走向了物质崩溃的边缘。

"该死的赌约!"老人嘟哝着,绝望地抱住头,"这个人怎么不死啊?他才40岁。很快他就要来拿走我最后的钱,然后结婚,过上享受至极的生活,搞各种证券投机……而我呢,却将变成一个乞丐,只能嫉妒地看着他,还要整天听他在我耳边重复同样的话:'多亏了您,才让我过上如此幸福的生活,让我来帮助您吧!'不,这太过分了!看来现在要想摆脱破产和羞辱的窘境,唯一的办法就是让这人去死!"

时钟敲了三下。银行家侧耳细听:房里的人都睡着了,只听得见窗外的树木冻得呜呜作响。他尽量不发出任何一点儿声响,蹑手蹑脚地从保险柜里取出那把15年来从未碰过的房门钥匙,披上大衣,走了出去。

花园里又黑又冷,下着细雨。潮湿而刺骨的寒风呼呼地刮过花园,引得树木沙沙作响。银行家努力地集中注意力,但仍看不清地面和树木,也看不见白色雕像和小屋。等他好不容易摸索到了小屋跟前,他试探着叫了两声看门的人。没人应答。显然,守门人躲风雨去了,此刻说不定正在厨房或是花房里酣睡着呢。

"如果我能有足够的胆量实现我的意图,"老人心想,"那么,守门人应该是最先被怀疑的对象。"

银行家在黑暗中摸索着台阶和门,进入小屋前厅,又摸进一条不大的过道,然后在那儿划上根火柴。过道里没人,只有张床,但床上没有被褥,角落里有个黑乎乎的铁炉。囚徒房门上的封条仍是完好无损。

火柴突然熄灭了,老人心慌得浑身发抖。他将身子贴近窗格子,往里张望。

屋里的烛光很昏暗。律师正坐在桌前,只看得到他的背、头发和两条胳膊。桌上、两条椅子上，还有桌旁的地毯上，到处都散落着摊开的书。

五分钟过去了，律师没动过一下。15年的监禁生活早已让他练就静坐不动的本领。银行家用一根指头敲了敲窗户，律师没有吱声，也没挪动一下。这时，银行家才小心翼翼地撕下门上的封条，把钥匙插进了锁孔。生锈的门锁发出一声闷响，紧接着，门吱嘎一声开了。银行家本以为会立即听到惊呼声和慌乱的脚步声，可两三分钟过去了，门里却还是像先前一样寂静。于是，他决定直接走进去。

桌子后面一动不动地坐着一个已不成人样的人。胡子乱糟糟的，鬈发跟女人的一般长，整个人活像个瘦骨嶙峋的骷髅。他的脸呈土黄色，脸颊凹得厉害，胳膊又细又长，其中一只干瘦的手正托着长发蓬乱的脑袋，那模样看上去真可怕。他的头发已布满银丝。看着他那张像老人般枯瘦的脸，谁会相信他才40岁呢？此刻，他已经睡着了……桌上，在他垂下的头前，摆着一张纸，上面密密麻麻地写满了字。

囚禁的生活还是摧残了律师的外在形象，垂垂老矣。

"可怜的家伙！"银行家心想，"还睡着了呢，说不定现在正在梦里想着那200万呢！我只要抱起这个半死不活的人，扔到床上去，再轻轻地用枕头蒙住他的脸，压下去，那么事后就算是再细致的医检也不会寻得到任何横死的迹象……不过，让我先来看看他都写了些什么。"

银行家从桌上拿起那页纸,读了起来。

"明天十二点,我就将重获自由和跟人交往的权利了。在离开这个房间并见到阳光之前,我想,我有必要对您说点什么。在注视着我的上帝面前,我凭着最清白无辜的良心,向您声明:我蔑视自由、生命、健康,以及你们的书里称为人间幸福的一切。

"15年来,我潜心研究世间的各种生活。尽管我看不到天地,也见不到任何人,但在你们的书里,我却品尝到了甘甜的红酒。我唱着歌,在树林里追逐鹿群和野猪,和女人谈情说爱……在你们这些天才诗人的妙手下创造出来的美女们,轻盈似云,常在夜里探访我,向我低声讲述着一个个神奇的故事,听得我如痴如醉。在你们的书里,我登上了厄尔布鲁士山和勃朗峰的顶峰。在那里,我可以在清晨欣赏日出,在傍晚观摩鲜红的晚霞是如何将天空、海洋和高耸的山峰慢慢染遍;在那里,我看到头顶电闪雷鸣,将乌云劈成两半;在那里,我看到绿林、田野、河流、湖泊和城市,听到塞壬[1]在歌唱、牧笛在鸣奏,触摸到美丽女魔的翅膀,它们居然飞来与我谈论上帝……在你们的书里,我也跌入过无底的深渊,创造过各种奇迹,我行

> 律师在书里体验了人间现实的美好与罪恶,这些是世俗的快乐,并非他渴求的心灵幸福。

1　古希腊神话中一种半人半鸟的海妖,用歌声引诱水手,再将他们害死。

凶杀人，焚毁城镇，宣扬新的宗教，还征服过无数王国……

"你们的书赐予我智慧。永不枯竭的人类思想在千百年里所创造的一切，如今都已汇入我的头颅，浓缩成小小的一团。我知道，如今的我，已经比你们任何人都要聪明。

"可是，我也蔑视你们的书，蔑视人间所谓的幸福和智慧。一切都是如此虚空、易逝、飘幻和不可信，有如海市蜃楼。就算你们骄傲、聪明、美丽，死神仍会将你们彻底消灭，犹如消灭地窖中的老鼠。而你们的后代，你们创造过的历史，你们不朽的才智，都将与地球一起冻结成冰或是焚烧成灰。

"你们丧失理智，走入歧途。你们把谎言当成真理，将丑陋视作美丽。要是由于某种环境，在苹果树和橙树上长出的不是果实，却是蛤蟆和蜥蜴，或是从玫瑰花里发出马的汗臭味儿，你们定会感到奇怪。同样，对于你们这些宁愿舍弃天国，也要追逐俗世的人，我也感到奇怪。我不愿去了解你们。

"为了用实际行动表明我蔑视你们赖以生存的一切，我决定放弃这200万的赌金。200万，是我曾经梦寐以求的东西，就像是我曾经对于天堂的渴望，可现在我却深深地蔑视它。为了放弃这一权利，我决定在约定的期限前五个小时离开这里，以此来违反契约……"

读完以后，银行家将那页纸重新放回桌

上,然后亲吻了一下这个怪人的头,啜泣着离开了木屋。在他人生中的任何时候,哪怕是在交易所里输得精光以后,他都没有像现在这般深深地蔑视自己。回屋以后,他躺在床上,心潮澎湃,泪流满面,久久不能入睡……

　第二天一大早,面色惨白的看守人跌跌撞撞地跑过来,说他看到律师爬出窗子,进了花园,走向大门,然后就不知所终了。银行家立即带领仆人赶去木屋,证实律师确实已经跑掉了。为了杜绝无谓的流言,他取走了桌上那份放弃权利的声明,然后回到自己房间,把它锁进了保险箱……

如果给你百万财富,你愿意被囚禁5年吗

《打赌》这篇小说在契诃夫的众多小说中属于戏剧性较强的一篇。很多读者都知道作为小说家的契诃夫,但是对作为戏剧家的契诃夫却知之甚少,其实他也非常擅长写戏剧。《万尼亚舅舅》《海鸥》《三姊妹》《樱桃园》都是他的经典代表作。直到今天,他生平最后一部戏剧作品《樱桃园》仍然在剧场上演,赖声川曾评价契诃夫的革命性意义说:"20世纪的西方戏剧中,斯特林堡、布莱希特看起来都很前卫,但只有契诃夫才是真正意义上的戏剧革命家。"

一位戏剧家如何把戏剧的元素融入小说创作呢?《打赌》可以说是非常好的一个范例。小说写了一名银行家和一名律师因为对死刑看法不同,银行家下了200万赌注赌律师无法在监狱里待5年,律师主动提出愿意以15年的自由当赌资。在这15年中,律师被关在银行家的后花园的小屋里,他疯狂地阅读,灵魂受到了洗涤。最后银行家想杀死他不给赌金,而此时律师已经决定主动放弃200万提前走出屋子。银行家倍感惭愧,蔑视自己。

首先,小说的情节带有强烈的戏剧性。律师主动加重赌注,表示愿意在监狱里待15年。这里他为何主动选择多加了10年的时间呢?在银行家的视角里,律师是为了钱,所以他最后担心自己的财富被夺走想杀死律师。律师其实一开始就不是为了钱而赌,否则他无须在赌金不变的情况下增加自己被囚禁

的时间。那他的目的何在呢？解答这个问题我们需要先看小说的第二层戏剧性。

银行家囚禁律师之后，并没有剥夺他的一些基本权利，其实还是给他提供了非常人性化的服务，并且言听计从——

> 他可以在小纸条上写出他所需要的各种东西，比如书、乐谱、酒等，想要多少都行。

两个人的角色逐渐从一开始的囚禁者与被囚禁者发生了反转，银行家反而遭受着律师对自己的精神"囚禁"——

> 他如饥似渴地研究着这些学问，经常弄得银行家都来不及订购他所要的书。

银行家这15年的生活不复往日富贵，囚禁律师本身也囚禁了银行家自己。哲学家黑格尔认为主奴关系是会转化的，奴隶在劳动中逐渐发展出独立的自我意识，依赖主人的意识转化为独立的意识，而主人独立的意识在享用奴隶的劳动成果时却逐渐转化为依赖奴隶的意识。银行家和律师之间的关系便发生了这样的转变。

小说的第三层戏剧性在小说的高潮部分。在银行家准备杀死律师之前，他看到律师留下的文字，发现律师已经决定放弃200万赌金了，这让银行家醒悟，并开始反省自己的罪恶。在这层戏剧性冲突中，受物质奴役的银行家和追逐精神自由的律师形成了鲜明的比照。

律师一开始对死刑的观点是："活着总比死了好。"在这15年中，他尽管肉身不自由，但精神越来越趋近于自由。一个真正自由的心灵不仅仅可以冲破监禁的牢笼，而且可以在阅读中建构起自己的价值观，反思、批判现实世界中人们所拥抱的虚幻的世俗幸福。他回答了怎样活着才真正比死去好，这样一个关乎人类价值追寻的终极问题。仅仅是活着还不够，或者像银行家那样被物质奴役而丧失了人格、道德追求地活着也不够，还需跨越人类文明千秋岁月，保持独立人格精神和道德追求，去触及真正有价值、有意义的人生。

在今天这样一个"宅文化"盛行的时代，律师的被囚禁可能是很多人梦寐以求的"宅"。微博上有人提出过类似的假设：如果给你100万，让你与世隔绝两年，你愿意吗？有网友回复说当然愿意，如果有钓竿、书籍、一口锅及各种喜欢吃的食物，这就是去享受生活的。也有网友回复不愿意，因为人最无法忍受的并不是贫穷，而是孤独。

如果给你200万，你愿意被囚禁5年吗？

契诃夫那个时代会有人愿意，就是放在我们今天这样的社会中，也一定会有人愿意。人并非那么容易能够抵抗物质对人的现实诱惑。这也恰恰是契诃夫想要批判的。永远有心灵更澄澈的人，对他们而言，为了证明自己的人生有更重要的精神追求，甚至可以牺牲最宝贵的自由。在愈加丰盛的精神世界中，人逐渐接近真理，接近幸福，在悟道中达到了一种无所欲求却真实幸福的存在。宗教、阅读、真理、知识、艺术……这些才是人生更重要的心灵支柱。

在契诃夫《海鸥》第一幕的戏中戏里，妮娜有一段独白："我只知道要和一切的物质之父的魔鬼进行一场顽强的殊死搏斗……只有在取得这个胜利之后，物质与精神才能结合在美妙的和谐之中。"这篇小说便是契诃夫写的这样一个战胜物质的魔鬼，追寻人类自我精神价值的寓言。

这篇小说本来还有第三章，主题是批判脱离现实的生活。契诃夫在修改时把它删掉了，于是便有了现在探寻生命意义的主题。

脖子上的安娜

一

在教堂举行完婚礼仪式以后,连清淡的酒菜都没准备,新婚夫妇各自喝下一杯酒,便换上衣服,坐车去了火车站。他们既没有举行欢乐的婚庆舞会和晚宴,也没有安排音乐和舞蹈,而是直接到200俄里以外的地方去朝圣。很多人对此表示赞赏,认为莫杰斯特·阿列克谢伊奇是个有官职的人,年纪也不轻了,喧闹的婚礼似乎显得有点不大相宜;再者,当一个52岁的官吏跟一个刚满18的姑娘结婚的时候,听音乐也是件令人乏味的事。也有人说,莫杰斯特·阿列克谢伊奇是个中规中矩的人,他之所以想出这个去修道院朝圣的主意,是为了让自己年轻的妻子明白,在婚姻问题上,他总是将宗教和道德放在第一位的。

人们纷纷跑去送这对新婚夫妇。一群亲戚和同事端着酒杯站在那儿,想要等着火车一开动,就齐呼"乌拉"。彼得·列昂季伊奇,新娘的父亲,戴着一顶高筒帽,穿着教员制服,已经有些醉了。他面色苍白，举着杯子，不住地往窗口探过头去恳求说："安纽塔[1]！安尼娅[2]！安尼娅，我还有句话要说！"

安尼娅在窗口弯下腰来凑近父亲，他便在她耳边嘟哝起来。可是，除了熏人的酒气和灌进耳朵的风以外，安尼娅什么都没听明白，只见父亲不停地在她脸上、胸前和手上画十字。父亲的呼吸都有些发颤了，眼里闪烁着泪光。而她的两个弟弟，还在读中学的别佳和安德留沙，此刻正在父亲身后拉扯着他的制服，用忸怩的口气小声说着："爸爸，行了……爸爸，别这样……"

火车开动了。安尼娅看到父亲追着车厢踉踉跄跄地跑了几步，酒都撒出来了。他那张面带愧色的脸是多么可怜却又善良啊！

"乌——拉！"彼得·列昂季伊奇大声地喊道。

现在，只剩下这对新婚夫妇单独在一起了。莫杰斯特·阿列克谢伊奇检查了一下包厢，将行李都放到了架子上，然后就笑容满面地坐到了自己的新婚妻子对面。这是一个中等身材的文官，长得很胖，相当结实，保养得极好，脸上留着长长的络腮胡子，嘴上却没留唇髭。他那剃得光光的、轮廓分明的圆下巴，看

为何这里安尼娅的父亲会流露出"面带愧色"的神情？我们可以猜测安尼娅的这桩婚姻背后隐藏着无奈和心酸。

1　安娜的小名。
2　同上。

上去像极了脚后跟。他脸上最大的特点就是没有唇髭。这一片新近才剃过的不毛之地，渐渐与那像果冻般圆润而富有弹性的脸蛋连成了一个整体。他举止儒雅，动作平缓，态度温和。

"我突然想起一件事来。"莫杰斯特·阿列克谢伊奇笑着说，"五年前，科索罗托夫得了枚二级圣安娜勋章。当他跑去向上司致谢时，上司是这么对他说的：'您现在有三个安娜了，一个在您的扣眼里，两个在您的脖子上。'哦，得向你说明一下，那个时候科索罗托夫的妻子刚回到他身边，那是一个爱吵架的轻佻女人，名字就叫安娜。但愿在我得到二级安娜勋章时，上司不会有任何理由对我说同样的话。"

莫杰斯特·阿列克谢伊奇眯着一双小眼睛笑开了。安尼娅也在微笑，可一想到这个男人随时都可能会用他那黏湿的厚嘴唇亲吻她，而她却已经无权拒绝他这么做，她就感到一阵心慌。他那肥胖的身躯只要稍微晃动一下，就会吓她一跳，她感到又害怕又厌恶。他站了起来，不慌不忙地取下脖子上的勋章，脱掉燕尾服和坎肩，换上长袍。

"这样舒服多了。"莫杰斯特·阿列克谢伊奇说着，在安尼娅身边坐下了。

安尼娅回想起婚礼的过程是多么折磨人，那个时候她似乎觉得神甫、宾客和教堂里所有的人都在用一种哀伤的目光望着她，他们肯定在想：为什么，究竟是为什么如此美丽善良的姑娘会嫁给一个年过半百、毫无趣味的男人？本来今天早上她还在为一切精心的安排而兴奋不已，可到了举行仪式时，以及现在在车厢里，她却开始生出一种愧疚感和一种上当受骗的感觉，觉得自己很可笑。虽说嫁给了一个有钱人，可她却还是身无分文，连结婚的礼服都是借钱做的。今天父亲和弟弟来送她的时候，她看他们的脸色就知道，他们身上连一个小钱都没有。他们今天能有晚饭吃吗？明天呢？不知为何，她总觉得如今她走了以后，父亲和弟弟一定会在家里挨饿，忍受难熬的悲伤，就像母亲下葬后第一个晚上的那种感觉。

此处出现了安尼娅内心的一处变化：由兴奋变为愧疚，觉得自己可笑。为何她的情绪会有这种变化？

"唉，我太不幸了！"安尼娅心想，"为什么我会这么不幸呢？"

莫杰斯特·阿列克谢伊奇是个庄重的、不太善于向女人献殷勤的人，他笨拙地碰碰她的腰，又拍拍她的肩膀，而安尼娅此刻满脑子里想着的却都是钱、母亲和母亲的死。母亲去世以后，在中学里教习字课和图画课的父亲就开始酗酒，于是家里日益穷困。弟弟们连皮靴和雨鞋都穿不上，父亲被扭送到民事法官那里去，法警还来家里查抄家具……真是丢人啊！安尼娅要照顾醉酒的父亲，给弟弟补袜子，还要跑市场……每当有人夸赞她年轻美貌、仪态优雅，她却只觉得全世界的人都在瞧她那顶廉价的帽子，还有皮鞋上用黑色固状物堵住的窟

既然安尼娅十分嫌弃自己不年轻也不英俊的丈夫，那为何还要和他结婚呢？注意此处细节，安尼娅会因为自己的贫穷而感到自卑，一个陷入物质窘迫感的人通过婚姻改变物质生活，这就不足为奇了。

窿。一到夜里，她就以泪洗面，怎么也摆脱不掉不安的思绪——总担心父亲很快就会因酒瘾而被学校辞退，父亲受不了这种打击，于是也像母亲一样凄惨地死去……身边熟识的太太们开始热心地为她物色如意郎君，很快就找到了这个莫杰斯特·阿列克谢伊奇，一个既不年轻也不英俊却很有钱的男人。他在银行里有十万存款，还租出去一个祖传的庄园。这个人循规蹈矩，颇得上司赏识。人们告诉安娜，对他而言，请求上司给校长甚至督学写封信，让学校不要辞退彼得·列昂季伊奇，是件不费吹灰之力的事情……

这段回忆交代了安尼娅的身世及婚姻可能存在的目的。

正当安尼娅回忆着这一幕幕时，突然听到有乐声飘进窗来，还掺着嘈杂的说话声。原来，火车在一个小站上停住了。在月台后面的人群里，有人正卖力地拉着手风琴和一把吱嘎作响的廉价小提琴；在高高的桦树和杨树后面，以及那一排排沐浴在月光中的别墅那边，正传来阵阵军乐声。想必是有人正在别墅里举行舞会吧。在月台上，别墅的主人们和从城里来的人们正散着步。每逢天气好的时候，大家就会来这儿呼吸新鲜空气。其中也包括大富翁阿尔狄诺夫，一个又高又胖、眼睛鼓出、服饰古怪的黑发男子，脸长得像亚美尼亚人。他是整个别墅区的业主。今天他穿了件敞胸衬衫，高高的皮靴上全是马刺，一件黑斗篷从肩上耷拉下来，垂到了地上，像女人身后的拖地长后襟一般。在他身后，跟着两条猎狗，正用尖鼻子在地上嗅来嗅去。

安尼娅的眼里还闪着泪花，不过她已经不再想母亲、钱和自己的婚事了，而是一个劲儿地跟认识的中学生和军官握着手，高兴地笑着，快速地重复着："您好！最近过得怎么样？"

安尼娅走到外面的小平台上，让月光照着自己，好让大家都看到她穿着华丽的新衣，戴着漂亮的帽子。

"我们的车干吗要停在这里？"安尼娅问道。

"这是个错车的车站。"有人回答安尼娅，"他们在等邮车开来。"

当发现阿尔狄诺夫正盯着自己看时，安尼娅便卖弄风情地眯起眼睛，用动听的嗓音大声说起了法语……听着周围悠扬的乐声，望着池中倒映的月影，瞧着那以风流和幸运而出名的、此刻正痴迷而好奇地盯着自己看的阿尔狄诺夫，感受着身边的快乐气氛，安尼娅不禁心花怒放起来。当火车开动、熟识的军官纷纷向她行军礼作别时，她和着树林后面传来的军乐声，索性哼起了波尔卡舞曲。回到包厢时，她心里油然而生一种感觉：小站上的人们似乎使她确信，无论如何，她将来一定会幸福的。

这对新婚夫妇在修道院里住了两天，就回了城。他们住在公家的房子里。当莫杰斯特·阿列克谢伊奇去上班后，安尼娅就在家弹弹钢琴,或是烦闷地哭一阵,或是躺在软榻上读读小说、看看时尚杂志。吃午饭时,莫杰斯特·阿列克谢伊奇总是吃得很多,边吃边谈政治,谈一些有关任命、调职和奖赏的事情,谈人应当劳动,谈家庭生活不该是用来享受的,而该是一种责任,谈把一个个戈比节约着花,自然就能攒出卢布来,谈在这个世界上他总是将宗教和道德看得高于一切。最后,他一边把餐刀握得像举着剑似的,一边说:"每个人都应当尽到自己的责任!"

而安尼娅只是在一旁听着,心里害怕,吃不下东西,常常饿着肚子离开餐桌。午饭后,丈夫躺下休息,不久就鼾声大作,她就回到自己家去。父亲和弟弟总是用一种特别的眼神看着她,似乎在她回来之前他们刚在家指责过她不该为了钱嫁给一个自己不爱的、枯燥乏味的男人。她那沙沙作响的衣裙、镯子和周身上下散发出的太太气质,使他们觉得窘促和屈辱。在她面前,他们有些不好意思,不知道该说什么好,但他们还是像以前一样爱她,很不习惯吃午饭时没有她在旁边坐着。她坐下来,跟他们一起喝菜汤和粥,吃那种带着蜡烛气味的用洋油煎出来的土豆。彼得·列昂季伊奇用颤抖的手拿起酒瓶,为自己斟满一杯酒,然后带着贪婪而又厌恶的神情一饮而尽,紧接着喝掉第二杯、第三杯……别佳和安德留沙,这两个大眼睛、身材瘦弱、脸色苍白的小男孩,一

这部分内容展现了这对夫妻的婚姻状态:缺乏共同语言,平静、冷淡。阿列克谢伊奇常常把宗教、道德、责任挂在嘴边,他的交流方式显得生硬、刻板、无趣,必然无法满足前面已经显露出"野性"一面的安尼娅。

把夺过父亲手中的酒瓶，慌张地说："别再喝了，爸爸……够了，爸爸……"

安尼娅也不安起来，哀求父亲别再喝了。父亲一下子就怒了，一拳砸在桌上。

"我不要任何人管我！"彼得·列昂季伊奇吼道，"臭小子！坏丫头！我要把你们统统赶出去！"

然而彼得·列昂季伊奇的声音里流露着软弱和善良，所以谁也不怕他。午饭后，他通常会打扮一阵子。他面色苍白，下巴上还有一道刮胡子时留下的口子。他伸长自己的细脖子，在镜子前一站就是半个小时，梳梳头，捋捋黑唇髭，往身上喷喷香水，给领带打个花结。精心修饰一番后，他才戴上手套，穿上制服，出门去做家教。要是碰上过节，他就待在家里，有时画画水彩画，有时弹弹风琴。那台风琴吱吱嘎嘎地直作响，可他还是极力要从中弹奏出和谐悦耳的声音来，还边弹边唱。有时他也会冲着两个小男孩发火："可恶的家伙！混账东西！把乐器都弄坏啦！"

到了晚上，安尼娅的丈夫常常和住在同一栋公寓里的同事们打牌。玩牌的时候，那些官员的太太也会聚到一起。都是些既不漂亮，穿戴也毫无品位，还跟厨娘一样粗鲁的女人。她们在房间里尽说些拨弄是非的话，那些话跟她们本人一样粗俗和无聊。有时候莫杰斯特·阿列克谢伊奇也会带着安尼娅去看

注意此处安尼娅父亲打扮的细节。一个极度贫困的人却不忘精心打扮自己，他们一家都喜欢维护外在形象。

戏。幕间休息时，他不让她离开自己一步，他会挽着她的胳膊在走廊和休息室里走来走去。每当他给什么人打过招呼以后，他总会立马对安尼娅小声地说："这是个五等文官……大人接见过他……"或者说："这人很有钱……自己有房子……"当他们经过小卖部时，安尼娅很想吃点儿甜品，她喜欢吃巧克力和苹果味的馅饼，可她身上没有钱，又不好意思问丈夫要。丈夫拿起个梨，用手指头捏捏，犹豫地问道："多少钱一个？"

"25戈比。"

"好家伙！"莫杰斯特·阿列克谢伊奇边说边把梨放回了原处。可要是什么都不买就离开，又显得有些尴尬，于是他就要了瓶矿泉水，一个人把它全喝光，眼泪都喝出来了。在这种时候，安尼娅总是很恨他。

有时，莫杰斯特·阿列克谢伊奇会突然涨红了脸，急忙对安尼娅说："快给那位老夫人鞠躬！"

"可我又不认识她。"

"没关系啦。她是税务局局长的太太！快鞠躬啊，你倒是听到没！"莫杰斯特·阿列克谢伊奇一个劲儿地埋怨着，"鞠个躬掉不了脑袋！"

安尼娅便鞠了个躬，虽说她的脑袋确实没掉下来，可她却感到十分痛苦。她总是按照丈夫希望的样子去做着这一切，但她心里却非

这段描写展现了阿列克谢伊奇庸俗甚至媚俗的一面，以及他的吝啬。

常恼恨自己——她不该像个大傻瓜一样受了他的骗。她当初纯粹只是为了钱才嫁给他的，可她现在身上的钱反而比结婚前更少了。过去父亲还会给她20戈比，可现在却连一个戈比也没有。她既不敢偷偷拿丈夫的钱，也不敢向丈夫要钱，她害怕他，见着他总是战战兢兢的。她觉得自己对这个人的恐惧似乎由来已久。小时候，她觉得中学校长就是这个世界上最威严最可怕的力量，这股力量像乌云或是火车头一般想要压死她；另一股同样的力量来自家里人经常提起的一个大官，不知为何，大家都很害怕这个人；除此以外，还有十几种小一些的力量，其中包括那些把唇髭剃得光光的、神色严肃、不讲情理的中学教员。最后，就是现在的莫杰斯特·阿列克谢伊奇，这个中规中矩，连面孔都长得很像中学校长的男人。在安尼娅的想象中，所有的力量都汇成了一股，变成了一头可怕的大白熊。它正在朝着像她父亲一样脆弱而负疚的人逼近。她不敢说顶撞的话，只能强颜欢笑。每当受到粗暴的爱抚，或是被那种让她胆战心惊的拥抱所玷污时，她都只能佯装快乐。

只有一次，彼得·列昂季伊奇为了偿还一笔极不愉快的债务，硬着头皮向莫杰斯特·阿列克谢伊奇借50卢布，那可真是受罪啊！

"好，我可以借给您。"莫杰斯特·阿列克谢伊奇想了想说，"不过我可要先警告您，如果您不戒酒的话,我将再也不会帮您任何忙了。身为国家公职人员,竟沾上这种习性,真是可耻啊。我不得不提醒您这样一个事实:很多有才干的人都是被这种嗜好毁掉的。如果他们能有点节制的话,本可以平步青云、身居要职的。"

随后便是一通长篇大论:"根据……""鉴于这种情况……""综上所述……"可怜的彼得·列昂季伊奇忍受着这样的屈辱,反而更想喝酒了。

两个弟弟去安尼娅家做客时,总是穿着破鞋子和破裤子。他们也同样得聆听这样的训导。

"每个人都应当尽到自己的责任!"莫杰斯特·阿列克谢伊奇总是对安尼娅的弟弟们说。

莫杰斯特·阿列克谢伊奇从不给安尼娅的弟弟们钱,但会送安尼娅一些戒指、手镯和胸针,说是日后万一有急难时能派得上用场。他经常拿钥匙开她的抽屉,检查这些东西是否都完好无缺。

二

转眼间,冬天到了。在圣诞节以前,当地报纸就已早早发出将于 12 月 29 日在贵族俱乐部举行一年一度的圣诞舞会的通知。每晚打

如果说小说一开始,阿列克谢伊奇总是将道德责任挂在嘴边,我们可能还会认为这个人只是一种执拗的"正直",那么到了这里,读者可以读出他的这种"正直"的本质:教条主义、高高在上、冷漠无情。

为何送安尼娅这些贵重戒指、手镯、胸针?联系上文中在社交场合阿列克谢伊奇似乎炫耀般地带着安尼娅走来走去,我们可以理解成他仍然是自私地为了自己的面子。

完牌以后，莫杰斯特·阿列克谢伊奇都一副满怀心事的样子，经常和官员太太们窃窃私语，还不时用担忧的眼神瞟瞟安尼娅，然后在屋里久久踱步，略有所思。一天夜里，他终于在安尼娅面前站定了，对她说："你得为自己做一条舞会上穿的裙子才行，明白吗？不过你要先去跟玛莉娅·格里戈里耶夫娜和娜塔莉娅·库兹米尼什娜商量一下。"

莫杰斯特·阿列克谢伊奇给了安尼娅100卢布。她收下钱，却并没有和任何人商量定制舞裙的事，只在父亲面前提了一句。她极力揣摩着，母亲参加舞会时，会有怎样的行头。母亲生前总是穿得很时髦，也爱打扮安尼娅，总将她收拾得漂漂亮亮的，像个洋娃娃一样，还教她说法语，教她把玛祖卡舞跳得很棒（母亲出嫁前当过五年家庭教师）。安尼娅跟母亲一样，会用旧裙改做新装，用汽油洗手套，租用 bijoux [1]；还跟母亲一样，善于眯起眼睛，娇声娇气地说话，摆出各种妩媚的姿态，必要时既可以装得兴高采烈，也可以变得忧郁而难以琢磨。她从父亲那里继承了黑头发、黑眼睛和神经质，以及随时都注重打扮的习惯。

安尼娅善变的性情受到其家庭环境影响。

赴舞会前半个小时，莫杰斯特·阿列克谢伊奇没穿礼服就走进妻子的房间，想要在她的穿衣镜前把勋章挂到脖子上，却一下子被她的

1　法语，意为"珠宝首饰"。

美貌和那身新做的华丽夺目的薄纱舞衣迷住了。他不无得意地捋着自己的络腮胡子，说："瞧你多漂亮啊……实在是太美了！我的安纽塔！"突然，他换了一本正经的语气，接着说："是我让你得到了幸福，今天你也一定能让我得到幸福。你待会儿一定要想办法去和大人的太太套上近乎！一切拜托了！通过她我就能谋到主任奏事官的职位了！"

妻子此刻变成了一枚棋子。

夫妻俩动身去参加舞会了。贵族俱乐部的大门口，有几个侍卫正守在那里。前厅的衣帽架上已经挂着不少皮大衣了。服务生穿来穿去，袒胸露背的女人们正用扇子挡着穿堂风。空气中散发着煤气灯和军人的气味。当安尼娅挽着丈夫踏上楼梯时，悠扬的乐声传了过来。看着大镜子里被灯火照亮的自己，她心中的快乐感又被唤了起来，她再一次体会到了曾经在月光下的小站上才有过的那种幸福感。她高傲而自信地走着，第一次感到自己已经不是小姑娘，而是一位夫人。她不自觉地模仿起已故母亲的步态和风度来，并生平第一次感觉到自己是富有而自由的。即使是在丈夫身边，她都不再觉得难为情，因为在她跨进俱乐部门槛的那一刻，她就已经本能地意识到：身边的年老丈夫丝毫不会给自己减色，反而会为自己增添几分诱人的、让男人们动心的神秘感。大厅里，乐声悠扬，舞会已经开始了。经历了简单枯燥的公寓生活以后，安尼娅被这里的耀眼

安尼娅的情绪又因社交场合下自己的虚荣心得到了满足而改变了，不再是原先的难为情。

灯光、缤纷色彩，还有各种音乐和喧闹声深深吸引了。她向大厅扫了一眼，心里暗想："啊哈，真是太棒啦!"她一下子就从人群中认出了所有熟悉的面孔，那些她之前在晚会上或是游园时碰到过的军官、教师、律师、文官、地主、大官，以及阿尔狄诺夫和上流社会的太太小姐们。这些女人个个都浓妆艳抹、袒胸露背、美丑不一。此刻，她们都已在义卖市场的小棚和亭子里占好了位，准备开始义卖，为穷人募捐。有一个身材魁梧、佩戴肩章的军官是她读中学时在老基辅大街上就认识了的，不过现在她已经想不起他的名字了。这个人像是从地下冒出来的一样，突然来到她身边，邀请她跳支华尔兹。她从丈夫身边翩翩而去，觉得自己就像是坐在一条小帆船中，正在暴风雨中随波漂荡，而丈夫被远远地甩在了岸边……她热烈而又入迷地跳着华尔兹，跳着波尔卡，跳着卡德里尔舞，时不时地从一个舞伴的手里转到另一个舞伴的手里。她沉醉在音乐和喧闹声中，娇滴滴地和舞伴攀谈，还在俄语中夹杂进法语。她开心地笑着，脑子里已经没有了丈夫，更想不起任何人和事了。她显然赢得了众多男人的欢心。她兴奋得喘不过气来，颤巍巍地摇着扇子，感觉有些口渴了。她的父亲彼得·列昂季伊奇穿着一件皱巴巴的带着汽油味的礼服，走到她身边，递给她一小碟红色冰激凌。

"你今天真迷人。"彼得·列昂季伊奇激

动地看着安尼娅说，"我从来没有像现在这般后悔，让你这么匆忙地就嫁人了……到底是为了什么呢？我知道，你这样做是为了我们，可是……"他用颤抖的手掏出一小沓钞票，接着说，"这是我今天刚领到的课时费，够还你丈夫的钱了。"

安尼娅把小碟子塞进父亲手里，就立刻被人搂住腰带走了。她越过舞伴的肩头望过去，父亲已搂着一位太太，在大厅的木地板上轻快地飞旋。

"他没喝醉的样子还真可爱！"安尼娅心想。

安尼娅继续和那个魁梧的军官跳玛祖卡舞。他神情傲慢，舞步沉重，活像一头穿着军装的动物尸体。他一边跳着，一边扭动着肩膀、挺挺胸膛，用脚跟很勉强地踏着拍子，一副极不情愿跳舞的样子。而她呢，在他身边轻盈地飞舞，用自己的美貌和裸露的脖子挑逗着他。她的眼睛像火一般兴奋地燃烧着，她的舞姿越来越富有激情，可他却反而变得越来越无动于衷，只是像国王恩赐般地向她伸出手去。

"好极啦，好极啦！……"人群中有人喝彩。

那位魁梧军官的热情也被一点一点地调动了起来。他开始越来越活跃和兴奋，在安尼娅的迷人魅力之下变得越发狂热。他的步调越发轻快，充满着年轻的活力。她依旧扭着

舞会上突然出现的老父亲也看到了女儿的美丽，又产生了小说开头就有的"愧疚"情绪，试图还女婿钱来弥补内心对女儿的亏欠，然而此时安尼娅已经认同肯定了自己婚姻的价值。

肩,调皮地瞧着他,仿佛现在她是王后,而他是她的奴隶一般。这时她感觉整个大厅的人都在看着他们,大家都看呆了,对他们充满了嫉妒。魁梧的军官刚向她道过谢,人群中突然让出一条道来。男人们不知为何都挺直了身板,将双手贴在裤缝上……原来是礼服上佩戴着两枚星章的大人正朝她走来。的确,大人正是在朝着她走过来。他那两只眼睛正直勾勾地盯着她,笑容中充满谄媚,嘴唇微微地蠕动,一如他平常见到漂亮女人的样子。

"太高兴了,真是太高兴了。"大人开口说话了,"我真想下令关您丈夫的禁闭,他竟敢将这样一件宝贝藏了起来,不让我们知道。我是受我太太之命过来找您的。"他向安尼娅伸出一只手,继续说道,"您应该去帮帮我们……嗯,是的……应该像美国那样……给您发一份美人奖金……嗯,确实是的……美国人都会这么做的……我太太已经迫不及待地想要见到您啦。"

大人将安尼娅带进了一个小棚,带到一个中年女人身边。这个女人的下半边脸大得不成比例,就像是在嘴里含了一块大石头一般。

"快来帮帮我们。"中年女人带着鼻音,慢腔慢调地说,"所有的美人儿都在义卖市场里忙着呢,只有您不知为何却在玩乐。您难道不想来帮帮我们吗?"

中年女人说完就离开了,安尼娅接替她的

位子，守着一个银色茶炊和几只杯子。她这儿的生意立马就开始兴隆起来了。安尼娅卖一杯茶至少收一卢布，还硬逼着那个魁梧的军官连喝了三杯。阿尔狄诺夫也来了。这个眼睛突出、犯有哮喘病的大富翁，已不再穿着安尼娅夏天看到过的那件奇怪的西服，而是像所有人一样换上了燕尾服。他的眼睛一刻都不离开安尼娅。他喝了一杯香槟，给了安尼娅100卢布，接着又喝了一杯茶，再给了100卢布。其间他一句话都没说，因为他的哮喘病又发作了……安尼娅招揽顾客，忙活着收钱。她已深深地相信，她的笑容和眼神一定会给这些人带来莫大的快乐。她已经明白，她生来就只是为了享受这种喧闹、璀璨和快乐的生活，她的生活就应该伴有音乐、舞蹈和爱慕者的追随。一想到自己长久以来所恐惧的那股威逼她、想把她压死的力量，她不禁觉得有些可笑。现在，她已经不再怕任何人了，却唯独惋惜母亲已不在人间，否则母亲一定会和她一起分享今天的成功。

空虚的安尼娅抓住舞会上虚幻的热闹、喧嚣，在别人对自己年轻美貌的观觎、谄媚中找到了自己的人生价值。

彼得·列昂季伊奇已是面色苍白，但还能站得稳。他走进小棚，要了杯白兰地。安尼娅满脸通红，料着他会说出些什么不雅的话来（她甚至已经开始为有这么一个穷酸、俗气的父亲感到羞愧了），可他喝干那杯酒，一句话都没说，只是从一沓钞票中扔出了十卢布，就傲慢地走开了。过了一会儿，安尼娅看到他跟一

父亲还是那个爱女儿的父亲，然而安尼娅已经变了。

个舞伴跳起了 grand rond[1]。这时他已是步履蹒跚，还大声地嚷着什么，弄得自己的舞伴很是难堪。安尼娅回想起，大约在三年以前，他也是在一个舞会上这么跌跌撞撞、吵吵嚷嚷，最后被巡官弄回家睡觉。第二天校长就威胁说要辞退他。唉，真是段扫兴的回忆啊！

等到义卖棚里的茶炊都已熄灭，精疲力竭的义卖姑娘们纷纷将各自的进款交给了那位嘴里含着石头的中年太太。这时阿尔狄诺夫挽着安尼娅进了饭厅。在那里，主办方为所有来参加慈善义卖的人准备了晚餐。参加晚宴的虽说不超过20人，却特别热闹。席间，大人举杯祝酒："在这个富丽堂皇的餐厅里，应当为今天义卖的主旨，那些廉价食堂的兴隆而干杯。"接着，一位陆军准将又提议"为那种连大炮都得甘拜下风的力量"而干杯。男士女士们都纷纷站起来相互碰杯，大家都非常快活！

当安尼娅让人送回家的时候，天色已经大亮，厨娘们都到市场上去了。带着醉意的安尼娅虽感觉有点头晕，但仍然还很兴奋，满脑子的新鲜印象。她将衣服一脱，往床上一倒，立马就睡着了……

到了下午一点多钟，女仆将安尼娅唤醒，说是阿尔狄诺夫先生登门拜访来了。她迅速穿戴好，便去了客厅。阿尔狄诺夫走后不久，

1　法语，意为"轮舞"。

大人便来了，说是特地来感谢她参加昨晚的义卖工作。他一脸媚笑地看着她，嘴唇微微蠕动，还去吻她的小手，并请求她允许他以后能够再来拜访，随后才不舍地离开。安尼娅站在客厅中央，既诧异又兴奋，简直不敢相信自己的生活竟然会这么快就发生了如此惊人的变化。就在这个时候，她的丈夫莫杰斯特·阿列克谢伊奇进来了……他站在她面前，竟也现出一副谄媚讨好、低声下气的奴才相。她已经见惯了他的这副模样——在那些达官显贵面前，他总是这个样子。一想到他以后再也不敢对自己怎么样了，她感到既快活，又带着几分气愤和轻蔑。她对着他咬清每一个字："滚——出——去，蠢——货！"

自此以后，安尼娅便没有一天是空闲的了。她时而去野餐，时而郊游，时而参加演出，每天都到凌晨才回家，然后直接躺在客厅地板上就睡了。事后她还会动情地对大家说，她是怎么在花丛底下睡觉的。她需要很多钱，但她已经不再害怕莫杰斯特·阿列克谢伊奇了。她花他的钱，就像花自己的钱一样自然。她不讨也不要，而是直接叫人给他送去账单，或者写张便条——"交来人200卢布"或"速付100卢布"。

在复活节那天，莫杰斯特·阿列克谢伊奇得到了一枚二级安娜勋章。当他前去致谢时，大人把报纸放到了一边，在椅子上向后靠了靠。

166

"这么说来,您现在有三个安娜了。"大人看着自己的白手和粉指甲说道,"一个在扣眼里,两个在脖子上。"

莫杰斯特·阿列克谢伊奇很小心地用两根指头按住嘴巴,以免自己笑出声来:"现在就等着小弗拉基米尔的出世啦。我斗胆恳请大人做他的教父。"

莫杰斯特·阿列克谢伊奇其实是在向大人暗示四级弗拉基米尔勋章。他已经开始想象自己将如何到处炫耀自己这句既巧妙又大胆的双关语了。他本来还想说几句同样巧妙的话,却见大人已经重新将头埋进了报纸里,还朝他点了点头⋯⋯

安尼娅依旧坐着三套马车,和阿尔狄诺夫一起出去打猎、演独幕剧、共进晚餐,却越来越少地回家看望自己的父亲和弟弟了。他们现在已经自个儿吃饭了。彼得·列昂季伊奇酗酒酗得更猛了,把家里的钱都花光了,连那架风琴都早已卖出去抵债了。两个弟弟现在不敢放父亲一个人上街去,总是跟着他,生怕他摔倒。有时他们会在老基辅大街上碰到安尼娅坐着双套马车出来兜风,一匹马驾辕,一匹马拉套,阿尔狄诺夫则坐在车夫位子上亲自为她驾车。每当这时,彼得·列昂季伊奇总会摘下自己的高筒帽,想对着她嚷点什么。可别佳和安德留沙则会一人拽着他的一只胳膊,央求他:"别这样,爸爸⋯⋯算了,爸爸⋯⋯"

【拓展延伸】
所谓解放,虚幻一场

　　小说名字叫"脖子上的安娜",安娜既是指圣安娜勋章荣誉,也是指轻佻浮薄的妻子。小说讲述了一个贫苦少女安尼娅嫁给了一个年老但是富有的吝啬男人,婚后安尼娅对丈夫言听计从,她和她的家人并未从这桩婚姻中捞到任何好处。后来安尼娅在一次社交舞会上凭借自己的年轻美貌赢得了众人的欣赏,包括上流社会高官,令她增强了自信,改变了自己原先的懦弱,不再受丈夫的指使奴役,转而奴役指使丈夫。而丈夫也毫无违和地在妻子面前卑躬屈膝,利用她的美貌帮助自己实现官职的晋升。

　　这篇小说中安尼娅的形象是善变的,不仅情绪变化无常,她的人性也发生了变质。小说这样写道:

　　　　本来今天早上她还在为一切精心的安排而兴奋不已,可到了举行仪式时,以及现在在车厢里,她却开始生出一种愧疚感和一种上当受骗的感觉,觉得自己很可笑。

　　　　…………

　　　　安尼娅的眼里还闪着泪花,不过她已经不再想母亲、钱和自己的婚事了,而是一个劲儿地跟认识的中学生和军官握着手,高兴地笑着,快速地重复着:"您好! 最近过得怎么样?"

　　　　…………

看着大镜子里被灯火照亮的自己,她心中的快乐感又被唤了起来,她再一次体会到了曾经在月光下的小站上才有过的那种幸福感。她高傲而自信地走着,第一次感到自己已经不是小姑娘,而是一位夫人……并生平第一次感觉到自己是富有而自由的。

安尼娅本性还是善良的,原先她只是贫穷自卑,对父亲和弟弟不失关爱与担忧。得益于家庭环境的熏陶,她善于挖掘自己的外在优势来为自己赢得更多的关注。婚姻给她带来了富太太身份和跻身名流的通行证,她逐渐沉浸于富人名流社交场合,在其中找到了虚荣心满足的快感。

小说中最令人瞠目结舌的描写在于安尼娅转变之后对丈夫的态度。"滚——出——去,蠢——货!"这句话既是安尼娅人格独立的宣言,也是她彻底沦丧的标志。她看似是实现了妇女精神解放,但是这种解放最终是以堕落、委身于他者作为代价,这并不是真正的解放。从压抑奴役走向道德失控,这是从一种极端走向另一种极端。我们可以想象,一旦安尼娅最后被抛弃,或者丈夫的事业受挫,她还能享有此刻梦幻般的虚荣吗?如此看来,妇女解放只是一场虚幻。

不仅是安尼娅,她的丈夫也发生了变化。小说开始,阿列克谢伊奇对安尼娅做道德的要求,希望她能恪守妇道。他说自己的同事因妻子轻佻而在升职时被上司嘲讽:"您现在有三个安娜了,一个在您的扣眼里,两个在您的脖子上。"他希望自己在得到二级安娜勋章时,上司不会有任何理由对他说同样的话。在小说结尾,上司也对阿列克谢伊奇说了一样的话。他非但没有恼怒,反而还笑出声来——

在复活节那天，莫杰斯特·阿列克谢伊奇得到了一枚二级安娜勋章。当他前去致谢时，大人把报纸放到了一边，在椅子上向后靠了靠。

"这么说来，您现在有三个安娜了。"大人看着自己的白手和粉指甲说道，"一个在扣眼里，两个在脖子上。"

莫杰斯特·阿列克谢伊奇很小心地用两根指头按住嘴巴，以免自己笑出声来……

首尾的反差体现了阿列克谢伊奇的转变、虚伪。

契诃夫还有一篇经典小说《跳来跳去的女人》，也讽刺了女性的善变和摇摆不定。这种表层的善变背后有契诃夫对人性追求的反思。若将自己生命的价值寄托在对他人的依附、对虚荣心的满足、对金钱和名利的追逐上，爱情可以变成一种交易，亲情可以随意抛弃，人生其实很幻灭。讽刺的是，小说中阿列克谢伊奇反复强调生活不是用来享受的，而是一种责任，要把宗教和道德看得高于一切，但于他只是空谈，并没有真正将理念付诸实践，更像是对自己妻子单方面的道德约束，本质仍是出于自私。

小说中最感人的笔墨在于安尼娅的老父亲，这个在自己妻子去世后一直酗酒的老父亲，在女儿身上流露出真实的愧疚、爱与不舍。甚至在女儿最艳丽的舞会上，他后悔让女儿草率结婚，但发现女儿已经变了，最后他扔下钱傲慢地走开。这里有一个父亲的可怜愧疚，是他促成了女儿今天的转变；也有一个父亲的痛苦，女儿已经跟自己不再处于一个圈层，充满了隔阂；更有一个父亲的骄傲，即使穷，也要还清欠女婿的钱，证明自己的骨气。他身上有底层小人物的糟糕习性，但也有真实可贵的人性。

俄国画家普基廖夫有一幅经典的油画《不相称的婚姻》，画面里一位年迈的将军娶一位少女为妻，在庄严的教堂中举行婚礼。这幅油画最大的特色在于，作者在右上角将自己作为这幅场景的审视者画入其中，批判了俄国社会病态的婚姻和上流社会卑劣的交易。

1890年，契诃夫只身前往遥远荒凉的库页岛体察真实的现实社会，这篇小说发表于契诃夫从库页岛返回之后。此时的契诃夫在写作上更冷静地审视与揭露社会弊病，这篇小说便是他对俄国社会中"交易"式的婚姻以及扭曲的生活做出的批判。

假如婚姻只是一场交易，这场交易中的双方或许还可以各取所需，但一定会因交易不相称而引发恶果。契诃夫写的这个故事、讲的这个道理，并不过时。

套中人

在米罗诺西茨村郊，村长普罗科菲的堆房里，两个误了归时的猎人，兽医伊万·伊万内奇和中学教师布尔金，正准备安顿下来过夜。伊万·伊万内奇有个相当古怪的复姓[1]：奇木沙－喜玛拉伊斯基。这个姓跟他本人一点儿都不相称，所以省城里的人都只称呼他的名字和父称。他住在城郊的养马场，这次主要是想出来呼吸点新鲜空气。中学教师布尔金每年夏天都会到Π伯爵家做客，因此对这一带早已相当熟悉。

这当儿，两人都还没睡。伊万·伊万内奇是个又高又瘦、留着很长唇髭的老头儿，此刻他正坐在门边，在月光下抽着烟。布尔金则躺在屋里黑乎乎的干草上，谁也看不清他。

两人天南地北地聊了起来。他们先是聊到了村长的妻子玛芙拉，一个身体健壮、脑袋瓜也不笨的女人，却一辈子没出过自己的村子，也没见过城市和铁路，最近这十年更是成

1　旧俄用复姓者多为名人、望族。

天守着个炉子，只有夜里才出来走走。

"这有什么好奇怪的!"布尔金说，"有些人就是生性孤僻，总想极力把自己像寄生蟹或蜗牛那样藏进壳里。在这个世界上，这种人还真不少呢。这可能是种返祖现象吧，也就是回归到人的祖先还不是群居动物，而是各自生活在自己的洞穴里的时代。当然啦，这也可能仅仅只是人的性格的一种变异吧。谁知道呢? 我又不是研究自然科学的，这些问题跟我没什么关系。我只是想说，像玛芙拉这样的人并不在少数。哦，对了，就在前不久，也就差不多两个月前，我们城里刚死了个人。他是我的同事，姓别里科夫，在学校教希腊语。您一定听说过他。他之所以出名，是因为不管天气再好，他出门都必定会穿着雨鞋，带着雨伞，裹着厚厚的棉大衣。他的伞装在套子里，表也装在一个灰色的鹿皮套子里。他要是需要掏出小折刀削铅笔，那把刀也是装在套子里的。连他的脸都像蒙着个套子一样，因为他随时都把脸藏在竖起的衣领里。他戴深色墨镜，穿羊绒衫，耳朵里塞着棉花，坐马车时总会让车夫拉起车篷。总之，这个人永远有一种克制不住的愿望，就是想给自己做一个所谓的套子，然后把自己装进去，好让自己与世隔绝，不受外界影响。现实生活让他终日担惊受怕、六神不定。或许是想为自己的胆怯和对现实的憎恶辩护吧，他总爱赞美过去，宣扬那些从没存在过的东西。他所教的古代语言，对他来说，实际上就是他的雨鞋和雨伞，可以让他躲在里面，远离现实。"

"哦，希腊语真是太美妙太动听啦！"布尔金露出陶醉的表情，仿佛是为了证实自己刚才所说的话，他眯起眼睛，伸出一根指头，念道，"Anthropos[1]！"

"别里科夫还极力把自己的思想藏进套子里。在他看来，只有政府文告和报纸文章中的禁令内容才是明白无误的东西。比如说，某个政府告示中禁止中学生晚上九点以后外出，或是报纸上的某篇文章中提出禁止性爱。只有这样的内容，他才会视为清楚明白的——只要禁止了就行了。而对于那些官方批准或者允许做的事情，他却总觉得里面带有模糊的、可疑的、没有说透的成分。每当他听说城里又批准成立了一个什么戏剧小组，或是阅览室，或是茶馆，他总会摇摇头，低声说：'这个嘛，行是行，也很好，但就是千万别生出什么乱子来！'

"任何违反、偏离和背弃规则的事，都会让别里科夫极为沮丧。可话说回来，这些事儿跟他又有什么相干呢？要是哪个同事做祷告迟到了，或是他听说哪个学生顽皮闹事了，又或者是看到某个女教师很晚还和军官在一起，他就会非常焦虑，一个劲儿地说，可千万别生出

熟悉契诃夫小说的读者看到这里，可能立马会想到他的另一篇小说《普里希别耶夫中士》，别里科夫与普里希别耶夫中士极为相似，可对比阅读。

1　希腊语，意为"人"。

什么乱子来。在教务会议上，他那种谨慎多疑的作风和纯粹套子式的论调，简直压得我们透不过气来。他总爱说什么不管是男子学校，还是女子学校，学生都很不安分，在课堂上闹哄哄的；还说什么只求这种事别传到上边去了，可别出什么乱子。他一直觉得要是能开除二年级的彼得罗夫和四年级的叶戈罗夫就再好不过了。您猜后来怎么着？他凭着自己那副唉声叹气、满腹牢骚的样子和那张面色苍白、戴副深色眼镜、活像黄鼠狼的小脸，竟降服了我们所有人。我们只好让步，尽量压低彼得罗夫和叶戈罗夫的操行分，把他们关禁闭，最后把他们开除出校了。别里科夫还有一个古怪的习惯，就是爱到同事家串门。他通常去拜访某个老师时，就在别人家一声不吭地坐着，像是来调查什么似的，一坐就是个把小时，然后就走人了。他将这称为'与同事保持良好的关系'。很显然，他在我们家坐着时，整个人并不轻松，但他还是要这么做，并认为这就是作为一个同事应尽的责任。我们这些老师都很怕他。连校长都怕他。您想想看，我们这些老师都是有思想、极正派的人，都受过屠格涅夫和谢德林的熏陶，却竟让个成天穿着雨鞋、带着雨伞的人将整个学校足足把持了15年之久！岂止是整个学校，整个城市都受着他的辖制！那些太太们到了星期六都不敢安排家庭演出，说是怕被他听见；神职人员在他面前不敢吃荤

此处写别里科夫"套子式"的方式给他人带来的压抑不适。

小说通过伊万·伊万内奇和布尔金的对话，提示读者小说"谈话"的叙述方式。伊万·伊万内奇的这句话本身也隐含着，对正派人面对别里科夫忍气吞声的懦弱奴性的批判。

此处通过布尔金叙述他对别里科夫生活的了解增强了小说的真实性。

和打牌。正是受到像别里科夫这样的人的影响，最近这10到15年间，我们全城的人都变得胆小怕事。大家不敢大声说话，不敢写信，不敢交朋友，不敢读书，不敢救济穷人，不敢教人识字……"

伊万·伊万内奇咳了一声，想说点什么，但还是先点了支烟，望了望月亮，才一字一顿地说起来："是啊，有思想的正派人，既读过谢德林和屠格涅夫，还读过波克尔[1]等，却只能低声下气地容忍这样的事儿……问题就在这儿。"

"别里科夫和我住在一幢楼里。"布尔金接着说，"还在同一层，门对门。我们经常能打上照面，所以我了解他的家庭生活。他在家里还是那一套：睡衣、睡帽、百叶窗、门闩，还有各种禁忌。他总爱重复那句话：'唉，可千万别生出什么乱子来！'大斋的饮食不利于健康，可又不能吃荤，怕被人说他不守斋戒，于是他就用牛油炸鲈鱼吃。这东西虽说不是大斋的吃食，可也没人能说他犯了斋忌。他不敢雇女仆，怕别人会在背后说闲话，于是就雇了个厨子阿法纳西。这是个60岁左右，爱酗酒，还有点痴呆的老头，以前当过勤务兵，所以好歹能弄出几个菜来。这个阿法纳西总爱站在门口，交叉抱着胳膊，长吁短叹地嘟囔同一句话：'如今像他

---

[1]　波克尔（1821—1862），英国历史学家。

们这样的人可真是多得很呢!’

"别里科夫的卧室很小,像口箱子,床上挂着帐子。他睡觉的时候,会把头蒙起来。他那间屋子总是又热又闷,风不住地敲打那扇关得严严实实的门,炉子嘤嘤作响,厨房里总传出一阵又一阵的叹息声——那是种似乎预感会有什么不祥之事的叹息声……

"别里科夫躲在被子里战战兢兢,总怕会出什么事情,既怕阿法纳西会来杀他,又怕小偷会溜进家里,所以通宵做噩梦。到早晨我们一起去学校的时候,他总是没精打采、面色惨白。看得出来,他对这所挤满人的学校充满恐惧和厌恶。就连和我并排走,对他这个生性怪僻的人来说,也显然是桩苦差事。

"'我们的课堂实在太吵闹了。'别里科夫说,似乎是想努力找个理由解释一下他为何看起来如此沉重,'真是不像话。'

"嘿,您别说,就是这么一个活在套子里的希腊语老师,还差点结婚了呢。"

伊万·伊万内奇迅速回头瞟了一眼堆房,说:"您在开玩笑吧!"

"我可是说真的。不管您觉得这有多么不可思议,反正就是差点结婚了。当时我们学校新调过来一个原籍乌克兰的史地老师,名叫米哈伊尔·萨维奇·柯瓦连科。他还带了一个人过来,是他的姐姐瓦莲卡。柯瓦连科是个高个子、黑皮肤的年轻人,手很大,从他那张脸就能看出，他说话的声音应该很低。嘿，果然，他的声音就像是从木桶里发出来的一样：嘭——嘭——嘭……瓦莲卡看起来已经不算年轻了，30岁左右，也长得又高又匀称，黑眉毛，红脸蛋，总之不像个姑娘，看上去倒更像颗果冻。她总是精力充沛、谈笑风生，喜欢高声大笑，动不动就会发出一阵响亮的笑声，还爱唱小俄罗斯[1]的抒情歌曲。我记得我们第一次和柯瓦连科正式认识是在校长的命名日宴会上。在一群死板沉闷、把参加校长的命名日也当作是在履行职责的教员之间，我们忽然看到，一个新的阿佛洛狄忒[2]正从浪花里钻出来——她双手叉腰，走来走去，笑脸盈盈，又唱又跳……她动情地唱了首《风在吹》，然后又唱了首抒情歌曲，就这么一首接一首地唱着。我们所有人都被她迷住了，当然也包括别里科夫。于是，他在她身边坐下，一脸甜蜜地对她笑着说：'小俄罗斯语真柔美、真动听，叫人联想到了古希腊语。'

"这番话让瓦莲卡很是受用。于是她开始用令人信服的语气，向他动情地聊起了自己在加佳奇县有一处庄园，自己的妈妈就住在那个庄园里，那儿有好大的梨，好甜的木瓜，还有很好的'卡巴克'[3]！她还说，他们乌克兰人把南

1　对乌克兰的旧称。

2　古希腊神话中爱与美的女神。传说她是在海里诞生，从浪花里钻出来的。

3　在俄语中意为"酒馆"，在乌克兰语中意为"南瓜"。

瓜称为'卡巴克',把酒馆叫作'申克'。他们用西红柿和茄子熬出来的浓汤'可鲜美可鲜美啦,简直就是人间美味啊'!

"我们听着,听着,突然同时冒出一个念头。

"'要是能把他们撮合成一对,那该多好。'校长夫人低声对我说。

"不知怎么的,大家全都记起来,我们的别里科夫还没结婚呢。之前,我们竟然忽略了他生命中如此重大的一件事,一点儿都没意识到这个问题,这让大家都觉得很奇怪。对于他会如何对待女人和如何解决自己的人生大事这一类问题,我们过去从没感兴趣过,或许本来也就无法设想得出,一个在任何天气下都穿着雨鞋走路的人,一个睡觉总要挂上帐子的人,还能爱上别的什么人。

"'别里科夫早已过40啦,而瓦莲卡呢,也差不多30了……'校长夫人继续说着自己的想法,'我觉得她应该会愿意嫁给他的。'

"在我们那个地方,人们闲得无聊,什么样的事儿都干得出来,尤其是些毫无意义和价值的蠢事!那是因为,有必要且有价值的事儿大家根本不会去做。就拿这件事来说吧,既然我们很难设想得出像别里科夫这样的人会结婚,但我们又为什么一下子这么好心地想要帮他做媒呢?瞧那校长夫人啊,督学夫人啊,还有那些女教师们,全都活跃了起来,连模样都变

此处嘲讽了生活中庸俗不堪、缺乏目标和价值的人生。

179

得好看不少,仿佛突然找到了自己的生活目标一样。校长夫人订了个剧院包厢,我们跑去一看,那包厢里坐着的竟是瓦莲卡和别里科夫。瓦莲卡拿着把扇子,容光焕发,一脸幸福的样子,而她旁边的别里科夫却显得那么瘦小,佝着个背,像是有人用钳子把他从家里夹来的一样。我要是举办晚会,太太们就会纷纷要求我一定要把别里科夫和瓦莲卡都邀请上。总而言之,机器开动起来了……瓦莲卡其实并不反对嫁人,因为她和她弟弟相处得并不是很开心。我们只知道他们成天都在骂来吵去的。给您举个例子吧,有一次柯瓦连科走在街上,这个结实的大高个儿穿了件绣花衬衫,一缕头发从制帽底下钻出来耷拉在额头上。他一手抱着一沓书,另一只手握着根节疤很多的粗手杖。他姐姐跟在后面,也抱着很多书。

"'我说,米哈伊里克[1],你压根就没读过这本书!'瓦莲卡大声嚷着,'我敢发誓,你绝对没读过这本书!'

"'那我告诉你,我还真就读过!'柯瓦连科也嚷着,用手杖把人行道敲得直响。

"'哎呀,我的老天,明契克[2]!你冲着我发什么火啊,我们可是在谈原则性问题。'

"'我跟你说了,我读过就是读过!'柯瓦

---

1 米哈伊尔的小名。
2 同上。

连科反而更大声地嚷了起来。

"在家里,即便有外人在场,姐弟俩也照吵不误。这样的生活可能让瓦莲卡有些厌倦了,她也想要有个自己的家,何况年龄也不等人。现在已经不是挑来拣去的时候了,既然嫁谁都行,那嫁个希腊语老师又何妨呢?话说我们那儿好多姑娘都无所谓嫁给谁的,只要能把自己嫁出去就行。不管怎样吧,反正瓦莲卡开始对我们这个别里科夫表现出明显的好感。

"而这个别里科夫呢,他也常上柯瓦连科家去,就像经常上我们家一样。他去了以后,依旧是坐着一声不吭。于是瓦莲卡便给他唱《风在吹》,或者用自己那双黑黑的大眼睛望着他,又或者突然大笑起来:'哈哈哈!'

"在感情这种事上,尤其还涉及婚姻,撮合是会起很大作用的。所有的先生太太们都开始劝说别里科夫,说他该结婚了,说他的生活没什么缺憾了,就差结婚了。我们大家都去祝贺他,做着一本正经的样子说着各种陈词滥调:婚姻是人生大事;瓦莲卡长得又不错,又招人喜欢,还是五等文官的女儿,家里还有庄园;最主要的是,这是第一个这么真心又这么温柔待他的女人……他听得晕乎乎的,于是认定自己是该结婚了。"

"这下该有人可以拿掉别里科夫的雨鞋和雨伞了吧。"伊万·伊万内奇说。

"您好好想想,这是绝对不可能的。别里

科夫虽说也会把瓦莲卡的照片放在自己桌上，会经常来找我聊瓦莲卡、聊家庭生活，聊婚姻是件人生大事，还会经常上柯瓦连科那儿去，可他的生活方式却并没有因此而发生丝毫改变。甚至相反，结婚的决定反而折磨得他像大病了一场似的。他越来越消瘦，脸色越来越惨白，整个人好像在套子里缩得更深了。

在婚姻这件事上，别里科夫也犹豫不决、畏畏缩缩，表现出自己的"套中人"性格。

"'瓦尔瓦拉·萨维什娜[1]我确实挺喜欢。'别里科夫很勉强地淡淡一笑，对我说，'我也知道婚姻对每个人来说都是必须的，可是……您知道吗？这一切都来得有点太突然了……我得好好考虑考虑。'

"'你还要考虑啥呢？'我对别里科夫说，'去结婚就是了啊。'

"'不，结婚是件相当严肃的大事，我得首先掂量一下自己将要承担的责任和义务……免得日后惹出什么乱子来。这个事儿搅得我不得安生，彻夜失眠。老实说吧，我心里害怕着呢，他们姐弟俩的思维方式都有点古怪。您知道吗，他们对事情的看法也有些古怪。还有，她的性格太活泼了。结婚本是件好事，但日后难不成会生出什么乱子来。'

"就这样，别里科夫一直没有求婚，拖啊拖，使得校长夫人和我们那儿的所有女人都大为恼火。他一直在反复掂量着将来的各种

---

1 瓦莲卡的正式名字。

182

责任和义务，但同时又还是几乎每天都和瓦莲卡出去散步。或许他认为这是处在他那个位置上应该做的吧。他还是会经常来找我聊关于家庭生活的话题。若不是后来闹出件 kolossalische skandal [1] 来，他说不定最终还是会去求了婚，因而达成一桩愚蠢的、形同鸡肋的婚事来。要知道，在我们那里，因为闲得无聊或无所事事而结合在一起的婚姻不计其数。哦，还要插上一句，瓦莲卡的弟弟，也就是柯瓦连科，从认识别里科夫的第一天起，就很痛恨他，完全无法忍受他。

"'我真是不能理解。'柯瓦连科总爱耸着肩对我们说，'不理解你们怎么忍受得了这个爱打小报告的卑鄙小人。唉，先生们，你们怎么在这儿活得下去啊！你们这儿的空气太污浊、太窒闷啦。你们能算得上是教育者吗？不，你们只是些小官僚而已。你们这儿也算不上是什么教书育人的学府，只是个教人安分守己的衙门而已，还散发着一股警察局里的酸臭味儿。不行，老兄们，我和你们在一起待不了多久就要回庄园去了，我宁愿回那里去捉捉虾、教乌克兰小孩儿念念书。等我走了，你们就和你们的犹大继续待在这里，叫他见鬼去吧。'

"柯瓦连科时而会哈哈大笑，笑得眼泪直

1　德语，意为"极其荒唐的事"。

流,时而又会将双手一摊,用或低沉或尖细的嗓音问我:'别里科夫干吗要来我家坐着啊?他到底想干什么?每次都只顾坐在那里东张西望。'

"柯瓦连科甚至给别里科夫取了个绰号叫'毒蜘蛛'。我们当然不敢在柯瓦连科面前提他的姐姐瓦连卡准备嫁给'毒蜘蛛'的事儿。有一次,校长夫人暗示他说,要是他的姐姐能嫁给像别里科夫这样的既稳重又受尊敬的人,真是不错的选择啊。可他立马皱起眉头,嘟囔道:'这不关我的事儿。就算她嫁给了一条毒蛇,我都不会去管别人的闲事儿。'

"您听我继续往下说。后来,不知道是哪个爱搞恶作剧的人画了一幅漫画。上面画的是:别里科夫穿着雨鞋,卷着裤腿,打着雨伞在走路,瓦连卡在旁边挽着他。下面的题名是:坠入爱河的安特罗波斯。您知道吗,那副神态真是画得像极啦。这人估计画了有一个通宵吧,因为男中、女中和师范学校的所有老师,还有所有的文官,都是人手一份。连别里科夫本人都得到了一份。这幅漫画让他的心情极为沉重。

"记得5月1日那天是个星期日,我们所有师生约好在校门口集合,然后一起徒步到城外的小树林里去郊游。我和别里科夫同时出的家门。他那天脸色发青,比乌云还要阴沉。

"'这些人真是太恶毒、太不像话了!'别

柯瓦连科可以说是小说里的一股"清流",他敢于直接表达出对别里科夫的厌恶。作者也借他之口批判了周围环境的污浊、窒闷,批判了周围人的安分守己、怯懦隐忍。

184

里科夫说着,嘴唇直抖。

"我开始有些同情起别里科夫来。我们正在路上走着,突然看到柯瓦连科骑着自行车过来了,瓦莲卡跟在他后面,也骑着辆自行车。她满脸通红,虽然已经筋疲力尽,但仍是一副兴高采烈的样子。您可以想象一下当时那个场景。

"'我们,'瓦莲卡大声叫着,'先骑到前面去啦!今天的天气实在太好啦,简直棒极啦!'

"然后姐弟两人就一溜烟不见了。我的别里科夫啊,那脸色直接从青的变成了白的,像是被吓呆了一样。他站在那里,就这么一直看着我……

"'请问,这是怎么回事儿?'别里科夫问道,'难道是我的眼睛看花了?中学教员和女人竟然骑自行车,这成何体统?'

"'这有什么不成体统的?'我说,'随他们骑去呗。'

"'这怎么能行啊?'别里科夫嚷道,被我的淡定惊住了,'您在说什么呢?!'

"别里科夫当时震惊得不行了,一步都不愿再往前走,直接回家去了。

"第二天,别里科夫一直在神经兮兮地搓着手,浑身打战,从他的脸色可以看得出,他不太舒服。还没上完课他就先行离开了,这可是生平第一次这样啊。他连午饭都没吃。到了傍晚,他将身上的衣服裹得更厚了,尽管那时室外已经完全是夏天了,然后就步履蹒跚地去了柯瓦连科家。当时瓦莲卡不在家,他只撞见了她弟弟。

"'坐吧。'柯瓦连科眉头紧锁,冷冰冰地吐出一句话来。他那时是午睡后刚醒,一副没睡醒的样子,心情也因此很差。

"别里科夫就这么坐着,差不多有十分钟都没吭过声,之后他终于开口了:'我来找您,是想了却一桩心事。我现在心里非常非常沉重。不知道是哪个不怀好意的家伙画了一幅荒唐可笑的漫画,画的正是我和另一位跟你我都有密切关系的女士。我认为我有责任来向您保证,我和这事儿毫不相干……在我身上找不出任何把柄可以受此讥讽。恰恰相反,我的言行举止却一贯表明我是个绝对正派的人。'

"柯瓦连科坐在那儿生着闷气,一声不吭。别里科夫等了一会儿,然后又用略带忧伤的语调继续低声说道:'我还有一件事想和您谈谈。我已在这个学校任教多年,而您却刚来工作不久。我认为我有义务以一个老同志的身份提醒您,您这种把骑自行车当作消遣的行为与您的年轻教师身份是绝对不相匹配的。'

"'凭什么这么说?'柯瓦连科压低声音问道。

"'难道这还需要解释吗?米哈伊尔·萨维奇,难道你连这都不明白吗?如果教师都骑自行车,那还能指望学生做出什么好事来?那他们就只能用头走路了！既然这事儿还没经政府发通告正式批准，那就是做不得的。我昨天简直被你们吓坏啦！当我看到您姐姐的时候，我眼前一片漆黑。一个女人或姑娘骑自行车，这真是太可怕了！'

"'您到底想怎么样？'

"'我只是想提醒您，米哈伊尔·萨维奇，您还年轻，前途无量，言行举止应当更加稳重自持，可您现在却太随便啦，哎呀，太随便啦！您经常穿着件绣花衬衫就出门了，在街上还老爱拿着几本书，现在竟又骑自行车。您和您姐姐骑自行车这件事要是被校长知道了，肯定会传到督学那里去的……最后能有什么好下场吗？'

"'我和我姐骑自行车这件事，任何人都管不着！'柯瓦连科涨红了脸，'谁要是干涉我自家的私事，我就叫谁滚蛋！'

"别里科夫顿时脸变得惨白，突地站了起来。

"'您如果用这样的语气和我说话，那我们的谈话就没法继续下去了。'别里科夫说道，'请您不要再在我面前对领导公然表示不敬。您应该懂得尊重我们的上司。'

"'我刚才说过当局什么不是吗？'柯瓦连科愤恨地瞧着别里科夫，'请您让我消停一下吧。我是个正大光明的人，我实在是不愿意跟像您这样的先生说话。我可不喜欢那些爱在

勇敢无畏的柯瓦连科捅破了别里科夫的套子，在此之前居然无人敢表达对别里科夫的反抗，这是小说隐含的另一层批判。

背地捣是非的小人'。

　　"别里科夫整个人都慌乱起来，匆忙穿上衣服，一脸惊骇的神情。要知道，这可是他生平第一次听到如此粗鲁的话。

　　"'随您怎么说吧。'别里科夫迅速从门道走向楼梯口，'只是我得先警告您：我们今天的谈话说不定会被谁偷听到。为了避免我们的谈话内容被人曲解，也为了防止之后生出什么新的事端，我得把我们今天的谈话要点呈报给校长大人……我有责任这样做。'

　　"'您又要去打小报告啦？去吧，尽管去告吧！'

　　"柯瓦连科从背后揪起别里科夫的衣领，使劲儿一推，别里科夫就连同他的雨鞋一起乒乒乓乓地滚下楼去了。楼梯又高又陡，可他滚下去以后却一点儿事都没有。他站起来，摸摸鼻子，看眼镜摔坏了没。可就在他滚下楼梯的当儿，瓦莲卡和两位太太刚巧走进来了。她们站在下面，齐刷刷地望着他，这对于别里科夫来说，绝对比什么都可怕。他宁愿摔得断胳膊折腿，都比受人嘲笑要来得更好。马上，全城的人，包括校长和督学，都会知道这个事儿了。天哪，这将会添出什么样的乱子来啊！有人会画一幅新的漫画，到头来校长保准会勒令他辞职的……

　　"当别里科夫站起来的时候，瓦莲卡一眼就认出了他。望着他那张滑稽可笑的脸，还有皱巴巴的大衣和雨鞋，她不知道发生了什么，还以为是他自己不小心滑倒了，于是她忍不住哈哈大笑起来，笑得整栋楼都能听见：'哈哈哈！'

"正是这串清脆响亮的笑声结束了一切，包括这桩婚事，还有别里科夫的人生。他已听不见瓦莲卡在说些什么，也看不见眼前的一切。回到家，他做的第一件事就是将桌上瓦莲卡的照片扔掉，然后便躺上床，从此再也没有起来。

套子被戳破之后，别里科夫便也随之失去了悉心维护的尊严、权威的假象，于是精神也崩塌了。

"约莫过了三天，阿法纳西来找我，问我要不要去请大夫，因为他家老爷好像不太对劲儿。我马上去看别里科夫，他那时躺在帐子里，用被子将全身都遮了起来，一声不响。你要是问他什么，他顶多回答一个"是"或者"不是"，之后就再也不出声儿了。他就这么躺着，而阿法纳西在旁边一个劲儿地踱着步子，神情忧郁，眉头紧皱，不停地长吁短叹，身上有一股跟酒馆里一样的酒味儿。

"一个月以后，别里科夫去世了。我们所有人，包括男中、女中和师范学校的全部师生都去为他送了葬。如今，他躺在棺材里，神情却变得温和而愉悦，甚至还带着几分喜色，似乎他非常欣慰自己终于可以就这么躲在套子里，永远都可以不用再出来了。是的，他的理想实现了！老天爷似乎也想显示一下对他的尊重，在他出殡那天，天空一直阴沉沉的，还下

绝妙的讽刺。

着雨，我们所有人都穿着雨鞋，打着雨伞。瓦莲卡也来了。当棺材入穴的那一刻，她失声痛哭起来。我发现，乌克兰的女人不是笑就是哭，从来没有其他介于之间的情绪。

"我不得不承认，为别里科夫这样的人送葬，是一种莫大的快乐。我们从墓地回来的时候，大家都装出一副低调苦闷的样子，谁也不肯流露出这种喜悦之色。这种快感就像是在很久很久以前的童年时候，当大人们都出去了，我们在花园里尽情地奔跑嬉闹个把小时所享受到的那种彻底自由的感觉。啊，自由啊，自由！哪怕只有一丝痕迹，哪怕只有一点儿希望，都能为我们的心灵插上翅膀，难道不是这样吗？

"从墓地回来以后，我们都感觉神清气爽。可这样的状态只持续了不到一个星期，生活就又回到了原来的样子：严酷沉闷、杂乱无章、令人厌倦。这是一种虽没有被明令禁止，但也未得到充分许可的生活。情况一点儿都没有好转。事实上，尽管别里科夫不在了，但仍然有，并还将会有多少像他这样的套中人活在这世上啊！"

"问题就在这里。"伊万·伊万内奇说着，点上一支烟。

"还将会有多少像别里科夫这样的套中人啊！"布尔金又说了一遍。

说完，布尔金走出堆房。这是个矮胖的男

别里科夫死去之后，大家明明很快乐，却仍然不敢真实地流露出自己的心情。

子,头发全掉光了,留着一把差不多齐腰长的黑胡子。两条狗也跟着他出去了。

"啊,月亮!多美的月色啊!"布尔金抬头说道。

已是午夜。向右边望去,可以看见整个村子。一条长长的马路绵延到很远的地方,大约有五俄里长。所有的一切都还沉浸在静谧深邃的梦境里。没有一点儿动静,也听不见任何声音,让你都难以相信大自然竟然能这般安静。当你在这样的月夜里看见这样一条宽阔的村街,还有那些木屋、草堆和沉睡的杨柳时,你的内心也会感到分外平静。摆脱一切辛苦、烦扰和悲伤,在朦胧夜色的庇护下,整个村落都显得那么恬静、温柔和凄美,仿佛星星也在亲切而深情地望着它,仿佛世间的所有丑恶都消失得无影无踪了,仿佛一切都变得十分美好了。向左边望去,是一片无边无际的广阔田野,一直延伸到地平线。田野在月光的沐浴下,也是无声无息的。

"问题就在这里。"伊万·伊万内奇又说了一遍,"我们生活在污浊拥挤的城市里,成天写着毫无用处的文书,玩着文特牌,难道这些就不是套子了吗?我们尽在一些无所事事、搬弄是非的人,以及一群愚蠢无知、游手好闲的女人中间消耗着自己的人生,说的和听到的全是各种各样的废话,难道这些就不是套子了吗?您要是愿意的话,我倒有个很有教益的故事想讲给您听。"

"算了吧,该睡觉啦。"布尔金说,"明天再讲吧!"

于是两人走进堆房,在干草堆里睡下了。当他们盖上被子,正昏昏欲睡时,突然听到一阵很轻的脚步声响起:吧嗒、吧嗒……有人正在离堆房不远的地方走动,走了一会儿,停住了,没过一会儿又开始吧嗒、吧嗒的了……狗汪汪地叫了起来。

"这是玛芙拉在走动。"布尔金说。

脚步声渐渐听不见了。

"看别人作假,听别人撒谎。"伊万·伊万内奇向另一侧翻了个身,接着说,"如果你忍受这样的虚伪,人们就骂你是傻瓜。你忍着侮辱和委屈,却不敢宣称你是站在正直和自由的人一边的,只能跟着撒谎和赔笑。你做这一切无非就是为了混口饭吃,混处窝住,混个一文不值的官当。不行,不能再这样活下去了!"

"哦,伊万·伊万内奇,这已经是另外一个话题了。"布尔金说,"快睡觉吧。"

不到十分钟,布尔金就睡着了。可伊万·伊万内奇却辗转反侧,一个劲儿地唉声叹气。后来,他索性爬了起来,走到外面,坐到门边,点上烟斗……

被教材删去的内容到底有多重要

小说的起笔和收笔往往最能彰显一个作家的笔力,读者亦可通过开头和结尾辨认出作家的经典性与独特性。如果开头和结尾被删减,必定会破坏整篇小说的深远意味。

《雷雨》上演时,序幕和尾声被删去,曹禺痛心不已。他说:"(用意)是想送看戏的人们回家,带着一种哀静的心情……我不愿这样戛然而止,我要流荡在人们中间还有诗样的情怀。'序幕'与'尾声'在这种用意下,仿佛有希腊悲剧 Chorus 一部分的功能,导引观众的情绪入于更宽阔的沉思的海。"

《套中人》这篇小说在入选新版高中语文统编教材时,被删去了开头和结尾部分。这样的删减固然有篇幅的考量,但也削弱了契诃夫作品的深邃。

原作开头写两个误了归时的猎人,兽医伊万·伊万内奇和中学教师布尔金在村长家过夜闲谈,先聊起村长妻子守着自己的炉子,一辈子没出过村子,然后借布尔金之口生发出一段议论:

> 有些人就是生性孤僻,总想极力把自己像寄生蟹或蜗牛那样藏进壳里。在这个世界上,这种人还真不少呢。这可能是种返祖现象吧,也就是回归到人的祖先还不是群居动物,而是各自生活在自己的洞穴里的时代。当然啦,这

也可能仅仅只是人的性格的一种变异吧。

小说接下来才开始由布尔金讲述已故同事别里科夫的故事。这种讲故事的小说叙事传统根植于东西方传统小说艺术中，如中国宋元话本、阿拉伯民间故事集《一千零一夜》、意大利薄伽丘的《十日谈》等，都是通过对话的场景展开故事叙述。

契诃夫的小说《醋栗》，同样是以伊万·伊万内奇和布尔金这两个人的对话展开：

> "上一次我们在村长普罗科菲的堆房里，"布尔金说，"您打算讲一个故事来着。"
> "对了，当时我原想讲讲我弟弟的事。"
> 伊万·伊万内奇深深地叹一口气，点上烟斗，预备开口讲故事……

我们可以感受到契诃夫与传统小说叙事形式的粘连。对话体叙事一下子延展了小说的写作空间，出现了多重现实空间，一重是故事讲述者的现实空间，一重是小说主要人物的现实空间，双重空间的交织，既带来了小说中人物的内部评价，也带来了主题阐释的丰富性。

《套中人》开场，契诃夫通过布尔金指出类似村长妻子这样的人存在一种"返祖"现象，这并非个例，而是某类群像，对所讲述的人物本身形成了小说内部的评价：这是一种性格的"变异"。布尔金是小说中揭示批判的关键人物。整个开头起到呈现小说独特叙述形式和揭示小说纲领的重要作用。

由此，我们再读到下面别里科夫的故事，便可以自然读出他身上所携带的"返祖"现象和"变异"性格。"像寄生蟹或蜗牛那样藏进壳里"的别里科夫是个典型的"套中人"，不仅外在形象、个人用品都包裹在套子之中，更重要的是他整个人的性情、思想都顽固守旧、教条主义、胆怯迂腐、缺乏主见，也如同包裹在套子中。

小说中间仍然是通过伊万·伊万内奇和布尔金的对话转回现实，提示读者小说对话的叙述方式——

> 伊万·伊万内奇咳了一声，想说点什么，但还是先点了支烟，望了望月亮，才一字一顿地说起来："是啊，有思想的正派人，既读过谢德林和屠格涅夫，还读过波克尔等，却只能低声下气地容忍这样的事儿……问题就在这儿。"

这段内容在教材中同样被删去了，事实上这段被删去的对话里包含着更多的有效信息。如果我们仅读教材中不完整的内容，我们很容易仅仅将小说解读成对别里科夫这样的"套中人"的批判，但契诃夫本意不止于此。小说这里借伊万·伊万内奇之口提出了另一层批判——低声下气容忍、投降、让步、畏惧"套中人"的所有的"有思想的正派人"，为什么人们明知"套中人"不可忍，却又甘愿忍受？这背后是契诃夫所批判的"奴性"。

小说结尾，失去别里科夫之后，大家的生活很快便恢复原样，"尽管别里科夫不在了，但仍然有，并还将会有多少像他这样的套中人活在这世上啊"。教材课文选到这里，删除后面的，但后面被省略的对话又将小说主题引向了另一个台阶——

> "问题就在这里。"伊万·伊万内奇说着，点上一支烟。

"还将会有多少像别里科夫这样的套中人啊！"布尔金又说了一遍。

∙∙∙∙∙∙∙∙∙∙∙∙

"我们生活在污浊拥挤的城市里，成天写着毫无用处的文书，玩着文特牌，难道这些就不是套子吗？我们尽在一些无所事事、搬弄是非的人，以及一群愚蠢无知、游手好闲的女人中间消耗着自己的人生，说着的和听到的全是各种各样的废话，难道这些就不是套子了吗？"

∙∙∙∙∙∙∙∙∙∙∙∙

"如果你忍受这样的虚伪，人们就骂你是傻瓜。你忍着侮辱和委屈，却不敢宣称你是站在正直和自由的人一边的，只能跟着撒谎和赔笑。你做这一切无非就是为了混口饭吃，混处窝住，混个一文不值的官当。不行，不能再这样活下去了！"

小说中对话的人物提出了问题，也自己解决了问题。人们为了安稳的生活，为了追求的地位，这些世俗的羁绊使人们不得不甘愿忍受侮辱和委屈，与内心真正渴求的自由背道而驰。"套中人"不仅仅是像别里科夫这样滑稽的、直露的，更多隐身庸俗生活中的"套中人"比比皆是。在这样的结尾中，一向克制的契诃夫居然借人物之口如此直白地大发议论，表露批判意味，这在契诃夫小说中并不常见。无论是高度典型的"套中人"形象，还是对话直白揭露的叙述形式，都体现了契诃夫在这篇小说中无法含蓄、克制，必须要直接表现的情感——对流于形式、对缺乏高尚生活追求的人生的蔑视。

契诃夫自己非常看重本本分分讲故事的能力，他曾经把那些不好好讲故事的小说家称为"耍弄蹩脚花招的人"，这样的创作态度里有契诃夫的老实和真诚。如果我们剥去了其小说中这种真诚的叙事呈现，这本身也是对契诃夫解读的一种肢解。

《套中人》这篇小说取材于契诃夫的现实生活，小说主人公的原型季亚科诺夫是塔甘罗格中学的学监，别里科夫身上杂糅了契诃夫很多生活中细微的观察，如契诃夫日记里曾提到一个来他家拜访的政客——"梅尼希科夫在我家做客……即使在没有雨雪的天气，梅尼希科夫出门也穿套鞋，带着伞，以免患日射病而死亡，他还怕用凉水洗脸……"《套中人》提取了人物的典型形象，而且它写于契诃夫去世前六年，此时他的技法已经达到了炉火纯青的地步。

熟悉契诃夫小说的读者可能会将这篇小说与《普里希别耶夫中士》进行对比，别里科夫与普里希别耶夫中士的形象极为相似。为何契诃夫要重复写类似的主题？《普里希别耶夫中士》这篇小说尚未提取出"套子"的寓意，而这篇小说中的"套子"是契诃夫设置的高级隐喻，"套中人"也不仅仅是个体，而是一类群体。契诃夫通过提炼的方式增强了小说的丰富寓意和延展性。作为读者，我们自然不可忽视其作为技巧的形式本身所蕴含的特殊性。正如曹禺《雷雨》渴望"导引观众的情绪入于更宽阔的沉思的海"，契诃夫也在试图做这样的导引。这是我们不可以断头断尾肢解阅读的原因。

姚内奇

一

每当来到C省城的人抱怨这里的生活单调枯燥时,当地的人们都会像是为自己辩护似的说,恰恰相反,这里的生活好极了,我们有图书馆、剧院、俱乐部,我们会经常举办舞会,我们还有很多聪明、有趣、令人愉快的家庭,你们大可和他们交往。接着,他们便会举出图尔金一家,说那是全省城最有教养、最富才华的一家人。

这户人家住在主大街一个私人寓所里,紧挨着省长官邸。伊万·彼得罗维奇·图尔金本人是个胖胖的男子,留着络腮胡,长着一头漂亮的黑发。他经常举办以慈善为目的的业余演出,自己则在剧中扮演一位老将军,时常发出滑稽可笑的咳嗽声。他知道很多笑话、字谜和俗语,爱开玩笑和说俏皮话。他脸上的表情总让人很难分清他到底是在开玩笑还是在说正经的。他的妻子薇拉·约瑟福夫娜是个身材瘦削、面容可爱的女人,戴着一副pincenez[1]。她经常写中长篇小说，并喜欢将写成的作品朗诵给客人们听。他们的女儿叶卡捷琳娜·伊万诺夫娜是个年轻的女孩儿，会弹钢琴。总之，这个家庭的每一名成员都有自己的才华。图尔金一家热情好客，并总是高兴而真诚地向客人们展示自己的才艺。他们那所高大的瓦房相当宽敞，夏天很凉快。屋里有一半的窗户都对着一个郁郁葱葱的老花园，每年春天都会有很多夜莺在这里啼唱。每当家里来了客人，厨房里便会传来叮叮当当的菜刀声，院子里便会飘出一股葱香，这预示着马上会有一顿美味丰盛的大餐啦。

　　当德米特里·姚内奇·斯塔尔采金刚被派任地方自治局医生，住到离C省城九俄里远的嘉利日时，便有人对他说，像他这样有知识的人，理应结识图尔金一家。冬日里的一天，他在街上经人介绍认识了伊万·彼得罗维奇。他们聊了聊天气、剧院和霍乱，最后图尔金邀请他到家里去做客。到了春天，在耶稣升天节那天，斯塔尔采金接待完病人以后，便动身去了城里，本打算去散散心，顺便买点东西。他不慌不忙地走路过去（那个时候他还没有自己的马车），一路上都在哼着歌："当我还未饮下生命之杯里的那些眼泪……"[2]

注意这个细节，斯塔尔采金的生活条件不断变化，可以由他的出行方式的变化看出。

1　法语，意为"夹鼻眼镜"。
2　出自俄国诗人杰利维格的诗《悲歌》，后由音乐家雅科夫列夫谱曲。

到了城里，斯塔尔采金吃过午饭以后，便去公园里散了会儿步，然后突然记起了伊万·彼得罗维奇曾邀请他去做客这件事儿，遂决定到图尔金家里去看看这到底是什么样的一家人。

"您好啊！"伊万·彼得罗维奇站在台阶上迎接斯塔尔采金，"实在是太高兴见到您啦，您绝对是一位令人愉快的客人。快请进吧，我要把您介绍给我的好太太。嘿，薇洛奇卡[1]，我正给他说着呢，"他一边把斯塔尔采金介绍给妻子，一边接着说道，"我正给他说着，他可没有任何权利老是待在医院里，他应该把自己的空闲时间都用在社交上。亲爱的，我说得对吗？"

"请坐这儿吧。"薇拉·约瑟福夫娜指着自己身旁的座位说，"您不妨对我献献殷勤。我丈夫是个奥赛罗[2]，容易嫉妒，不过我们可以尽量不让他瞧出来。"

"哎呀，你这个小母鸡，真是被我宠坏了……"伊万·彼得罗维奇温柔地低声说道，并吻了一下她的额头，"您可来得真巧。"他转身对客人说，"我的好太太刚写完一本大部头的长篇小说，今天正要朗诵呢。"

"让奇克[3]，"薇拉·约瑟福夫娜对丈夫

1　薇拉的爱称。

2　英国剧作家莎士比亚作品《奥赛罗》中的主人公，因嫉妒杀死了自己的妻子。

3　俄语中的"伊万"相当于法语中的"让"，而"让奇克"是"让"的爱称。

说，"dites que l'on nous donne du thé[1]。"

接着，夫妇俩又把叶卡捷琳娜·伊万诺夫娜介绍给了斯塔尔采金。这个芳龄十八的姑娘长得和她妈妈很像，也是身材瘦削、面容可爱。她的脸部表情还带着几分童稚，腰肢细软，已经发育的少女胸脯十分健美，洋溢着春天的气息。随后大家一起喝茶，吃果酱、蜂蜜、糖果和各种入口即化的美味饼干。到了晚上，客人一点点多了起来。伊万·彼得罗维奇对每个客人都是眼角带笑，热情地招呼着："您好啊，您好啊。"

之后，所有人都围坐在了客厅里，神情严肃地听薇拉·约瑟福夫娜诵读自己的长篇小说。她的小说是这样开头的："寒气来袭，愈演愈烈……"屋里的窗户全都敞开着，能听到厨房里传出的叮叮当当的菜刀声，能闻到院子里飘来的阵阵煎洋葱的香味儿……大家惬意地蜷在又深又软的圈椅里。昏暗的客厅中闪烁着柔和的灯光。在这样一个街上尽是欢声笑语、院里盛满簇簇丁香的夏夜里，让人很难想象得出小说中所描述的凛冽严寒，以及夕阳的寒光照耀雪原、照向那些孤独行路人的情景。在薇拉·约瑟福夫娜所诵读的小说中，一个年轻漂亮的伯爵小姐在自己的村子里开办学校、医院和图书馆，还爱上了一个流浪的画家。

1　法语，意为"叫人把我们的茶端上来"。

人们在现实中庸俗、享乐、沉醉，而在幻想中浪漫、崇高、伟大。

尽管小说里的故事在现实生活中从未有过，但还是让人听着愉快而舒服，心里也会随之生出许多美好而恬静的想法来，叫人坐着都不想再站起来。

"真不赖……"伊万·彼得罗维奇轻声说道。

有位客人听着听着，思绪早已驰骋甚远，用几乎听不见的声音应和着："是啊……确实如此……"

一个小时过去了，两个小时过去了。旁边的城市公园里，有乐队在演奏，还有合唱团在唱歌。当薇拉·约瑟福夫娜合上自己的本子，有那么四五分钟的时间，大家都只是在静静地听着合唱团所演唱的《卢奇卢什卡》。这首歌所表现的正是那些小说里所没有的，却存在于现实生活中的东西。

"您会将自己的作品发表在杂志上吗？"斯塔尔采金问薇拉·约瑟福夫娜。

"不会。"薇拉·约瑟福夫娜回答道，"我哪都不会送去发表。我总是写好以后就藏进自己的柜子里。为何要拿去发表呢？"她解释着，"要知道我们可是有家产的。"

这句话揭示了薇拉·约瑟福夫娜建立在物质财富之上的自信、骄傲。

不知为何大家都叹了一口气。

"科季克[1]，接下来该你弹支曲子了。"伊万·彼得罗维奇对女儿说。

1　叶卡捷琳娜的小名。

有人早已将琴盖掀起,并把事先准备好的乐谱翻开。叶卡捷琳娜·伊万诺夫娜坐下后,双手齐击琴键。她用尽全力、一遍又一遍地敲击着键盘,双肩和胸脯都跟着颤动起来。她固执地按着同一个地方,似乎不把琴键按进钢琴里就决不罢休一般。客厅里琴声雷动,地板、天花板、家具……所有的一切都被震得嗡嗡作响。叶卡捷琳娜·伊万诺夫娜正在弹奏的是一段极难的乐句,冗长而单调,唯一的妙趣仅是它的难度。斯塔尔采金边听边想象着,滚滚巨石从高山落下,不停地落啊落,他真希望那些石头能快点儿停住。此时的叶卡捷琳娜·伊万诺夫娜因紧张而用力的弹奏变得满脸绯红、充满活力,一缕头发搭在额头上,那模样真惹人喜爱。在形形色色的病人和农民当中过完了嘉利日的冬天,如今能坐在这样的客厅里,欣赏这位年轻优雅、想必还依旧纯洁的女孩儿,听着这支虽喧闹且令人腻烦却仍旧高雅的乐曲,真是一种多么愉悦而新鲜的体验啊……

"哎呀,科季克,你从未像今天弹得这么好过。"当叶卡捷琳娜弹奏完毕,站起来的时候,伊万·彼得罗维奇热泪盈眶地对她说,"死去吧,丹尼斯,你再也写不出更好的东西来了。"[1]

叶卡捷琳娜·伊万诺夫娜享受的是上流社会贵族的生活。

---

[1] 此语据说是格·波将金公爵对俄国剧作家冯维辛的喜剧《纨绔少年》的评价,丹尼斯为冯维辛的名字。后来此语在论述冯维辛的文献中被反复使用,便成了一个流行的笑话典故。

所有人都围了上去，表达祝贺与赞美，并纷纷表示已经很久没有听到过这样的音乐了，而叶卡捷琳娜只是听着，笑而不语，浑身上下都透着得意。

"太棒啦！太精彩啦！"

"太棒了！"斯塔尔采金受到大家的感染，说道，"请问您在哪里学的音乐呢？"他问道，"是在音乐学院吗？"

"不，我正打算进音乐学院，不过暂时都在家跟着扎夫洛夫斯卡娅太太学习。"

"您已在本地的中学毕业了吗？"

"哦，没有！"薇拉·约瑟福夫娜替女儿回答道，"我们都是把老师请来家里教课。您应该也会承认，不管是在中学里还是大学里，孩子都可能会受到不良的影响。在女孩子的成长过程中，应当只受母亲一个人的影响才是。"

"反正不管怎样我都要进音乐学院的！"叶卡捷琳娜·伊万诺夫娜说道。

"不会的，科季克这么爱自己的妈妈。科季克不会让爸爸妈妈失望的。"

此时的叶卡捷琳娜·伊万诺夫娜还有成为音乐家的梦想。

"不嘛，我就要去！我就要去！"叶卡捷琳娜·伊万诺夫娜撒起娇来，还跺了下小脚。

晚饭过后，该轮到伊万·彼得罗维奇展示自己的才艺了。他眼睛笑眯眯地讲着各种笑话和俏皮话，还出了一些搞笑的题目，然后自己来解答。他的语言总有些与众不同，都是他在长期练习说俏皮话的过程中慢慢形成以后，再逐渐变成的一种自然而然的习惯，如"斗大无边的""真不赖""千万分地感谢您"……

这还不算完呢。当客人们酒足饭饱、心满意足地挤在前厅取自己的大衣和手杖时，一个名叫帕夫鲁沙的小童总会在一旁忙着伺候他们。帕夫鲁沙是个 14 岁左右、脸蛋胖乎乎的、头发剪得很短的男孩儿，这家人通常都管他叫帕瓦。

"喂，帕瓦，你也来表演一个！"伊万·彼得罗维奇对他说。

帕瓦摆出一个可笑的姿势，举起一只手，用一种哀怨的声调说："死去吧，你这个不幸的女人！"

所有人都哈哈大笑起来。

"真有趣啊。"斯塔尔采金边想着边走上了大街。

斯塔尔采金又进一家饭店喝了几瓶啤酒，方才步行回了嘉利日。他一路上都在哼唱着："你的声音如此亲切，令我心醉神迷……"[1]

走完这九俄里的路，再躺下睡觉时，他竟毫无倦意，反而觉得自己还乐意再走 20 俄里呢。

"真不赖……"他刚要入睡，一下子想起这句话，又笑开来……

小说第一节中，通过斯塔尔采金的视角旁观了图尔金一家上流社会沉醉的"充实"的社交生活，此时的他虽然涉世未深，但是已经在图尔金家里体验到这种生活的美好。

---

[1] 引自普希金的抒情诗《夜》，后由音乐家鲁宾斯坦谱曲。

二

斯塔尔采金一直想再去图尔金家,可医院里的事情太多了,让他怎么都抽不开身。有一年多的时间他都是在各种工作和孤寂感中度过的。突然有一天,从城里寄来一封蓝色封皮的信⋯⋯

薇拉·约瑟福夫娜早些时候患上了偏头痛,而最近科季克天天在家闹着要进音乐学院,于是她的病就又开始频繁发作了。图尔金一家请遍了城里所有的医生,最后便轮到他这名地方医生了。薇拉·约瑟福夫娜给他写了封很感人的信,请求他能前去帮她缓解病痛。斯塔尔采金便立即赶去了。此后,他就经常来往于图尔金家了⋯⋯他还真帮薇拉·约瑟福夫娜缓解了一些病情,于是她总会在所有客人面前夸赞他是一个不寻常的、了不起的大夫。可渐渐地,他去图尔金家就不再仅仅是为了帮她治病了⋯⋯

有一次过节,叶卡捷琳娜·伊万诺夫娜总算弹奏完了她那些冗长而令人生烦的钢琴练习曲,然后大家久久地坐在饭厅里喝茶,听伊万·彼得罗维奇讲各种好笑的东西。这时,门铃响起,又有客人来了,该去前厅迎客了。于是斯塔尔采金便趁着这中间被打岔的机会,万分激动地对叶卡捷琳娜·伊万诺夫娜低声说:

"看在上帝的分儿上,我求求您,别再折磨我了,我们到花园里去吧!"

叶卡捷琳娜耸耸肩,表示不明白斯塔尔采金到底要她做什么,但还是站起身来,走了出去。

"您每次一弹就是三四个小时。"斯塔尔采金跟在叶卡捷琳娜后面说道,"弹完就坐在您母亲身边了,我都找不到任何机会能和您说上会儿话。求求您,哪怕给我一刻钟的时间也好。"

秋天快到了,老式的花园里一片寂静和凄凉。林荫道上落满枯黄的树叶。天也很早就开始黑了。

"我有整整一个星期没见到您了。"斯塔尔采金接着说,"您可知道,这对我来说真是莫大的痛苦啊!请坐吧,听我慢慢说来。"

两人在花园里有一处共同喜爱的地方:一棵枝繁叶茂的老枫树下的一条长凳。此时,他们就坐在这条长凳上。

"您有什么事儿吗?"叶卡捷琳娜·伊万诺夫娜用一种冷冷的、公事公办的口吻问道。

"我整整一个星期没见到您,也有一个星期没听到过您的声音了。我极其强烈地渴望能听见您的声音。您就和我说说话吧。"

叶卡捷琳娜身上所散发出的清新气息、她眼里和颊边所流露出的天真神态,都让斯塔尔采金如痴如醉。就连穿在她身上的连衣裙都让他觉得如此迷人，每一分质朴和纯真都令他心动不已。他一边欣赏着她的天真无邪，一边又觉得她非常聪明，拥有着这个年龄本不会有的成熟。他可以和她聊文学，聊艺术，聊任何话题；他可以向她抱怨生活，抱怨各种人，尽管在聊到严肃话题时，她经常会突然无缘无故地笑起来，或是跑回屋去。她和C城几乎所有的姑娘一样，读过很多书（一般来说，C城的人是很少读书的。在当地的图书馆里，人们总是这么说，要不是有这些姑娘和年轻的犹太人在，图书馆早该关门了），这一点尤其令斯塔尔采金满意。每一次他都会激动地问她最近又读过些什么书，然后便着魔般地听她讲述。

"我们没有见面的这个星期您都读过些什么书呢？"斯塔尔采金现在又问了起来，"请说给我听听吧。"

"我读了皮谢姆斯基[1]的作品。"

"具体都读了他哪些作品呢？"

"《一千个农奴》。"科季克答道，"这个皮谢姆斯基的名字真好笑，叫什么阿列克谢·费奥菲拉克托维奇！"

"您要去哪？"当科季克突然起身往回走时，斯塔尔采金大吃了一惊，"我必须和您好好谈谈，我得向您解释一下……请再陪我待五分钟吧！我求您了！"

1　皮谢姆斯基（1821—1881），俄国现实主义作家。

科季克停住脚步,似乎想要说点什么,随后极不好意思地朝斯塔尔采金手里塞了张小纸条,便跑回屋去,坐下来继续弹琴了。

"今晚十一点,"斯塔尔采金对着纸条念道,"请去杰梅奇墓碑附近的墓地。"

"天哪,这主意可一点儿也不聪明。"斯塔尔采金冷静下来,心里琢磨着,"干吗要去墓地啊?她想做什么?"

很显然,科季克是在逗斯塔尔采金玩。说实在的,谁会正儿八经地想出在大半夜跑到离城老远的墓地去约会这样的主意呢?随便在大街上、在城市公园里安排个地方见面不都是很容易的事儿么?而他作为地方自治局委派的医生,好歹也算个体面的聪明人,如今要是长吁短叹地收下这条子,去墓地周围溜达,干出连中学生都会笑话的蠢事来,这像什么话呢?这样的罗曼蒂克能有什么好结果呢?要是被同事们知道了,他们会怎么说自己呢?……斯塔尔采金就这么边想着边在俱乐部的桌子旁来回踱步。到了晚上十点半,他突然打定主意,坐车去了墓地。

如今斯塔尔采金已经有了自己的一对马,还雇了个爱穿丝绒坎肩的车夫潘捷列蒙。月色甚好,四周很静,天气暖和,但还是开始透出几分秋意。城郊的屠宰场附近有狗在吠叫。斯塔尔采金把马车停在城郊一条胡同里,然后徒步前往墓地。"每个人都有自己的怪脾气。"

生活发生了变化,斯塔尔采金的物质条件变得更好了。

他心想，"科季克自然也会有。谁知道呢，说不定她不是在开玩笑，还当真会来呢。"他怀揣着这一点儿虚空的希望，沉醉其中。

斯塔尔采金在野地里走了半俄里路。远处那一长条黑漆漆的墓地像是一片森林或一座大花园，依稀可见白石砌的围墙、大门……月光下，依稀辨得出门上的字："大限已至……" 斯塔尔采金走进一道小门，首先看到的是宽敞的林荫道两旁有很多白色的十字架和墓碑，还有它们和白杨树投下的黑影。朝远处望去，周围尽是黑白两色，沉睡的树木将枝叶垂向白色的墓石。这里似乎要比野地里亮堂一些。枫叶像爪子一般十分清晰地印在林荫道的黄沙和石板上，墓碑上的题词也清晰可见。起初，眼前的一切让他着实吃了一惊，这是他生平第一次见到这番场景，恐怕以后也不会再见得着了。这是一个与别处完全不同的世界：月光如此柔美，似乎这里就是它的摇篮；没有任何生命，绝对没有，可是在每一棵幽暗的白杨树中、在每一座坟墓里，却都能让你感到宁静、美好、永恒的生命静谧地存在着。石板、残花，和着树叶里秋的气息，无不透着宽恕、哀伤和安宁。

周围死一般的寂静。天上的星星俯视着这片深邃的宁静，只听得见斯塔尔采金刺耳的脚步声，显得是那么不合时宜。当教堂的钟声敲响，他想象着自己也成了一个长眠于此的死人，他甚至觉得有人正瞧着他。于是，他突然

契诃夫写对爱情的追逐，却写到肃穆哀伤、充满死亡的墓地，似乎为这份爱情本身笼罩了一层悲剧色彩。

感到,这里并没有什么平静和安宁,有的只是虚无的、无声的悲哀,还有那深深压抑的绝望罢了……

杰梅奇的墓碑看上去像个小教堂,顶上立着一个天使。曾经有个意大利的歌剧团途经C城,团里的一个女歌唱家死了,于是被葬在这儿,还立了这块碑。城里已经没有人再记得她了,但墓门上方的长明灯却在月光的反照下,似乎仍在炽烈地发着光。

这里一个人都没有。本来也是啊,谁会大半夜地跑到这儿来呢? 可斯塔尔采金还是等着,月光似乎也正温暖着他的内心。他热情地等着,想象着那些接吻和拥抱的情景。他在碑旁坐了半个小时,然后又到近旁的林荫道上转悠了很久。他将帽子拿在手中,边等边设想着这些坟墓里到底埋葬着多少妇女和姑娘。她们生前都美丽而迷人,都拥有过甜蜜的爱情,都在无数个夜晚沉溺于热烈而温柔的爱抚中。说实在的,自然之母是多么不怀好意地愚弄人间啊,这种想法真令人沮丧! 尽管斯塔尔采金这么想着,可他还是情不自禁地想要大声呼喊,说他渴望爱情,并会不顾一切地等待爱情。在他面前,那些发白的东西已不再是一块块大理石,而都化身成了美丽的躯壳。他看到一些身影害羞地躲在树影里,身上顿生一阵暖意,可这样的折磨还是让人难受……

月亮躲进了云里,仿佛一块幕布从空中掉

下一般，四周突然一片漆黑。秋夜总是这般的黑。斯塔尔采金勉强找到来时的大门，又在夜路上摸索了将近一个半小时，才寻见自己停车的胡同。

"我累了，脚都快不稳了。"斯塔尔采金对潘捷列蒙说。

斯塔尔采金舒舒服服地坐进马车，心想："唉，真不该长胖！"

三

第二天傍晚，斯塔尔采金坐上马车到图尔金家求婚去了。可他去得似乎并不是时候，因为有个理发师正在叶卡捷琳娜·伊万诺夫娜的房间里为她做头发。原来，她正准备去俱乐部参加一个舞会。

于是，斯塔尔采金只好又久久地坐在饭厅里喝茶。伊万·彼得罗维奇见客人一副若有所思、颇为烦躁的样子，便从坎肩口袋里掏出几张纸条，念了一封可笑的信。信是他的德国管家写的，说什么"庄园里的一切矢口抵赖都坏掉了，羞耻垮台了"[1]。

"他们给的嫁妆肯定不会少。"斯塔尔采金一边心不在焉地听着，一边在心里盘算着。

此处的斯塔尔采金更加暴露了自己不再单纯，而是注重世俗物质利益的一面，此时的他已经逐渐被私欲腐化。

1　德国管家用错了词，他本想说的是"所有门闩都坏了，墙皮也剥落了"。

刚经历了昨晚那个不眠之夜,斯塔尔采金现在还处于一种混混沌沌的状态,像是有人给他灌了很多催眠的甜酒似的,虽觉得头有些昏沉,可心里却高兴而又温暖。同时他的脑子里又有一个冰冷而凝重的声音在和他辩论:"快作罢吧,还为时不晚!你觉得你和她般配吗?她娇气而任性,每天都要睡到下午两点才起来,而你却只是个教堂执事的儿子,只是个地方医生而已……"

"那又怎样呢?"斯塔尔采金想,"我不在乎。"

"况且你要是娶了她,"脑子里的声音继续说道,"她的父母一定会让你放弃地方医生的工作,搬到城里来住的。"

"那又如何?"斯塔尔采金又想,"就住在城里呗。反正她家会给嫁妆,我们可以好好布置一番……"

最终,斯塔尔采金的私欲战胜了善良纯真。

叶卡捷琳娜·伊万诺夫娜终于收拾妥当,从房间里走了出来。她穿了一条露肩舞裙,漂亮而清爽。斯塔尔采金被深深地迷住了,兴奋得一句话都说不出来,只是一个劲儿地看着她傻笑。

叶卡捷琳娜开始跟大家道别。斯塔尔采金觉得自己继续待在这里也没什么意义了,便也站起身来,说他也该回去了,还有病人在等着他呢。

"那就不留您了。"伊万·彼得罗维奇说,

"不过请顺便用车送一下科季克去俱乐部吧。"

外面飘着雨,天全黑了,只能从潘捷列蒙虚弱的咳嗽声中猜出马车是停在哪儿的。车篷已经支了起来。

"我踩着地毯走,你编着谎话行。"伊万·彼得罗维奇边说着顺口溜,边将女儿扶上了车,"他编着谎话行……走吧!再见!"

马车走了。

"我昨晚去墓地了。"斯塔尔采金先开口说话了,"您未免太狠心、太刻薄了吧……"

"您真去墓地啦?"

"是的,我在那里等您等到差不多凌晨两点。我真痛苦……"

"如果您连玩笑都听不明白的话,那就只好吃苦头咯。"

叶卡捷琳娜·伊万诺夫娜一想到自己的追求者被她巧妙地愚弄以后,还依旧如此热烈地爱着她,不禁一阵得意,并哈哈大笑起来。突然,她吓得大叫了一声。原来,就在马车朝俱乐部大门急拐弯时,车身歪了一下。斯塔尔采金趁势搂住她的腰,她吓得倒在他身上,他便忍不住狂热地吻起她的双唇和下巴,并将她搂得更紧了。

"够了。"叶卡捷琳娜冷冷地说道。

转眼间,叶卡捷琳娜已下了马车。灯火通明的俱乐部门口,一个警察正用厌恶的口吻朝潘捷列蒙叫嚣着:"你这呆鸟,还停在这儿干吗？快往前走！"

斯塔尔采金坐车回了家，但很快又折回
俱乐部。此时，他已穿上借来的燕尾服，打着
白色的硬领结。不知为何，那领结老翘起来，
总想从领口滑开。午夜，他坐在俱乐部的大
厅里，深情地对叶卡捷琳娜·伊万诺夫娜说：
"唉，那些从来没有爱过的人是多么无知啊！
我觉得，还没有任何人能够准确描述出爱情的
样子，而这样一种温柔、快乐，同时又会折磨
人的感觉也未必能用语言去描述。哪怕只体
验过一次的人，都再也不想用言语去表达它
了。干吗非得要有那些无谓的开场白和细致
的描述呢？整那些毫无意义的花哨东西做什
么呢？我的爱是永无止境的……求求您了。"
最后，斯塔尔采金终于说出口了，"做我的妻
子吧！"

"德米特里·姚内奇，"叶卡捷琳娜·伊
万诺夫娜想了想，然后带着一副极其严肃的神
情说道，"我非常感激您这份情意，我也一直很
尊敬您，可是……"她站起身来，接着说，"可
是，很抱歉，我不能做您的妻子。我们还是好
好谈谈吧。德米特里·姚内奇，您也知道，我
对艺术的喜爱甚于生命中其他的一切。我疯
狂地热爱和痴迷音乐，我已把我的整个一生都
献给了它。我想成为一名演员，我想获得荣
誉、成功和自由，而您却希望我继续待在这个
城市，继续过这种空虚无趣的生活。我已经无

法再忍受这样的生活了。不，我没法做您的妻子，请您原谅！人应当去追求一个更为崇高和辉煌的目标，可家庭生活却会永远束缚我。德米特里·姚内奇(说到这时，她不经意地笑了一下，因为这个名字让她突然想起了"阿列克谢·费奥菲特拉克托维奇")，您善良、高尚、聪明，您真的非常优秀……"泪水开始在她的眼眶里打转，"我真心地同情您，可是……请您理解……"

为了不让自己哭出来，叶卡捷琳娜转身出了大厅。

斯塔尔采金那颗不安跳动的心突然平息下来。从俱乐部走上大街，他先是一把扯下脖子上的硬领结，然后深深地叹了口气。他觉得有些丢脸，觉得自尊心受到了伤害，因为他根本没料到自己会遭到拒绝，也难以相信自己的所有幻想、苦恋和希望最终竟会是如此难堪的结局，就像业余演出里的一场滑稽的小戏。他很懊恼自己的所有感觉和所付出的感情，他难过得真想大哭一场，或是抓起伞朝潘捷列蒙宽厚的背上狠狠地来一下。

一连两三天斯塔尔采金都萎靡不振，不吃不睡。当有人告诉他叶卡捷琳娜·伊万诺夫娜已经去莫斯科进了音乐学院的消息后，他的心才算彻底平静下来，生活又重新恢复了常样。

之后，当斯塔尔采金偶尔回想起自己当初在墓地徘徊或是坐着车满城借燕尾服的情景时，只会漫不经心地伸个懒腰，说："惹出多少折腾事来，真是的！"

四

四年过去了。斯塔尔采金在城里的业务相当繁重。每天早上他匆匆忙忙地在嘉利日看完病人以后，便得马上赶去城里行医。如今他坐的车已从两匹马换成挂满小铃铛的三套马车了。夜里他总要忙到很晚才能回家。他胖了，发福不少。由于害上了气喘病，他不爱走路。潘捷列蒙也胖了，可他的腰身越宽，却越发悲伤地叹气，抱怨自己命苦，说车夫的活儿太累人了。

这几年里，斯塔尔采金走访了各式各样的人家，见过了形形色色的人，但和谁都没有深交。当地居民的谈吐、生活观，甚至是长相，都能惹他生气。生活的经验渐渐告诉他，如果你只是和这些人打打牌或是吃吃喝喝，那他们都是些平和、宽容、聪明的人，可你要是和他们谈论吃喝以外的东西，比如说政治或者科学，那他们准会张口结舌，或者发一通空洞、愚浅、恶毒的评论，叫人直想拂袖离开。当斯塔尔采金甚至试图去找一些具有自由思想的人交谈，比如聊聊人类的进步，聊聊终有一日人类会取消护照和死刑时，对方也一定会斜眼瞅着他，然后将信将疑地问道："这么说来，以后可以在大

闲笔交代出斯塔尔采金不断追逐物质享受。

街上随便杀人了?"有时斯塔尔采金外出应酬,然后在茶余饭后说到人应当劳动,生活中不能缺少劳动,在场的所有人便都认为这是在指责他们,于是个个都很愤慨,没完没了地和他争论。尽管如此,城里的人还是整天无所事事、游手好闲,对什么都没有兴趣。斯塔尔采金简直想不出能和他们交流些什么,于是只得闭口不再说话,只和他们吃喝玩牌。遇上哪户人家有喜事邀他去吃饭时,他便只坐在那儿一声不吭地吃东西,眼睛也只瞧着自己的盘子。当有人在席间发表一些无聊、歪曲、愚昧的言论时,他虽感到愤怒和激动,但仍是一声不响。就因为他总是板着脸不说话,眼睛只盯着盘子看,城里人给他取了个绰号叫"傲慢的波兰人",尽管他根本就不是波兰人。

戏剧和音乐会这类娱乐活动斯塔尔采金都不参加,但他每晚却要玩两三个小时的文特牌,而且还玩得非常投入。此外,他还有一个不知不觉间形成的消遣方式,那就是每天晚上都要从口袋里把看病赚来的钱掏出来。这些黄黄绿绿的票子有的带香水味儿,有的带酸醋味儿,有的带熏香味儿,还有的带鱼油味儿。当他的各个口袋都塞得满满的时候,他能掏出70卢布呢。一旦攒上几百,他便把钱拿去信贷合作社存个活期。

在叶卡捷琳娜·伊万诺夫娜外出求学的四年里,斯塔尔采金只去过图尔金家两次,而

斯塔尔采金对城里人游手好闲、无所事事生活持轻蔑的态度,此处似乎表现他还有不同于这些人的高尚的精神追求,但接着立马写他把欣赏钱作为消遣,表明其实他并没有比这些人更为高尚。

且都是薇拉·约瑟福夫娜请他去治偏头痛。每年夏天叶卡捷琳娜·伊万诺夫娜都会回趟家看望父母，但他一次都没碰到她，每次都这么错过了。

就这样，四年过去了。突然，在一个宁静而温暖的清晨，一封信寄到了医院里。信是薇拉·约瑟福夫娜写给斯塔尔采金的，信上说她非常想念他，并请他务必去看看她，为她减轻病痛，而且今天还正好是她的生日。信的最下方附了一行字："我也和妈妈一起邀请您。科季克。"

斯塔尔采金考虑了一会儿，在傍晚时分坐车去了图尔金家。

"哎呀，您好啊！"伊万·彼得罗维奇满眼带笑地迎接斯塔尔采金，"崩茹尔杰！"[1]

薇拉·约瑟福夫娜苍老了好多，头发都白了。她握着斯塔尔采金的手，故作声势地叹了口气，说："我的大夫呀，您都不愿对我献殷勤啦。从来不到我家做客，是不是嫌我已经太老啦？不过现在回来了一位年轻的，或许她能运气好些。"

科季克瘦了、白了，但更加漂亮和匀称了。可是，这已经是叶卡捷琳娜·伊万诺夫娜，而不再是当年的科季克了，全然不再有当初的清

1　"崩茹尔"是法语"你好"的音译，"杰"是俄语里表尊称的词尾，合在一起表示"您好"的意思。这样的组合含有逗笑的意思。

新气息和孩子般稚气的神情。她的目光和言谈举止间流露出的已是一些新的神态，那是一些拘谨的、羞悔的神态，仿佛在图尔金家里她像是在做客似的。

"好久不见了啊！"叶卡捷琳娜向斯塔尔采金伸出了手。看得出，她心里很是忐忑不安。她好奇地、怔怔地瞧着他的脸，接着说，"您发福了呢！也晒黑了，更壮实了。总的来说，变化不大。"

如今，斯塔尔采金仍然喜欢着叶卡捷琳娜，非常喜欢，可他却总觉得在她身上似乎缺了点什么，抑或是多出点什么，但他一时也说不清到底是什么，而这种感觉却阻碍着他，让他没法再像当初一样去爱她。他不喜欢她苍白的脸色、新的表情、淡淡的笑容和那副嗓音，之后就连她穿的连衣裙和坐的圈椅也让他不喜欢了。想起自己过去还差点娶了她，他更是一阵不爽。四年前所有关于自己那些爱恋、幻想和希望的记忆也让他很不自在。

大家喝了茶，吃完甜点以后，薇拉·约瑟福夫娜便开始诵读自己的小说，读着那些现实生活中从不可能发生的故事。斯塔尔采金一边听着，一边望着她那头美丽的白发，只盼着她能快点儿读完。

"不会写小说的人未必愚蠢，"斯塔尔采金心想，"可写了小说却不懂得藏起来的人才叫愚蠢。"

斯塔尔采金和社交享乐的图尔金一家有隔阂，他并不能融入这样的贵族生活中，此时生活的变化令他终于有底气表达自己内心的反抗。

"真不赖啊。"伊万·彼得罗维奇说道。

随后,叶卡捷琳娜·伊万诺夫娜开始弹钢琴,弹得很是响亮,并弹了很长时间。弹完后众人久久地向她道谢,不住地赞叹她。

"幸亏当年没有娶她。"斯塔尔采金心想。

叶卡捷琳娜一直看着斯塔尔采金。很显然,她在等他邀请她去花园,可他却始终没有作声。

"我们谈谈吧。"叶卡捷琳娜走到斯塔尔采金跟前,对他说,"您过得怎样呢? 有什么新鲜事儿没? 一切都好吧? 我这些天一直在想着您。"她激动地继续说着,"我本想给您写信的,也想亲自去嘉利日看您。我都打算动身了,可后来还是打消了念头,天知道您现在对我会是什么态度了呢。我今天一直很忐忑地在等着您来。看在上帝的分儿上,我们去花园吧。"

两人去了花园,坐在了四年前那棵老枫树下的长凳上。天已经黑了。

"您到底过得怎样呢?"叶卡捷琳娜·伊万诺夫娜问道。

"一般般吧,还是老样子。"斯塔尔采金应着。

斯塔尔采金再也想不出该说些什么了,于是两个人就这么沉默了一阵。

"我此刻很激动。"叶卡捷琳娜·伊万诺夫娜说着,用双手捂住了自己的脸,"不过您不要在意。我是因为回家的感觉太好了，见到大家太开心了，所以还不太习惯。有太多美好的记忆了！我总觉得我们能一直这么不停地聊下去，一直聊到天亮。"

现在，斯塔尔采金如此近距离地看到了叶卡捷琳娜的脸，还有她那双明亮的眼睛。在这样的昏暗处，她似乎显得比屋里更年轻些，仿佛过去那些童稚的神态全都回来了。而她也的确正用一种天真而好奇的表情看着他，似乎想要更近距离地端详并了解这个曾经如此热烈、温柔而又不幸地爱过她的男人。她的眼里流露出对他这份爱情的感激。他记起了所有的一切，包括那些最琐碎的细节：他如何在墓地里徘徊，又如何在快天亮时筋疲力尽地回家。他突然觉得有些伤感，为过去的种种感到惋惜。他心里的那团火又开始燃烧起来。

"您还记得我送您去俱乐部参加晚会的事儿吗？"斯塔尔采金说道，"那天下着雨，外面非常黑……"

熊熊的火焰在斯塔尔采金心里热烈地燃烧，他想要倾诉，想要对叶卡捷琳娜抱怨生活的种种……

"唉！"斯塔尔采金叹口气说，"您问我过得如何。我们在这儿能过得怎样呢？真是不咋的啊。我们老了，胖了，也越来越不中用啦。日子就这么一天天过得飞快，生活也在悄悄流逝，没什么值得回忆的，也不再有什么想法了……白天赚钱，晚上就去俱乐部，那里全是牌迷、酒鬼和一些撕心裂肺的人，让我简直无法忍受。这样的生活谈得上什么好呢？"

"可您有工作，有崇高的生活目标啊。您过去特别喜欢聊您的医院。我那时真是个怪人啊，整天痴想着要成为一名伟大的钢琴家。现今所有小姐都在弹钢琴，我也弹，跟她们一样，已经没什么稀奇的了。我弹钢琴，就像妈妈写小说一样，不算什么大能耐。过去真的是我还不了解您，可之后在莫斯科我却经常想起您。我也只想起过您一个人。做一名地方医生，帮助大家减轻病痛，为人们服务，这是多幸福的事啊，真是太幸福了！"叶卡捷琳娜·伊万诺夫娜入神地说着，"每当我在莫斯科想到您，都觉得您是那么完美，那么崇高……"

斯塔尔采金想起自己每晚从口袋里掏出钞票，然后心满意足地数数的情景，心中的火焰顿时全部熄灭了。

斯塔尔采金站起身来，想要回屋去。叶卡捷琳娜一把抓住了他的手。

"您是我这一生所认识的最优秀的人。"叶卡捷琳娜继续说道，"我们还会再见面、再聊天的，是这样吗？请答应我吧。我根本不是什么钢琴家，我已经彻底醒悟过来了。我不会再在您面前弹琴和聊音乐了。"

进屋后，斯塔尔采金在傍晚的灯光下看着叶卡捷琳娜的脸和那双正注视着他的忧郁而

两人在爱情中的关系发生了反转，叶卡捷琳娜单纯地将斯塔尔采金理想化而变得更爱他，殊不知此时的斯塔尔采金已沦为钞票的奴隶，医生职业只是他敛财的工具。

叶卡捷琳娜·伊万诺夫娜的悲剧在于，她已然失去了音乐的梦想，开始否定曾经那个满腔热情、充满理想的自己。

充满感激和探询的眼睛，竟觉得有些不安，不禁又一次想："幸亏当年没有娶她。"

斯塔尔采金开始向大家作别。

"您可没有理由晚饭都不吃就走了呢。"伊万·彼得罗维奇边送斯塔尔采金边说，"您这态度转变太大啦。喂，快表演一个！"他冲着前厅的帕瓦说。

帕瓦不再是个小男孩，已经是个留着唇髭的年轻人了。他摆出一个可笑的姿势，举起一只手，用一种哀怨的声调说："死去吧，你这个不幸的女人！"

这一切让斯塔尔采金觉得莫名地恼火。坐在马车上，望着这座漆黑的、曾经在他眼里如此亲切而珍贵的房子和花园，他又一下子记起了过去的种种——薇拉·约瑟福夫娜的长篇小说、科季克响亮的琴声、伊万·彼得罗维奇的俏皮话，还有帕瓦那哀怨的声调。于是他想，如果全城最有才华的一家人都已是如此平庸，那这座城市还能成什么样呢？

三天后，帕瓦送来一封叶卡捷琳娜·伊万诺夫娜的信。

"您都不来看我们。这到底是为什么呢？"叶卡捷琳娜在信上写着，"我很担心您会改变对我们的看法。一想到这一点，我就很害怕。请不要让我担心吧，快来告诉我您一切都好。我必须和您谈谈。您的叶·图。"

斯塔尔采金读完信，想了想，然后对帕瓦

斯塔尔采金一边吐槽这座城市的平庸，一边也制造着平庸，这是一种双标。

说:"好小伙儿,请代我转告她,我今天很忙,没法过去。过个两三天我就去。"

然而三天过去了,一星期过去了,斯塔尔采金始终都没去。有时候路过图尔金家,他想起自己本该进去坐上一小会儿的,可转念一想……还是没有进去。

此后,斯塔尔采金再也没有去过图尔金家。

五

又过了几年。斯塔尔采金更胖了,胖得呼吸都有些困难,走路时总爱将脑袋向后仰。每当他腰粗体圆、红光满面地坐在挂满铃铛的三套马车上时,同样腰粗体圆、红光满面的潘捷列蒙也昂着肥厚的后脑勺,坐在车夫座上,伸出木棍般僵直的胳膊,迎着路人大声吆喝道:"靠右,快靠右!"这幅景象很是威风,仿佛坐在马车上的不是人,而是异教的神。斯塔尔采金在城里的业务越发繁重了,忙得连喘口气的工夫都没有。此时,他已经有一处庄园和两幢城里的房子,正在物色第三幢有利可图的房产。每当在信贷合作社听人说起哪里有房出售时,他就会毫不客气地闯进这套房里,全然不顾那些还没穿好衣服、惊恐地望着他的女人和孩子,然后走遍所有房间,用手杖挨个戳着所有的门,问:"这是书房?这是卧室?这是做什么用的?"

每当这时,斯塔尔采金总是大口喘着粗气,不住地擦拭额头上的汗水。

斯塔尔采金的事务相当多,可他仍不放弃地方医生的职位。他贪得无厌,总想两头兼顾。不管是在嘉利日,还是在城里,人们都直呼他"姚内奇"[1]。大家总会问"这个姚内奇要去哪儿?"或是"该找姚内奇来会诊么?"

可能是喉咙里有脂肪堆积,斯塔尔采金的嗓音变化很大,又细又尖。他的性格也变了很多,更加易怒和难以相处了。给病人看病时,他极容易生气,总是不耐烦地用手杖敲地板,用自己难听的嗓音叫嚷道:"回答我的问题就够了!别说那么多废话!"

斯塔尔采金一直孤身一人。生活对他来说枯燥乏味,什么都提不起他的兴趣。

生活在嘉利日的所有日子里,对科季克的爱恋是斯塔尔采金唯一的或许也是最后的快乐时光。每晚他都在俱乐部里玩文特牌,然后独自坐在一张大桌子旁用餐。这里年纪最长、也最受人敬重的服务员伊万专门服侍他,为他递上第17号拉斐特红酒。俱乐部里的所有人,包括经理、厨师和服务生,都很清楚他喜欢什么、不喜欢什么,总是尽力伺候好他,生怕他突然大发脾气,拿手杖敲打地板。

---

1 直呼父称表示一种不客气。

用餐时，斯塔尔采金经常转过身去，打断别人的谈话："你们在说什么？啊？说谁呢？"

有时候，邻桌的人会谈起图尔金一家，斯塔尔采金便问道："你们在说哪个图尔金呢？是女儿会弹钢琴的那一家吗？"

这一句回应显得冷漠无情。

关于斯塔尔采金的事情，能说的就只有这些了。

而图尔金一家呢？伊万·彼得罗维奇没怎么老，变化不大，还跟以前一样爱说俏皮话，讲各种笑话。薇拉·约瑟福夫娜依旧像以前一样热情、真挚、大方地为客人朗诵自己的小说。而科季克每天仍然要弹三四个小时的钢琴。她明显苍老了很多，经常生病，每年秋天都会和母亲一起去克里木疗养。伊万·彼得罗维奇总会送她们去火车站。当火车开动时，他便一边擦着眼泪，一边大声地喊着："再见啦！"

边喊还边挥动着手绢。

虽然图尔金一家的生活也并非高尚、有意义，但相比姚内奇，他们至少保留了对生活的热情。

【拓展延伸】
从理想到现实的坠落

北岛的散文《波兰来客》里有这样的名句:"那时我们有梦,关于文学,关于爱情,关于穿越世界的旅行。如今我们深夜饮酒,杯子碰到一起,都是梦破碎的声音。"这几句常被人们用来形容人生从理想到现实的坠落。

契诃夫的小说《姚内奇》写的便是这样一个从理想坠入现实的故事。小说写一个地方医生姚内奇结识了图尔金一家,图尔金一家经常在家举行慈善演出活动,妻子朗诵自己写的小说,女儿叶卡捷琳娜·伊万诺夫娜弹钢琴,过着上流社会的生活。姚内奇贪图他们的嫁妆,向图尔金女儿表白,叶卡捷琳娜·伊万诺夫娜拥有成为音乐家的梦想,认为世俗婚姻会成为羁绊,拒绝了姚内奇。姚内奇此后在物质的欲望中越陷越深。叶卡捷琳娜·伊万诺夫娜求学归来后发现自己曾经梦想的幼稚,转变了对姚内奇的态度,认为他拥有治病救人的高尚工作,是完美的人。然而此时姚内奇已经彻底沦丧人生的追求,只贪图现实利益,对生活失去兴趣,他们最终分道扬镳。

契诃夫很多作品都旨在揭示人的庸俗堕落。这篇小说的特殊之处在于,契诃夫用可视化的笔法具体地展现了一个初出茅庐走上工作岗位的热忱青年是如何日渐走向堕落的,相比堕落的结果,堕落的过程更耐人寻味。只有还原一个人真实的生活情境,才能让读者理解他变化的原点,给人更真实的启示。

姚内奇并不是一开始就是彻底堕落腐化的。小说中写他收到叶卡捷琳娜·伊万诺夫娜给他写的去墓地见的条子，他信以为真，真的去墓地等待。此时他在爱情的感召下是愿意相信罗曼蒂克的——

> 本来也是啊，谁会大半夜地跑到这儿来呢？可斯塔尔采金还是等着，月光似乎也正温暖着他的内心。他热情地等着，想象着那些接吻和拥抱的情景……他还是情不自禁地想要大声呼喊，说他渴望爱情，并会不顾一切地等待爱情。

这样的姚内奇还是带有奋不顾身的热切和纯真的，但是他未等到心上人到来。人性的复杂在姚内奇身上也体现出来，他的市侩和算计，渴望通过娶图尔金的女儿来获得丰厚的嫁妆，实现人生的飞跃，此时的他有爱情的渴望，也有物质的渴望。当爱情破灭之后，他的人生便只剩下对物质的追求，再无寄托了。

姚内奇这个形象的复杂还在于，他是个看似自命不凡、清高的人，他看不起周围人的庸俗，认为他们空洞肤浅，缺乏内在思想，他也看不起城里人的无所事事，认为人应该劳动。这似乎是他区别于周围人更进步的体现，然而并非如此，姚内奇自身也没有什么深刻的思想。他确实是在不断地劳动实现人生价值，然而他并不懂得劳动的意义究竟是什么。当他全身心都以逐利作为自己的目标时，他的人生早已失去了现实中更重要的价值。他认为自己与众不同，其实也只是现实利益的趋附者。

由此，我们看到契诃夫在这篇小说中揭示了两种不同的人生堕落方式：一种是图尔金一家人无所事事、游手好闲，本城

"最有才能的"家庭其实是平庸而无才的；一种是像姚内奇这种虽然在劳动，却不知劳动的真正意义。这两种方式的堕落其实不存在本质的区别。

小说中的叶卡捷琳娜·伊万诺夫娜虽然转变后认识到劳动的人更伟大，但她的天真单纯吞噬了她，不仅放弃了原先音乐家的梦想，也并未找到改变生活的新方式，仍然只能寄托于他人，生活停滞在原地。

契诃夫时常会在小说中套入"小说中的小说"来起到重要的揭示、映衬、对比作用。这篇小说里图尔金的妻子朗诵自己写的小说，她笔下的小说写一个年轻漂亮的伯爵小姐在自己的村子里开办学校、医院和图书馆，还爱上了一个流浪的画家。这个故事完全与现实背道而驰，可以说他们在幻想中实现着生活的崇高，而在现实中仅仅通过慈善活动来连接社会。小说、艺术这些不过是他们包装自己、自欺欺人的虚伪的方式。

小说的结局，契诃夫还是展现了他的温情。图尔金一家重复着多年不变的生活，仍然保有热情，似乎与冷漠、丧失人情的姚内奇形成对比。然而相比渐行渐远的姚内奇，日复一日地沉陷在生活中的图尔金一家，又何尝不是一种从理想到现实的坠落呢？

若联系契诃夫生平来看，他从物质的清贫到最后实现写作谋生的富足，这一路走来，并未丧失掉自己的内在纯粹，他是个行医的作家，而且常常义务行医治病救人。小说中的姚内奇和现实中的契诃夫，可谓是鲜明的对比了。功成名就之路上，人们容易变成"姚内奇"，但我们仍希望有更多的人可以成为"契诃夫"！

新娘

一

已是晚上十点左右，一轮满月照耀着花园。舒明家里，祖母玛尔法·米哈依洛夫娜吩咐做的晚祷刚刚结束，娜佳便赶紧去花园溜达一小会儿。在花园里，她看到，大厅中已摆好桌子，放上冷盘；穿着一身华丽丝裙的祖母正在厅里忙活着；教堂大司祭安德烈神甫正和自己母亲尼娜·伊万诺夫娜说着什么，隔窗望去，母亲在夜色下不知为何竟显得如此年轻；安德烈神甫的儿子安德烈·安德烈伊奇站在一旁，专注地听着他们的谈话。

花园里凉爽而寂静，只有一团团黑影静静地躺在地上。依稀可以听到青蛙的叫声，像是从很远很远的城外传进来一般。到处都洋溢着五月的气息。哦，可爱的五月！要是你深深地呼口气，你一定会想，自己此刻已不是在这儿，而是在另一片天空下，在那一排排的树木上方，在那遥远的城外，在那田野和树林里。春天的生命正在这里展开，神秘而又美丽，富

契诃夫很擅长写景营造氛围，小说开场通过娜佳的视角，写景从视觉到听觉再到嗅觉，呈现了万物"神秘而又美丽，富饶而又神圣"的静谧环境，由实转虚，一下子延展了小说的空间。娜佳来到花园透气，想象远方的自由，这些人物内心的"出走"都为接下来的情节做了铺垫。

饶而又神圣。一切的一切都是软弱而有罪的人所无法领会到的。不知怎么地，真想哭上那么一场。

娜佳已经23岁了。在她还只有16岁的时候，她就一心盼着想要嫁人，如今她终于成为安德烈·安德烈伊奇，也就是那个正站在窗户后面的人的未婚妻。她喜欢他，婚礼的日子也定好了，就在7月7日，可是，娜佳却怎么也高兴不起来。她整夜整夜地睡不好觉，再也快活不起来……地下室的厨房里，人们正在忙碌着。时不时地会有菜刀的当当声和滑门的砰砰声从那扇敞开的窗户里传出，还会飘来烤火鸡和醋渍樱桃的气味。不知为何，她总觉得生活就将永远这样过下去了，不再有变化，也看不到尽头！

此处交代了新娘内心的波澜，婚礼前对未来的恐惧。

这时有人从房子里走出来，站在台阶上。这是亚历山大·季莫费伊奇，或者简称萨沙。他是十来天前从莫斯科来的客人。很久以前，祖母的远房亲戚玛莉娅·彼得罗夫娜常来家里请求周济。这是个贵族出身的寡妇，身材瘦小，总是面带病容。萨沙就是她的儿子。不知为何，人们在提起他的时候，总说他是个出色的画家。她母亲过世以后，娜佳的祖母为了能使自己的灵魂超升，便把他送到莫斯科的柯米萨罗夫斯基学校读书，大约两年后又把他转去了绘画学校。他在那里一待就是15年，最后才勉强从建筑系毕业。可他毕业后并没有从事

寥寥数语，萨沙的形象便呼之欲出——身体羸弱，被人评价为出色的画家。不过从这句话我们可以判断，他也许并非真正出色。

建筑工作,而是在莫斯科一家石印厂做事。基本上每年夏天,尤其是他病重的时候,他都会来娜佳的祖母家住上一阵儿,调养一下身子。

萨沙今天穿了件带扣子的常礼服和一条洗旧了的帆布裤。他的裤腿下面都已磨破,衬衫也没烫过,整个人一副无精打采的样子。他很瘦,眼睛大大的,指甲细长,留着胡子,肤色偏黑,但总的来说还是挺清秀的。他在舒明家已经待得很习惯了,就像在自己家里一样。他把这里的人都当成亲人一般看待。就连他在这儿住的房间都早就被称作萨沙的房间了。

此刻,萨沙站在台阶上,看到了娜佳,便朝她走了过去。

"你们这儿可真好啊。"萨沙说道。

"我们这儿当然好啦。要不您就在我们这儿待到秋天再走吧。"

"嗯,应该是这样吧。我应该会待到九月份的。"

萨沙没来由地笑了起来,然后坐到了娜佳身边。

"我正坐在这儿瞧妈妈呢。"娜佳说,"从这个角度看过去,她可真年轻啊!我妈妈嘛,当然也是有不足的。"她沉默了一会儿,又补充道,"不过总的来说她还是算得上一个与众不同的女人。"

"嗯,她是挺好的……"萨沙同意道,"您的母亲就其本性来说,当然是个很善良很可爱的女人，不过……该怎么跟你说呢？今天一大早，我去了趟你们家的厨房，当时有四个女仆就直接睡在那儿的地板上，没有床，也没有被褥。她们盖的都是些破破烂烂的玩意儿，发着难闻的气味，还有好多臭虫和蟑螂……这跟我20年前看到的一点儿变化都没有。唉，奶奶呢，愿上帝保佑她吧，她毕竟是个老太太了，已经不管事儿了，可您母亲多半会说法语，还会演戏。想来她应该是明白的呀。"

萨沙说话的时候，总喜欢把两根又细又长的手指伸到对方跟前去。

"这里的一切都有点怪怪的，让人看不惯。"萨沙接着说，"鬼才知道为什么，这里的人什么都不做。您母亲就只顾着整天这么走来走去的，像个公爵夫人，您的祖母也是什么都不做，包括您也是。还有您那个未婚夫安德烈·安德烈伊奇，同样无所事事。"

萨沙看不惯此处的一成不变以及人们的无所事事。

娜佳去年听到过萨沙说同样的话，好像前年也听到过。她知道，萨沙一开口就总是这一套。以前她觉得这些话很可笑，可现在不知怎么地，她却变得沮丧起来。

"您总是这一套，我早就听厌烦了。"娜佳说着站起身来，"您就不能想出点新鲜的话吗？"

萨沙笑了起来，也起身站起来，两个人一起朝正房走去。娜佳高挑漂亮，身材匀称，如今走在萨沙旁边，更是显得很健康，衣服也华丽不少。她自己也感觉到了这一点，于是有些同情起他来，整个人也变得局促不少。

"您总喜欢讲废话。"娜佳说，"您刚才还说了我的安德烈，可您根本就不了解他。"

"'我的安德烈'……天啊，去你的安德烈吧！我真替您的青春感到惋惜啊。"

当两人走进大厅时，大家都已坐下开始吃晚饭了。祖母，或者按照家里人的称呼——奶奶，是个又胖又不好看的女人，眉毛很浓，还有点唇髭，说话时嗓门特大，从她的音量和说话的口气就知道她是这个家的一家之主。市场上好几排商铺，加上这幢带圆柱和花园的老房子，都是归在她名下的。她每天都要做晨祷，求上帝保佑她不要破产，经常做着做着就泪流满面了。她的儿媳妇，也就是娜佳的母亲尼娜·伊万诺夫娜，生着浅色头发，腰身束得很紧，戴着pince-nez，每个手指上都戴着钻石戒指。神甫安德烈是个清瘦的老头，牙齿都掉光了，看他脸上的表情，总感觉他像要说点什么很可笑的事情似的。他的儿子安德烈·安德烈伊奇，也就是娜佳的未婚夫，英俊健壮，一头鬈发，很像是一名演员或画家。此刻，他们三人正在谈论催眠术。

"你在我这儿住上一个星期就能把身子养好了。"奶奶对着萨沙说，"记得要多吃点儿。看你都瘦得像什么样儿了！"她叹了口气，"你这个样子太吓人了！真的都快成个浪子了。"

这个细节体现了娜佳母亲的庸俗。

"挥霍掉父亲赠予的全部财产。"神甫安德烈眼里带笑,慢吞吞地说,"就只好跟不通人性的牲口一起过活……"[1]

"我很喜欢我爹爹。"安德烈·安德烈伊奇碰了碰父亲的肩膀说,"他是个既可爱又善良的老人。"

所有人都不说话了。萨沙突然笑起来,用餐巾捂住了嘴。

"这么说来,您也相信催眠术咯?"神甫安德烈问尼娜·伊万诺夫娜。

"我不能确定我是否相信。"尼娜·伊万诺夫娜的神情变得严肃起来,甚至有点严厉,"但我得承认,自然界中确实有很多不可知、也无法解释的现象。"

"我完全同意您的观点,不过我还得补充一点,宗教信仰为我们大大缩小了神秘的领域。"

这时,有人端上来一只很肥的大火鸡。神甫安德烈和尼娜·伊万诺夫娜还在继续讨论着他们的话题。尼娜·伊万诺夫娜手上的钻石戒指闪闪发光,她眼里也是泪光闪烁,她开始激动起来。

"尽管我不敢和您争论,"尼娜·伊万诺夫娜说,"但您不得不承认,在生活中确实有很多解不开的谜!"

1　浪子的故事可参阅《圣经·路加福音》第15章。

"一个都没有,我敢向您保证。"

晚饭后,安德烈·安德烈伊奇拉起了小提琴,尼娜·伊万诺夫娜弹钢琴为他伴奏。十年前他在一所大学的语文系毕了业,可他从来没有做过事,也没有固定工作,只是偶尔参加一些慈善音乐会。在城里,人们都叫他演员。

安德烈·安德烈伊奇演奏着,所有人都安静地听着。桌上的茶炊轻声地沸腾,只有萨沙一个人在喝茶。之后,当钟敲了12下,提琴的一根弦突然断掉了,大家都笑了起来,接着就忙着作别,回房休息了。

送走未婚夫以后,娜佳走上楼。现在她和母亲住楼上,祖母住楼下。楼下的大厅里,仆人把灯熄了,可萨沙仍旧坐在那里喝茶。他总要喝很长时间的茶,像莫斯科人那样,一次要喝上七杯。娜佳脱掉衣服,躺上了床,但很久都还能听到女仆在楼下收拾东西,祖母在楼下发着火……最后,一切终于安静了下来,只偶尔听得见萨沙在楼下自己的房间里传出的低沉的咳嗽声。

二

娜佳一觉醒来,才凌晨两点左右。天已开始微微发亮。远处传来更夫敲梆的声音。娜佳不想再继续睡了,整个人躺得软绵绵的,一

注意为何娜佳会认为她的未婚夫庸俗,此处有影射。

点儿都不舒服。于是，她坐了起来，开始想心事。整个五月份，她每天夜里都是这么过来的。可她现在所想的还是跟昨晚一模一样，还是那么单调乏味，毫无意义，令人生厌。她满脑子想着安德烈·安德烈伊奇当初是如何向她献殷勤，又是如何向她求婚，而她自己又是如何应诺了，并开始一点点地喜欢上这个善良而聪明的人。可是现在不知怎的，一想到离婚期只剩下不过一个月的时间了，她就开始感到害怕和不安，感到某种不确定和沉重感。

"梆——笃，梆——笃……"更夫懒懒地敲着梆子，"梆——笃……"

透过古旧的大窗户，可以看到外面的花园。远处是正在盛开的繁茂的丁香花丛，花儿们似乎还沉浸在睡意之中，被冻得有点打蔫儿。白色的浓雾静静地游弋在花丛之上，想要把它们统统遮盖起来。更远些的树林中，睡眼蒙眬的白嘴鸦在大声地啼叫。

"老天哪，我怎么心情这么沉重啊？"

或许每个新娘在婚礼之前都会有同样的感受吧。谁知道呢！又或是受了萨沙的影响？可萨沙这几年来一直在不停地重复着同样的话，像在背文章似的，而且他说话时候的样子总是那么天真又古怪。可脑子里为什么一直对萨沙挥之不去呢？为什么？

更夫早已不再敲梆。窗外的花园里，鸟儿开始叽叽喳喳地叫起来，雾渐渐退去，四周

新娘心情是沉重的，环境也营造出无精打采、沉重之感。

238

一片春意盎然的景象。很快,在阳光的爱抚之下,整个花园开始焕发生机。树叶上的露珠像钻石般晶莹闪烁。这个早已荒芜的古老花园,在这样一个清晨里,显得如此充满生气、光彩动人。

奶奶也醒了。萨沙正在粗声粗气地咳嗽。楼下传来茶炊和椅子的挪动声。

时间过得好慢。娜佳都已起来,在花园里散了很久的步,却连早上都还没过完。

之后,母亲泪眼蒙蒙地端着一杯矿泉水出来了。她最近都在研究招魂术和顺势疗法。她读了很多这些方面的书,也老爱跟人谈起自己的疑惑。可这一切在娜佳看来,都是那么的神秘而又深奥。此刻,娜佳吻了一下母亲,跟她并排走着。

"妈妈,你怎么哭了?"娜佳问道。

"昨晚我读了一夜的小说,里面讲的是一个老头和他女儿的故事。老头在一个地方当差,他的上司爱上了他的女儿。我还没读完呢,但有个地方让我忍不住地掉眼泪。"母亲呷了口杯子里的水,"今天早上我又回想起书里的那个情节,就又掉起眼泪来。"

"我这些天都过得很不开心。"娜佳沉默了一会儿,然后说,"我为什么每天夜里都睡不着呢?"

"亲爱的,我也不知道呢。通常我夜里睡不着觉时,就会把眼睛紧紧地闭上,喏,就像

娜佳的母亲是个沉浸于小说虚幻之中的女性。

这样闭着，然后在脑子里勾画出安娜·卡列尼娜[1]的模样，想象她的步态和说话的样子，或者想象古代历史上的什么事件……"

娜佳发现母亲并不了解她，也不可能了解她。这是她生平第一次有这样的感觉。她突然感到好害怕，想要躲起来。于是她回到自己的房间。

下午两点，大家坐到一起吃午饭。今天是星期三，是斋戒日，因此仆人只给奶奶送上了素的红甜菜汤和鳊鱼粥。

为了逗逗奶奶，萨沙既喝了荤汤，也喝了素的甜菜汤。他总爱在午饭时间说一些笑话，可他那些笑话说得一点儿都不巧妙，还总带着训诫的意味，因此一点儿都不好笑。他在说俏皮话之前，总爱将自己那细长得像死人一样的手指抬得高高的，让人觉得他似乎已经病得很重，并将不久于人世了。每当这个时候，大家总会为他难过到流泪。

午饭后，奶奶回屋休息了。母亲弹了一会儿钢琴，也离开了。

"唉，可爱的娜佳。"萨沙又开始了他午饭后惯常的闲谈，"你要是能听我的话就好了！就好了啊！"

娜佳闭上眼睛，将身子深深地陷进老式圈椅里，萨沙则轻声地在房间里踱来踱去。

娜佳发现了自己和母亲存在巨大的精神鸿沟，这是其认识到母亲庸俗，不再迷信母亲，进而心灵醒悟的重要体现。

1　托尔斯泰小说《安娜·卡列尼娜》中的女主人公。

"你要是能出去读书该有多好!"萨沙说道,"只有受过教育的、圣洁的人才是有意思的,才是为这个社会所需要的。要知道,这样的人越多,人间的天国才会来得越快。到那时,城市将会慢慢地被彻底摧毁,一切都会像被施了魔法一般,发生天翻地覆的变化。到那时,这里将出现无数宏伟的、最为富丽堂皇的楼房,还有美丽的花园、神奇的喷泉,以及优秀的人们……但这些都还不是最主要的。最主要的是,到那时,像现在这种样子的人们将不复存在,因为每个人都将有信仰,每个人都将知道自己的生活目标,每个人都无须再到人群中去寻求支持。亲爱的姑娘,走吧! 去向所有人表明,你已经厌倦了这种停滞不前、灰色阴暗的生活。哪怕是向自己表明这一点也好啊!"

萨沙描绘的理想生活确实具有蛊惑性,正好切中了娜佳婚前对未来一成不变生活的恐惧。

"不行的,萨沙。我都快要出嫁了。"

"唉,得了吧! 你偏要结什么婚呢?"

两人走进花园,散了一会儿步。

"亲爱的娜佳,无论如何你都应该再好好想想。你应该明白,你们现在这种游手好闲的生活是不干净、不道德的。"萨沙接着说,"你该明白,要是你和你母亲以及奶奶什么事儿都不做的话,就意味着别人要为你们做得更多。你们这是在吞噬别人的生活啊。难道这不是肮脏而可耻的吗?"

萨沙清醒地认识到附庸式生活的可耻,否定游手好闲、无所事事的人生,认为人生只有通过读书接受教育才能真正有所改变。

娜佳很想说"是啊,确实是这样的",还想

说她其实什么都明白，可是除了眼泪在眼眶里打转，她却突然什么都说不出来了。她感到心里一阵发紧，匆匆回屋去了。

傍晚时分，安德烈·安德烈伊奇来了。他像往常一样拉了很久的小提琴。他通常都不怎么说话，只喜欢拉琴，可能是因为只有在拉琴的时候才可以让他不用说话吧。到了晚上十一点，他穿好大衣，准备回家。他拥抱娜佳，贪婪地吻着她的脸、肩头和手。

"亲爱的，我可爱的美人儿！……"安德烈·安德烈伊奇喃喃地念着，"啊，我真是太幸福了！我快活得想要发疯了！"

娜佳觉得自己好像很久以前听到过这些话，肯定是很久很久以前了，又或许只是在哪儿读到过它们……在一本破旧的、早已扔掉了的长篇小说里读到过。

大厅里，萨沙正坐在桌边喝茶。他用五根长长的手指托着一个小茶杯。奶奶在摆牌阵。母亲在读书。油灯里的火苗不时地噼啪作响，一切都显得那么安静而祥和。娜佳和大家道了晚安，便上楼回了屋。她躺下后没多久便睡着了。可天刚蒙蒙亮，她却又像前一晚一样醒过来，就再也不想睡了。她感觉自己心里躁动不安、很是沉重。她就这么坐着，把头伏在膝盖上，想起了未婚夫和自己的婚事……不知为何她还想起了母亲并不爱已故的丈夫，想起母亲现在一无所有，完全只能依赖自己的婆婆，也就是奶奶过活。娜佳想来想去，都还是想不明白，自己之前为何一直认为母亲是个很特别、很与众不同的人，为何没发现母亲其实就是个平凡、普通，还有些不幸的女人。

娜佳的母亲是个爱读书的人，在娜佳眼中却仍是个平凡、普通、不幸的人，为何她不能如萨沙所言通过读书改变自己的人生呢？

　　萨沙还没有睡觉，楼下传来他的咳嗽声。娜佳心想，这真是一个既古怪又天真的人啊。他那些关于美丽花园和奇异喷泉的幻想，都是那么的荒诞。可是不知为什么在他的天真里，甚至在他的荒诞中，却又有那么多美好的东西存在，让她一想到要不要出去读书，就会感觉到有阵阵凉意沁入她的整个心胸，使她随即一阵快乐和兴奋。

　　"最好别去想，最好别去想……"娜佳小声说，"不该去想这些的。"

　　"梆——笃……"更夫在远处打着更，"梆——笃……梆——笃……"

打更的环境描写每次出现，都将人的思绪引向远处，是娜佳在胡思乱想中对远处未知生活的渴望。

三

　　到了六月中旬，萨沙突然感到烦闷，便打算回莫斯科。

　　"我在这个城市待不下去了。"萨沙忧郁地说，"这里既没有自来水，也没有下水道！我一吃饭就觉得反胃，因为厨房里实在是脏得无法忍受……"

　　"你就再等一等吧，浪子！"奶奶小声劝道，"7号就是婚礼了！"

"我可不想参加。"

"你本来不是打算要在我们这儿住到九月份的吗!"

"可我现在不想待那么久了。我要回去工作!"

这年夏天潮湿而阴凉。树木都湿漉漉的，花园里的一切看上去都显得那么无精打采、令人不悦，这也实在使人想要找点儿事做。楼上楼下的房间里传出各种陌生女人的声音，奶奶房里的缝纫机也响个不停，大家都在为娜佳赶制嫁妆。光是皮衣就为娜佳准备了六件，听奶奶说，其中最便宜的一件都花了300卢布呢!大家的忙碌让萨沙很是恼火，他整日在自己房间里生着闷气，但大家还是一个劲儿地劝他再待一段日子，他答应7月1日之前不会走。

时间过得真快，一转眼就到了圣彼得节[1]。那天午后，安德烈·安德烈伊奇和娜佳一道去了莫斯科大街，想要再看看那幢老早就已租下，准备给这对新婚夫妇居住的房子。这是一幢两层楼的房子，目前只有楼上一层已经装修完毕。大厅里，上了漆的镶木地板透亮透亮的。钢琴、小提琴乐谱架，以及几把维也纳式的椅子都还散发着油漆味儿。墙上挂着一幅很大的镶有金边的油画，画面上是一个裸体女人，身旁有一只断了把的紫色花瓶。

1　东正教节日，在俄历的6月29日。

"真是一幅杰作啊!"安德烈·安德烈伊奇叹了口气,由衷地赞叹道,"这是画家希什玛切夫斯基的作品。"

大厅后面就是客厅,里面摆有圆桌、沙发和几把套着鲜蓝色布罩的圈椅。沙发上面挂着安德烈神甫头戴法冠、身佩勋章的大幅照片。接着两人进了餐厅,然后到了卧室。光线微弱的卧室里并排放着两张床,似乎人们在布置卧室时,就已断定一切都会很美满,不可能有任何意外发生。安德烈·安德烈伊奇带着娜佳逐个参观每个房间,并时刻搂着她的腰,可她却感觉自己软弱而心怀愧意,她憎恶这些房间、床和圈椅,连那个裸体女人也让她倍感恶心。她心里很清楚,她已经不爱安德烈·安德烈伊奇了,或许她从来就没有爱过他,可是这一切要如何说、对谁说,又为何要说呢? 她想不明白,也不可能明白,尽管她整日整夜地想着这些……他搂着她的腰,说话时一副甜蜜、殷勤而又幸福的样子,在自己的寓所里走来走去。可在她看来,一切都如此庸俗,一种愚蠢、幼稚、让人无法忍受的庸俗,就连他那只搂着她腰的手也让她觉得像根又硬又冰的铁箍。她每分每秒都想逃离,想痛哭一场以后,从窗台跳下去。安德烈·安德烈伊奇带她进了浴室,碰了一下安装在墙上的水龙头,水便立即流了出来。

"怎么样?"安德烈·安德烈伊奇笑着说,

意识觉醒后的娜佳与未婚夫更加格格不入。

"我吩咐他们在阁楼上安了一个大水箱,里面能盛100桶水,我们以后就能用上自来水啦。"

最后,两人穿过院子,来到街上,叫了辆马车。尘土四处飞扬,好像快要下雨了。

"你冷不冷?"安德烈·安德烈伊奇问道,飞起来的尘土让他把眼睛眯成了一条缝。

娜佳没有作声。

"你还记得吗,昨天萨沙指责我整天无所事事。"沉默片刻,安德烈·安德烈伊奇开口说道,"他确实说得没错!完全正确!我确实什么都不做,也什么都不会做。亲爱的,这是为什么呢?为什么我一想到将来有一天要让我戴上帽徽出去做事,我就心生抵触呢?为什么我一看到那些律师、拉丁语教员或者市参议员,我就浑身不自在呢?哦,俄罗斯,我的母亲啊!你的肩上还承载着多少这般游手好闲、一无是处的人啊!有多少像我这样的人压在你身上,让你受尽苦难啊!"

安德烈·安德烈伊奇总结着自己如何无所事事,并认为这就是这个时代的特征。

"等完婚以后,"安德烈·安德烈伊奇接着说,"我们就一起到乡下去。亲爱的,我们到那儿工作去!我们买块不怎么大的地儿,有花园和河流的,然后我们就在那儿一起劳动、一起领略生活……哦,那将是多么美好啊!"

安德烈·安德烈伊奇摘下帽子,头发被风吹得飘了起来。娜佳听他说着,心里却在想:

安德烈·安德烈伊奇意识到自身游手好闲的病症,却耽于幻想,不愿改变。

"老天啊,我想回家!老天!"都差不多快到家了,他们才赶上安德烈神甫。

"啊,父亲也来啦!"安德烈·安德烈伊奇高兴地挥动着帽子,"我爱我的爹爹,真的。"他边说话边付掉了马车钱,"真是个又善良又可爱的老头啊。"

娜佳闷闷不乐地进了屋。一想到整个晚上她都得笑脸相迎地接待客人,都得听到小提琴的声音和各种各样的废话,还只能跟别人谈论婚礼的事儿,她就感觉身体很不舒服。奶奶坐在茶炊旁边,穿着一身华丽的绸裙,神情傲慢,目空一切,她在客人面前总是这副模样。安德烈神甫也走了进来,带着一脸狡黠的笑容。

"看到贵体安康,我倍感欣慰。"安德烈神甫对奶奶说。很难分得清楚,他是在开玩笑,还是说正经的。

四

风儿发出呼呼的叫声,不时敲打着窗户和房顶。家神[1]在炉子里哼着忧郁而哀怨的小歌。已是午夜十二点多。大家都已躺下,却还没有睡着。娜佳总觉得楼下有人在拉小提琴。突然传来一声响亮的撞击声,大概是一块护窗

幽怨的氛围为下文人物内心的幽怨做了铺垫。

1　斯拉夫信仰中的家园守护神。

板掉下来了。尼娜·伊万诺夫娜随即走了进来,她穿着一件衬衫,手里端着蜡烛。

"什么东西在响,娜佳?"尼娜·伊万诺夫娜问道。

母亲将头发扎成了一条辫子,脸上露出胆怯的笑容。在这个风雨交加的夜晚,她瞬间显得老了、丑了,也变得更矮了。娜佳想到自己不久前还认为母亲是与众不同的,还总是充满自豪地聆听母亲说出的话,可现在她却一句也想不起来母亲说过什么了。记忆中的一切已是那么苍白无力。

炉子里嗡嗡作响,像是几个男低音在小声地吟唱,甚至能听到"唉,我的老天啊!"的叹息。娜佳坐在床上,忽然开始狠命地抓扯自己的头发,然后号啕大哭起来。

"妈妈,妈妈。"娜佳说,"我亲爱的妈妈,你要是能知道我到底怎么了该有多好啊! 求你了,妈妈,我哀求你,让我出去吧! 求你了!"

"去哪儿?"尼娜·伊万诺夫娜不解地问道,也坐到了床上,"你要去哪儿啊?"

娜佳哭了很久,一句话都说不出来。

"请你让我离开这座城市吧!"娜佳终于说了出来,"我不该结这个婚,也不会去参加婚礼的——这点你要明白! 我不爱这个人……我甚至不愿意谈论这个人。"

"不,亲爱的,不。"尼娜·伊万诺夫娜被吓坏了,赶紧说,"你先让自己的心情平静一点

娜佳对母亲从曾经的崇拜到现在认识到她的平庸,这背后有娜佳自己观念的转变。

248

儿，你说这些只是因为现在心情不好，这种情绪很快就会过去的。这些都是很正常的。你多半是和安德烈拌嘴啦。小两口吵吵架，不过是找点乐子而已嘛。"

"唉，你走吧，妈妈，走吧!"娜佳又大声地哭开了。

"也是啊。"尼娜·伊万诺夫娜沉默了一小会儿，然后说，"以前你还只是个小孩子、小姑娘，现在都已经快成新娘啦。自然界中的事物总在发生着永恒的变化。不知不觉中，你自己也会当上母亲，也要变成老太婆。你也会有一个固执而任性的女儿，就像我现在有你一样。"

"亲爱的妈妈，善良的妈妈，你虽然聪明，却又很不幸。"娜佳说，"你真的太不幸了，你干吗要说些这么庸俗的话呢? 上帝啊，这是为什么?"

尼娜·伊万诺夫娜本想再说点什么，却一个字都吐不出来了，只得啜泣着回了自己房间。炉子里的男低音又开始低声地吟唱起来，那声音突然变得很可怕。娜佳从床上跳了起来，快速冲进了母亲的房间。尼娜·伊万诺夫娜正泪流满面地躺在床上，身上盖着蓝色的被子，双手捧着本书。

"妈妈，你听我说!"娜佳说道，"求你了，好好想想，好好领会一下我说的话吧! 你只要明白，我们现在的生活是多么渺小和琐碎。我现在终于睁开双眼了，我现在什么都已经看明白了。安德烈·安德烈伊奇算什么呢？他一点儿都不聪明，妈妈！上帝啊！你要明白啊，妈妈，他很愚蠢！"

尼娜·伊万诺夫娜猛地坐了起来。

"你和你奶奶都来折磨我！"尼娜·伊万诺夫娜哽咽着说，"我要生活！我要生活！"她说着，拿拳头捶了两下自己的胸膛，"给我自由！我还年轻，我要生活，可你们都已经把我变成了老太婆！……"

母亲痛苦地哭泣着，躺进被子，将自己蜷缩成一团，显得是那么弱小、可怜而又愚蠢。娜佳回到自己房间，穿上衣服，坐到窗边，等待天亮。她一整夜都坐在那儿想着心事。院子里不知什么人一直在不停地敲着护窗板，还吹着口哨。

第二天早上，奶奶埋怨着花园里的风刮了一晚，把所有苹果都吹落了，还刮断了一棵老李树。天色灰暗阴沉、毫无生气，让人想要点起灯来。大家都在抱怨天气太凉，还有雨点老把窗户敲得作响。喝完茶以后，娜佳去找萨沙了。她一句话也不说，只是在墙角一张圈椅旁跪下来，双手捂面。

"你怎么了？"萨沙问道。

"我没法……"娜佳开口了，"我之前都是怎么在这里活下来的啊，我真是不明白，我真是没法理解！我现在蔑视我的未婚夫，蔑视我自己，蔑视这种游手好闲、毫无意义和价值的生活……"

"哦,哦……"萨沙应着,还没明白过来发生了什么事情,"这没什么啊……这挺好的。"

"这种生活让我厌倦了。"娜佳接着说,"我在这儿一天都待不下去了。我明天就想离开这里。您带我一起走吧,就当看在上帝的分儿上!"

萨沙诧异地盯着娜佳看了一会儿,终于明白过来怎么回事儿,然后像个小孩子一般乐了起来。他挥起双手,用鞋踩着步子,高兴得像要跳起舞来。

"真是太棒了!"萨沙搓着手说,"天啊,这真是太好啦!"

娜佳睁着一双充满爱慕的大眼睛,像着了魔似的直直望着萨沙,等着他立即说出一些具有重大意义的、无比重要的话来。当他还什么都没来得及说出的时候,她就已经感觉到,在她面前已经展现出一片全新的广阔天地,这是一片她以前并不知晓的天地。此刻,她正充满期待地望着这片天地,并做好了一切准备,就算是死也在所不惜。

"我明天就走。"萨沙想了想说,"到时候您去火车站送我……我先把您的行李装进我的箱子里,我会帮您买好票,等站台上的第三道铃拉响的时候,您就上车,然后我们一起走。您先送我到莫斯科,然后您再一个人去彼得堡。您有身份证吗?"

改变生活的决心为娜佳注入了希望,跳出生活的泥潭,拥有未知精彩的人生是充盈的。

251

"有的。"

"我发誓，您一定不会遗憾，更不会后悔今天的决定。"萨沙入神地说，"走吧，出去读书去，然后让命运指引您该走的方向。当您改变了自己的生活，一切就会随之发生彻底变化的。最主要的是，改变您的生活。其他的就都不重要了。那么，我们就说好了明天一块儿走？"

"嗯，是的！看在上帝的分儿上！"

娜佳本以为自己会异常地激动和不安，内心会前所未有地沉重，直到出发前都会伤心难过、苦苦思索，可是没想到她刚一上楼进屋，躺上床去，就立马睡着了，而且睡得很沉，脸上挂着泪痕和笑容，一觉睡到傍晚。

五

马车已经叫好了，娜佳也已戴好帽子，穿好大衣。她走上楼去，想要再看一次母亲和自己的所有东西。在自己的房间里，她就这么站在还带着余温的床边，怔怔地看了一会儿，然后静静地走向母亲的房间。尼娜·伊万诺夫娜还在睡觉，屋里很安静。娜佳吻了一下母亲，理了理她的头发，又起身站了一两分钟……之后，便不慌不忙地回到楼下。

外面下起了大雨。停在门口的马车已经支起了顶篷，整个儿都淋湿了。

"娜佳,你跟他一个位子坐不下。"当女仆们开始往车上放行李时,奶奶说,"这种天气你都还想去送吗?!你就待在家里吧。瞧这雨都下成这样啦!"

娜佳想要说点什么,却没能说出口。萨沙将她扶上车坐好,拿一条方格毛毯盖在她腿上,自己则挤在她旁边坐下了。

"一路平安!愿上帝赐福给你!"奶奶站在台阶上喊道,"萨沙,你要记得从莫斯科写信过来啊!"

"知道啦。再见,奶奶!"

"求圣母保佑你!"

"唉,这鬼天气!"萨沙说道。

娜佳此刻只是不住地啜泣。如今,她心里已经很清楚,她这次是真的走定了,而之前和奶奶作别时,还有去见妈妈时,她都仍然不敢相信自己真会就这么走了。再见了,故乡的城市!她的脑海里突然记起了一切:安德烈和他的父亲、新的寓所、裸体女人和那个花瓶……所有这一切已不再使她害怕和沉重,而是变得越发幼稚和渺小,然后被她远远地甩在了后面。两人进车厢坐下,火车开动的那一刻,过去那些漫长却沉闷的生活,全都缩成了一个小团。在他们面前展开的已是宏伟而广阔的未来,这些是她在之前所未察觉到的。雨点敲打着车窗,从车厢里望出去,只看得到绿色的田野、一闪而过的电线杆和电线上的鸟儿。一股快乐感突然压得她喘不过气来——她正走向自由，她要出去读书，去过那种很久以前人们口中的"外出去当哥萨克"式的生活。她笑一阵儿，又哭一阵儿，不停地祈祷……

"这就好了！"萨沙得意地笑着说，"这就好了！"

六

秋天过去了，接着冬天也过去了。娜佳已经非常想家了，天天想着母亲和奶奶，还有萨沙。家里来信的语气慢慢变得平和、友善，看来一切都已得到宽恕，甚至被大家遗忘了。五月份的考试结束以后，越来越健康和开朗的娜佳开始准备回家了。途经莫斯科时，她去和萨沙见了一面。他还是跟去年夏天一个样——胡子拉碴，头发蓬乱，还是穿着那件常礼服和那条帆布裤，眼睛依旧又大又好看。只是他看起来不太精神，好像正受着病痛的折磨。他老了，瘦了，一个劲儿地咳嗽。不知为什么他在娜佳眼里已经变得平庸而土气了。

"我的天哪，娜佳来啦！"萨沙开心地笑着，"我亲爱的姑娘！"

两人在石印厂坐了一会儿。那儿烟味儿很重，油墨和油漆的气味也直呛鼻子。之后，他们又去了萨沙的房间，那儿仍然有一股很重

此处提示新生活确实让娜佳越来越好。

娜佳视野变宽，不再是原先那个沉沦于平庸生活中的娜佳，她看待萨沙的态度也发生了变化，认为他变得平庸而土气。

254

的烟味儿，痰吐得到处都是。桌上，冷却的茶炊旁边放着一个用黑纸盖上的破碟子。桌上和地板上全是苍蝇的尸体。可以看出，萨沙的个人生活相当马虎和邋遢，得过且过，他似乎非常蔑视舒适安逸的生活。要是谁跟他聊他的个人幸福和私人生活，或是谈别人对他的爱慕，他会无法理解，并一笑了之的。

"还不错，一切都挺顺利的。"娜佳慌忙说，"妈妈秋天的时候来过一趟彼得堡，说奶奶已经不生我的气了，只是会经常进我的房间，在墙上画十字。"

萨沙看起来很开心，但咳得厉害，说话时带着颤音。娜佳一直很仔细地观察他，但仍没法看得出，他是真的生病了，还是仅仅是自己的感觉而已。

"萨沙，亲爱的萨沙。"娜佳说，"您肯定是生病了！"

"不，没什么。有点小毛病，但不严重……"

"唉，天哪。"娜佳激动起来，"您干吗不去治病呢？您怎么一点儿都不爱惜自己的健康呢？亲爱的萨沙，可爱的萨沙。"她说着，眼泪涌了出来。不知怎的，她脑子里突然闪现出了安德烈·安德烈伊奇，还有那个裸体女人和花瓶，以及过去那些在现在看来已是遥不可及的、像是停留在童年时代的一切又一切。她之所以流泪，还因为萨沙已经不再像去年那么新奇、聪明和有趣了。"亲爱的萨沙，您真的病得

萨沙对世俗物质生活并不看重。这里我们可以感受到他确实不在意外在生活，更关注内心的感受。不过这种割裂是否必要呢？

255

很重很重。我不知道自己能做些什么，好让您不会那么苍白和消瘦。我最应该感激的人就是您啊！您可能连自己都想象不到，您帮了我多大一个忙啊，我的好萨沙！实际上，您现在才是我最亲切、最贴近的人。"

两人就这么坐着聊了一会儿天。如今，当娜佳在彼得堡过完一个冬天以后，她只觉得萨沙，以及他的笑容，还有他整个人，都无不散发出一种死气沉沉的陈腐气息，像是气数已尽，即将走入坟墓一般。

"我后天要去伏尔加河。"萨沙说，"然后去喝马奶酒[1]。我想喝马奶酒。我一个朋友会带着他的妻子与我同行。他的妻子是一个非常好的人，我一直在鼓动她，劝她去读书。我想要改变她的生活。"

萨沙渴望影响他人，此处与鼓励娜佳是同样的方式。

聊了一阵以后，两人便去了火车站。萨沙请娜佳喝茶、吃苹果。当火车开动的时候，他微笑着挥动手帕。从他的脚步都能看得出，他真的病得很重，可能活不太久了。

中午，娜佳回到了故乡的城市。在她从火车站回家的路上，她觉得街道都好宽敞，可房子却都变得好矮小。街上没有人，只碰到一个穿棕色大衣的德国钢琴调音师。所有房子都似乎布满了尘土。奶奶完全老了，可还跟以前一样又丑又胖。她抓住娜佳的双手，将脸

1　高加索一带流行用马奶酒治疗肺结核。

靠在她的肩头,不住地哭泣,舍不得松手。尼娜·伊万诺夫娜苍老得很厉害,模样也变得不好看了,全身都很消瘦,可还跟以前一样将腰身束得很紧,手指上的几颗钻石戒指闪闪发光。

"宝贝儿!"尼娜·伊万诺夫娜叫了起来,浑身都在颤抖,"我亲爱的宝贝儿!"

之后,大家坐了下来,都轻声地啜泣着。很显然,奶奶和妈妈都感到过去的生活早已一去不复返,早已无可挽回了——没有了社会地位,没有了昔日的荣誉,也没有了请客聚会的权利。就像是一家人本过着轻松惬意、无忧无虑的生活,突然一天夜里,警察闯了进来,在家里一阵搜查,原来是这家的主人盗用公款,还伪造证据,于是这种轻松惬意、无忧无虑的生活便永远一去不复返了!

娜佳走上楼去,看到一切都还是老样子——自己睡过的床,窗上挂着的素雅的白窗帘,还有窗外那个沐浴着阳光、欢快喧闹的花园。她摸了摸自己的桌子和床,坐下来,想了一会儿心事。她吃了顿很丰富的午餐,还喝了浓香可口的奶茶,可她却总感到缺了点什么,觉得屋子里空荡荡的,天花板也显得那么低矮。晚上,她躺上床,盖上被子,却不知为何竟觉得自己躺在这张温暖而又如此柔软的床上很是可笑。

尼娜·伊万诺夫娜进来坐了一会儿。她

此处有娜佳回不去且隔阂的旧日生活。

坐在那里,像犯了错似的,畏畏缩缩,左顾右盼。

"嗯,感觉怎样,娜佳?"尼娜·伊万诺夫娜沉默了一会儿,开口问道,"满意吗?非常满意吗?"

"挺满意的,妈妈。"

尼娜·伊万诺夫娜站了起来,在娜佳身上和窗户上画十字。

"你瞧,我现在都开始信教啦。"尼娜·伊万诺夫娜说,"你知道吗,我现在正研究哲学,我总是在不停地想啊,想啊……如今对我来说很多问题都已经变得明朗了,就像白昼一样。首先,我觉得,整个生活都应当如同透过三棱镜那样度过。"

"妈妈,奶奶的身子还好吧?"

"好像还行。你和萨沙一起走了以后,奶奶刚读完你发来的电报就倒在地上了,三天没有动弹一下。之后就整日地祷告上帝、伤心流泪。不过现在已经没什么了。"

尼娜·伊万诺夫娜再次站起来,在房间里走动了一会儿。

"梆——笃……"更夫在打更,"梆——笃,梆——笃……"

"首先呢,整个生活都应当如同透过三棱镜那样度过。"尼娜·伊万诺夫娜说,"换句话说,我们应当在意识中将生活分成很多最为简单的成分,就像分出七种基本颜色一样,然后我们应当分别去研究每一种成分。"

尼娜·伊万诺夫娜后面还说过些什么，又是什么时候离开的，娜佳已经全然不知了，因为她很快就睡着了。

五月过去，六月到来了。娜佳已经习惯家里的生活。奶奶成天在茶炊旁边忙活着，发出深深的叹息声。尼娜·伊万诺夫娜每晚都在谈论自己研究的哲学。在这个家里，母亲依旧还像食客一般生活，花一分一毫都得去找奶奶要。家里到处都是苍蝇，屋里的天花板似乎变得越来越低矮了。奶奶和尼娜·伊万诺夫娜都不怎么出门，怕会撞见安德烈神甫和安德烈·安德烈伊奇。娜佳走在花园里，走在马路上，看着四周的房子和灰色的围墙，感觉这个城市的所有东西都早已老化和陈腐，正在等待着灭亡，或是等待新鲜的、年轻的东西注入。哦，要是那种全新的、清朗的生活能早点到来该有多好！到那时，人们就能够勇敢地正视自己的命运，意识到自己是对的，然后做一个快乐而自由的人！那样的生活迟早会到来的！到那时，奶奶家里就不再会是这样的景况，四个女仆也无须再因没有住处，而只得一同挤在地下室的一个肮脏的房间里。到那时，这幢老房子将不复存在，被人遗忘，不再记起。如今，同娜佳逗乐的就只有邻院的几个小男孩了，当她在花园里散步时，他们就会敲着围墙，哄笑着逗她："新娘子！新娘子！"

萨沙从萨拉托夫寄来了信。他用欢快的、

母女的对话仍然并不相通，互不理解。

此处是小说写出来的小孩子的哄笑，我们可以想象冰山一角后面那些没有写出来的世俗对娜佳这个逃婚"新娘子"的嘲讽。

259

有些潦草的笔迹写道，他的伏尔加河之行很顺利，但在萨拉托夫生了点小病，嗓子哑了，已经在医院躺了两个星期了。娜佳心里明白这意味着什么。一种近似确信的预感笼罩着她。可这种预感和有关萨沙的念头已不再让她像以前那样激动不安了，这让她感到很沮丧。她强烈地想要生活，想要回彼得堡去。跟萨沙的交往虽然让人感到亲切，却都是极其遥远的过去了！她整晚都没睡，一大早就坐在窗边，凝神听着楼下的动静。果然，楼下有声音传来，好像是奶奶在急切而慌乱地询问着什么。之后有人哭了起来……当娜佳走下楼去的时候，奶奶正站在墙角祈祷，她的脸上全是泪痕。桌上放着一封电报。

娜佳在房间里久久地踱着步子，听着奶奶的哭泣声，之后有人拿起电报念了起来。电报上说，亚历山大·季莫费伊奇，简称萨沙，于昨天早晨因肺结核在萨拉托夫病逝。

奶奶和母亲当即就到教堂安排祭祷去了，而娜佳依旧在房间里久久踱步，想着心事。她清楚地意识到自己的生活正如萨沙所希望的那样，已经彻底改变了。她在这里感到格格不入、孤单多余，这里的一切对她来说也已成为累赘。她已同过去的一切一刀两断。它们全都消失得无影无踪，像是被焚毁了一般，连灰烬都已被风带走。她走进萨沙的房间，站在那儿。

"永别了，亲爱的萨沙！"娜佳心里默念

道。在她面前出现的是一种宽广辽阔的新生活。这种生活虽然还不甚明晰，还充满着神秘，但吸引着她，召唤着她。

娜佳回到楼上房间开始收拾行李，然后第二天一大早便跟亲人们作别，生气勃勃、兴高采烈地离开了这座城市——大概永远都不会再回来了。

这个结尾可以跟沈从文《边城》的最后一句"这个人也许永远不回来了，也许明天回来"，放在一起对比思考。沈从文留下的是开放式结局，而契诃夫留下的是对未来的热烈拥抱。

【拓展延伸】
文学中"出走"的女性形象

文学史上有两个经典的"出走"的女性形象,一个是易卜生《玩偶之家》里的娜拉,一个鲁迅《伤逝》中的子君。易卜生"只负责提出问题,不负责回答问题",没有回答娜拉出走后又会发生什么样的变化;而鲁迅通过子君最终被现实生活埋葬了爱情来告诉读者,出走的结局悲惨沦落,并非正确的出路。契诃夫的《新娘》这篇小说则塑造了另一种令人充满希望的"出走"的女性形象。

小说写一个看似生活无忧、风平浪静的贵族小姐娜佳在结婚前夕陷入了心灵的自省,对眼前富贵但庸俗的生活产生怀疑,质疑生活的意义。借住在她家的没落贵族子弟萨沙劝她去接受教育,改变命运。娜佳看穿了未婚夫的浅薄、庸俗和母亲的平庸,厌倦了一眼可以看到尽头的未来生活,最终选择勇敢地放弃婚约,出逃读书。新生活令她更为开朗,一切充满力量。这样敢于打破原有安逸生活、追求未知新生的出走女性,着实令人敬佩。

你敢放下安稳的生活,不顾一切去追逐自己渴望的新生活吗?毛姆在《月亮和六便士》里也写过类似的主题,但思特里克兰德这个形象带有成为画家的艺术浪漫化的色彩,而契诃夫笔下的娜佳是挣扎在生活中的普通人。

小说中其他值得注意的形象是娜佳的母亲、奶奶这些同样是女性的形象。娜佳的奶奶总是穿着华贵的衣服,拥有大量房产，每天祈祷上帝保佑自己不要失去财产，困于庸俗的物质生活中。娜佳的母亲相比奶奶是个思想更进步的女性，她每天读小说，会说法语，会演戏。这些细节看似都体现出她更为前卫的一面，但是她更像是因为困于物质上对婆家的依附，在现实中被束缚住，所以才寻求小说式的浪漫来聊以慰藉，她仍然是个庸俗的人，"每个手指上都戴着钻石戒指"，研究招魂术和顺势疗法，谈论类似"催眠术"这样的话题。她是个现实的屈服者，只能物质上依附，精神上耽于幻想。

如果娜佳选择接受婚姻，母亲的命运便是她这一生可以预见的命运。所以小说中娜佳很重要的一个转变是从认为母亲与众不同到认识到自己母亲的庸俗普通。这是对其依恋的"精神母体"的打破，也是其出走的前提。

萨沙这个形象也在小说中起到非常重要的作用。读者一开始读到萨沙鼓励娜佳出走并带她一起离开这样的情节，可能容易产生误解，难道契诃夫要写一个爱情故事？其实不然，这篇小说虽然题目是"新娘"，但主题却与爱情本身并无多大关系。契诃夫反而在小说中通过展现娜佳发现未婚夫的庸俗无聊从而放弃婚约，娜佳的母亲也不爱自己死去的丈夫，展现出爱情庸俗、桎梏、无意义的一面。契诃夫不是在写爱情这个传统的小主题，而是在写人生的追求这个关乎每个人内心的大主题。

小说有个理解的难点在于，萨沙是启示娜佳出走的精神导师，可为何娜佳最后反而认为萨沙平庸陈腐、死气沉沉呢？萨沙的形象是羸弱病态的，与娜佳的阳光健康完全不同，萨沙虽然带领娜佳走出了原有的生活状态，但是他自己其实并未能更好地改变自己的生活。他的追求仅仅是：鼓励另一个女性出走去追求知识。这虽然也是有意义的，但是都是对别人人生的影响，他自身因为身患肺病，并不能拥有健康的体魄去实现自己更多的抱负、追求了。娜佳看到了他身上的局限性，当她的视野被打开之后，天地宇宙更大，她现在的精神境界已经超越萨沙了，必然会看到曾经导师身上的平庸，正如当初认识到自己母亲的普通平庸一样。

小说最后娜佳返乡放到我们今天的社会中，就是一个在大城市生活的大龄未婚女青年回到落后的故乡的遭遇。不过契诃夫这里略写了她可能遭遇的恶意，而是详写娜佳内心的成长——

> 娜佳走在花园里，走在马路上，看着四周的房子和灰色的围墙，感觉这个城市的所有东西都早已老化和陈腐，正在等待着灭亡，或是等待新鲜的、年轻的东西注入。哦，要是那种全新的、清朗的生活能早点到来该有多好！到那时，人们就能够勇敢地正视自己的命运，意识到自己是对的，然后做一个快乐而自由的人！那样的生活迟早会到来的！

娜佳的健康不仅表现在与萨沙不同的身体上，更体现在蓬勃朝气、破旧革新、积极勇敢的内在心灵中。这是每一个追寻未来美好新生活的人所需具备的可贵品质。翻译家姜椿芳评价说："契诃夫在死前所写的最后一篇小说《新娘》，把人们追求幸福美好未来的热望表现得更清楚了。"

作家肖复兴谈及自己初读《新娘》的感受时说："（1975年）正是处于一个新旧交替的时代……我们都渴望着新的生活的到来，鱼死网破，是那时我们所有人和时代共同的心理状态……娜佳没有一点儿少女的缠绵，没有一丝对以往的伤感留恋。她敢于向自己的母亲宣战,而且敢于向自己的老师、自己'顶亲近的人'宣战。娜佳形象的美,正在于此。"

小说中的"新娘"不仅是娜佳原本即将步入婚姻的身份意义上的"新",更是她敢于质疑,敢于与过去决裂奔赴新生的精神追求之"新"。

小说中有几句非常动人的话,直到今天读来,仍可以激发起我们内心的勇气和力量——

> 因为每个人都将有信仰,每个人都将知道自己的生活目标,每个人都无须再到人群中去寻求支持。亲爱的姑娘,走吧!去向所有人表明,你已经厌倦了这种停滞不前、灰色阴暗的生活。哪怕是向自己表明这一点也好啊!

即便娜佳之后的命运是未知的,但是她已经不仅"向自己表明",也"向所有人表明":打破厌倦,开启新生,本身便是更好的未来。这便是她"出走"的最大意义。

俄国文学家叶尔帕季耶夫斯基在回忆录中写道:"《新娘》里响起一种对契诃夫来说是新的而不是阴郁的调子。对我来说,事情很明白,契诃夫的整个心情,他对生活的艺术认识有了转变,他的艺术创作开始了一个新的时期。"

《新娘》发表于1903年12月,1904年契诃夫便溘然长逝。这篇小说算是契诃夫写于生命尽头的重要小说。以这样明亮的小说作为整个创作的收尾,这是契诃夫给我们留下的温暖和力量。

跳来跳去的女人

一

奥莉加·伊万诺夫娜的所有朋友和熟人都来参加她的婚礼了。

"你们快瞧瞧他,还是有点儿与众不同的地方吧?"奥莉加·伊万诺夫娜边朝丈夫点点头,边对自己的朋友说,似乎是想解释一下,她为什么会嫁给这么一个极其寻常普通、根本不出众的男人。

奥莉加·伊万诺夫娜的丈夫,奥西普·斯捷潘内奇·戴莫夫是一名医生,官居九等,现任职于两家医院——在其中一家是编外主任医师,在另一家做解剖师。每天早上九点到中午,他给门诊病人看病、巡查病房,午后便搭公共马车去另一家医院解剖病人尸体。他自己还接点私活儿,但钱不多,一年就挣500卢布。如此而已。此外,关于他就没什么可说的了。可是,奥莉加·伊万诺夫娜和她的朋友、熟人们却都是些极不寻常的人儿。他们个个都有出众的才能,并都已小有名气。有的已经

契诃夫自己便是一名医生,对这类人群较为熟悉。

一略一详,名不见经传的医生戴莫夫和热衷社交、名声在外的奥莉加·伊万诺夫娜形成鲜明对比,为小说下文这两人的婚姻制造出戏剧感。

出名，被大家视为名流；有的虽尚未成名，却也有着灿烂的前程。有个剧院演员，早已是公认的伟大天才，不仅是个优雅、聪明、谦恭的男子，还是个出色的朗诵家，经常教奥莉加·伊万诺夫娜诵读；有个歌剧家，是个心地善良的胖子，经常叹着气想要说服奥莉加·伊万诺夫娜，说她如今正毁着自己，如果她能勤奋一些并有自控能力的话，将来一定会成为杰出的女歌手；还有几个画家，其中为首的叫里亚博夫斯基，是名风俗画家、动物画家和风景画家，还是个年轻俊朗的浅发男子，25岁左右，已成功举办过几次画展，最近的一幅画卖了500卢布，他经常帮奥莉加·伊万诺夫娜修改画稿，说她将来极可能有所成就；另外还有个大提琴手，他的琴声总是幽婉哽咽，似在哭泣，他曾公开承认，在他认识的所有女人当中，只有奥莉加·伊万诺夫娜一个人能为他伴奏；此外，还有一个文学家，虽然年纪轻轻，但已成名，写过很多中篇小说、剧本和短篇小说。接下来还该有谁呢？哦，还有瓦西里·瓦西里伊奇，一个贵族、地主、业余的插画家和装饰画家，深受古俄罗斯风格、史诗和民谣的影响，能在纸上、瓷器上和熏黑的碗碟上创造出各种传奇。这群逍遥自在、深受命运宠爱的艺术家们，虽说都是文雅谦和之人，但也只有在生病时才会想得起医生的存在。对于他们来说，戴莫夫这个姓氏与什么西朵罗夫或者塔拉索夫毫无区别。

在他们中间，戴莫夫显得陌生、多余和矮小，尽管他本人其实是个肩膀宽厚的高个儿男子。在他们眼里，他仿佛穿的是别人的礼服，留的是店员才会留的胡子。如果他是个作家或者艺术家，那他的胡子估计能让人联想到左拉[1]。

那个演员对奥莉加·伊万诺夫娜说，她那漂亮的结婚礼服配上她亚麻色的头发，真像一棵春天里开满娇嫩白花的、婀娜多姿的樱桃树。

"不，您听我说。"奥莉加·伊万诺夫娜挽住那演员的胳膊，对他说道，"这件事到底是怎么发生的。您听我说，听我说呀……我得告诉您，我父亲和戴莫夫在同一家医院任职。当我那可怜的父亲病倒以后，戴莫夫没日没夜地守在他床边。这是一种怎样的自我牺牲精神啊！您听我说呀，里亚博夫斯基……哎，作家，听听这事儿多有意思。凑近一点儿啊。这真是一种伟大的自我牺牲和真心实意的关怀啊！我也一连几夜没睡觉，一直守着父亲，忽然间，真是了不得啊，我就这么征服了那小伙子的心！我的戴莫夫就这么神魂颠倒地落入了情网。命运真是太奇妙了。我父亲病逝以后，他仍然时不时地来看我，我们有时还会在大街上碰到。后来，在一天晚上他就突然冷不丁地向我求婚了……简直像雪山压顶般……

1　左拉(1840—1902)，法国著名作家。

我哭了一个晚上,自个儿也没头没脑地陷入了爱河。我就这么成了他的妻子。你们瞧啊,他是不是相当强壮、有力,像熊一样?他现在有四分之三的脸都是对着我们的,不过光线不好,等他完全转过来的时候,你们瞧瞧他的额头。里亚博夫斯基,您说说看,那脑门儿怎样呢?哎,戴莫夫,我们正说你呢!"她向丈夫叫道,"到这边来。把你那真诚的手伸给里亚博夫斯基……嗯,就是这样。你们做个朋友吧!"

戴莫夫友善而憨厚地微笑着,把手伸向了里亚博夫斯基,说道:"很高兴认识您。我当年有个同班毕业的同学也姓里亚博夫斯基,该不会是您的亲戚吧?"

这句玩笑再次体现出戴莫夫医生在人群中的普通。

二

奥莉加·伊万诺夫娜时年22岁,戴莫夫31岁。两人婚后的小日子过得挺不错的。奥莉加·伊万诺夫娜把客厅的所有墙壁都挂满了自己和别人的画稿,有镶框的,也有不带框的。她在钢琴和家具旁边布置了一个漂亮的小角落,摆上了中国的小花伞、画架、五颜六色的小布条、短剑、半身雕像和照片……她将饭厅的墙壁糊上了略显俗气的画片,挂上了树皮鞋和镰刀,还在屋角放上大镰刀和草耙,于是整个饭厅便充满了俄罗斯风情。为了让卧室具有岩穴特色,她将天花板和墙壁都钉上黑绒布，在两张床的顶上各挂一盏威尼斯式样的灯，还在门边摆了个手持斧钺的雕塑。大家都说这对年轻的小夫妇有一个相当可爱的小窝。

奥莉加·伊万诺夫娜每天都睡到中午十一点才起床。起来后就弹弹钢琴，要是碰到出太阳的天气，便画会儿油画。到了十二点多钟，她就坐车去找自己的女裁缝。她和戴莫夫的钱不算太多，通常只够过日子，因此为了经常能有新裙子穿，并以此引人注目，她和她的女裁缝不得不想尽各种办法。她们经常将染上色的裙子配以不值钱的零头轻纱、花边、长毛绒和绸缎等，奇迹般地做成迷人的物什。那简直不再是衣服，而像是梦幻。从女裁缝家里出来以后，奥莉加·伊万诺夫娜通常会赶去某个熟识的女演员家，打听一下剧院新闻，并顺便弄几张新剧首演或纪念性义演的戏票。出了女演员家，她又得坐车去某个画家的画室，或是去参加画展。接着，再去拜访某位名流，邀请对方来家里做客，或是去回拜，或者就纯粹去聊聊天。她到处都能受到愉快而友好的欢迎，大家都夸她是一个漂亮、可爱、罕有的女人……那些她嘴里的名流和伟人都把她当作自家人或是同行看待，并异口同声地预言她只要能够不分散注意力，那么以她的才华、品位和智慧，将来必会大有成就。她唱歌、弹钢琴、画油画、雕刻，还参加各种业余演出，样样都颇具才气。不论是扎个彩灯，还是梳妆打扮，或

奥莉加·伊万诺夫娜"跳来跳去"首先表现在她的兴趣不专一，看似很多领域都涉猎，但其实并非真正才华横溢。因为下面马上称其最突出的方面在于善于迅速结识名流。

是系个领带，她都做得很有艺术感，优雅又不失可爱。不过，将她的才能体现得最为突出的一方面还要算她非常善于迅速地结识名流，并很快就能和他们熟络起来。只要有人稍微有点名气，并且刚刚开始引起大家的议论，她就立马去拜访那人，然后当天就能跟对方交上朋友，并邀请他来家里做客。每次结识一个新的名人，她都像过节一般欢喜。她崇拜名人，为他们骄傲，还夜夜梦到他们。她渴望认识名人，并且这种渴望怎么都得不到满足。旧的名人离开了，为人们所遗忘，新的立刻就接替他们。她很快就能适应这样的新旧交替，然后又对新人腻烦，于是便开始寻找更新的名人。她就这么不停地找啊，找到以后又找。她这样到底是为了什么呢？

下午四点多钟奥莉加·伊万诺夫娜会在家和丈夫共进午餐。他的朴实、理性和善良总能让她感动和兴奋。她时不时地会突然跳起来，一把抱住他的头，不住地吻他。

"戴莫夫，你是如此聪明和高尚。"奥莉加·伊万诺夫娜说道，"可你还是有一个挺大的缺点，那就是你对艺术完全不感兴趣。你否定音乐和绘画。"

"我确实不懂它们。"戴莫夫温和地说，"我一直都在从事自然科学和医学，根本没有精力再去关注艺术。"

"可是，戴莫夫，这是相当可怕的！"

"跳来跳去"的第二种表现在于奥莉加·伊万诺夫娜总是在新旧名流之中跳来跳去，不断厌倦，不断寻找。

"为什么这么说呢？你的朋友也不懂自然科学和医学，可你并没有因此而责备他们啊。人各有所长。我虽然不懂风景画和歌剧，但我会这样想：如果一批聪明的人愿意将毕生都献给它们，而另外一批聪明的人又甘愿花大价钱买下它们，那就说明它们一定是有用处的。我不了解它们，但并不代表我否定它们。"

"来，让我握一下你那诚实的手！"

午饭后，奥莉加·伊万诺夫娜就又出门拜访熟人去了，然后再去剧院或是参加音乐会，直到半夜才回家。这就是她每天的生活。

每周三奥莉加·伊万诺夫娜都会在家里举办晚会。晚会上，她和客人们既不打牌也不跳舞，而是进行各种艺术消遣。话剧演员朗诵，歌剧演员唱歌，画家在纪念册上作画（这样的纪念册奥莉加·伊万诺夫娜有好多），大提琴手演奏，奥莉加·伊万诺夫娜自己也不闲下，画画、雕刻、唱歌，还伴奏。在朗诵、演奏和唱歌的间歇，大家便谈论文学、戏剧和绘画，经常还会因此而争执起来。晚会从不邀请女人，因为在奥莉加·伊万诺夫娜眼里，除了女演员和她的女裁缝以外，所有女人都是无聊和庸俗的。每次晚会上，当门铃响起时，她都先是吃上一惊，然后面露得意地说："哦，是他！"她嘴里的"他"指的便是一个应邀而来的新名人。戴莫夫通常不待在客厅里，也没人会想得起他的存在。不过一到晚上十一点半，通往饭厅的门就会打开，

戴莫夫医生非常温和、真诚，不虚伪夸饰。

然后戴莫夫总会带着他那友善而温和的微笑，搓着手说："先生们，请吃点儿东西吧。"

于是，大家便纷纷涌进饭厅。每次桌上的东西都是一样的———一盘牡蛎、一块火腿或小牛肉、几个沙丁鱼罐头，还有奶酪、鱼子酱、蘑菇、一瓶伏特加和两瓶葡萄酒。

"我亲爱的 maître d'hôtel [1]，"奥莉加·伊万诺夫娜开心得直拍手，"你真是太棒啦！先生们，快看他的额头呀！嘿，戴莫夫，侧过脸来。先生们，快瞧瞧，他的脸多像孟加拉虎，可他那善良和可爱劲儿又像只小鹿。哎，我的宝贝儿！"

客人们边吃东西，边瞅瞅戴莫夫，心想："确实是个不错的人。"不过很快大家便把他忘了，又接着聊起了戏剧、音乐和绘画。

这对年轻夫妇生活得十分幸福和顺当。不过，在他们蜜月结束后的第三个星期还是出了个不太圆满的，甚至让人有些悲伤的小插曲。原来戴莫夫在医院感染上了丹毒，在床上躺了六天，还不得不将他那头漂亮的黑发剃光了。奥莉加·伊万诺夫娜坐在他床边，伤心地流着眼泪。不过等他稍微有所好转的时候，她便用一块白头巾将他的光头包起来，然后把他打扮成一个贝陀因人 [2] 并画了下来。于是，两

此处体现戴莫夫医生善良但作为隐形人一般的存在。

1　法语，意为"管家"。
2　沙漠地带以游牧为生的阿拉伯人。

273

人就又快活起来了。可当他康复以后，刚回医院工作没两天，又出了新的岔子。

"亲爱的，我真倒霉。"一天饭后，戴莫夫说，"我今天做了四次解剖，不小心割破了两根指头，回家以后才发现。"

奥莉加·伊万诺夫娜吓得不行，而戴莫夫只是笑着说，不是什么大事儿，他做解剖时经常划破手。

"亲爱的，我一专注起来，却反而容易大意。"

奥莉加·伊万诺夫娜担心戴莫夫患上败血症，就天天夜里为他做祷告，但好在一切都顺顺当当地过去了。他们又重新过上了相安无事、无忧无虑的幸福生活。眼前的一切都是美好的。春天的脚步也日益临近了，它正在远处微笑，许下万千欢乐。幸福永无尽头！在四月、五月和六月，他们可以住到远离市区的别墅里去，在那儿散步、写生、钓鱼，听夜莺唱歌。之后，从七月到深秋，画家们会去伏尔加河旅行，而奥莉加·伊万诺夫娜自然是其中必不可少的成员。她已经用麻布为自己缝好了两身行囊，还买了路上用的颜料、画笔、画布和新的调色板。里亚博夫斯基几乎每天都会到家里来帮她看看她的绘画有没有什么新的长进。每当她把画递给他看时，他总是将手深深地插进衣兜里，紧紧地咬住嘴唇，然后哼哼鼻子说："嗯……这朵云正在叫唤呢，它没被画成夕阳下那种光线。前景都被嚼碎了，您明白吗，有些地方，不是那种感觉……您的小木屋被压得透不过气来啦，正在悲惨地呻吟呢……这个墙角应该再画得暗一些。不过总的来说，还是不错的……我很欣赏。"

里亚博夫斯基说话越是晦涩难懂，奥莉加·伊万诺夫娜却越是听得明白。

三

在圣灵降临节[1]的第二天，午饭后戴莫夫买了些小菜和水果，便坐车去别墅看望妻子。他已有两个星期没和妻子见面了，非常想念她。下火车以后，他又饿又累地在偌大的一片树林里寻找着自家的别墅，真希望待会儿能歇下来跟妻子共进晚餐，然后美美地睡上一觉。他看着自己带来的那包东西，心里喜滋滋的，那里面可装着鱼子酱、奶酪和鲑鱼呢。

当戴莫夫终于找到并认出自家别墅时，太阳都快下山了。老女仆告诉他，太太不在家，可能很快就会回来。这别墅的样子极难看，低矮的天花板上糊着写过字的纸，已经开缝的地板很不平整。屋内有三个房间，一间放着床，另一间的椅子上和窗台上乱扔着画布、画笔、脏纸和男人的衣帽，第三间里有三个陌生的男

奥莉加·伊万诺夫娜并非真正追求雅趣和艺术的审美，而是追求在晦涩中附庸风雅。

戴莫夫获得满足感的方式非常简单，鱼子酱、奶酪和鲑鱼，这是一个活在现实中的务实的男人。

1　东正教节日，在复活节后第50天。

子,其中两个长着黑发、留着胡子,还有一个胖胖的,脸刮得很光,看样子应该是个演员。桌上的茶炊已经烧开了。

"您有什么事儿吗?"那演员冷眼打量着戴莫夫,并用很低沉的声音问道,"您找奥莉加·伊万诺夫娜?请等一下,她很快就回来。"

戴莫夫便坐下来等着。其中一个黑发男子睡眼惺忪地、懒洋洋地瞧着他,边给自己倒上杯茶,边问道:"您要来一杯吗?"

戴莫夫又渴又饿,但为了不破坏自己的胃口,他还是拒绝了要茶。很快他就听到有脚步声和熟悉的笑声传来。门砰的一声响,奥莉加·伊万诺夫娜跑进屋来。她戴着顶宽边草帽,手里提着箱子。而兴高采烈、满面红光的里亚博夫斯基则跟在她后面,手里拿了把大伞和一张折叠椅。

"戴莫夫!"奥莉加·伊万诺夫娜惊声叫道,高兴得涨红了脸,"戴莫夫!"她又叫了一声,把头和双手都靠在了他的胸脯上,"真是你啊!你怎么这么久都不来看我?为什么?为什么?"

"亲爱的,我哪有时间啊?我一直都很忙,好不容易空闲点的时候,又没有合适的火车班次。"

"不过看到你真是太开心了!我每晚都梦到你,生怕你又生病了。哎呀,你不知道你有多可爱,你来得正是时候!你简直就是我的救星啊。现在只有你可以救我啦！明天这儿将有场别开生面的婚礼。"奥莉加·伊万诺夫娜接着说，笑嘻嘻地替丈夫系好领带，"车站上一个叫奇克里捷耶夫的年轻电报员明天结婚，是个帅小伙儿，脑袋瓜也不笨，脸上带着股刚强的、熊一般的神气……可以把他画成一个年轻的瓦兰人[1]。住在别墅里的所有人都对他挺感兴趣的，全都答应要去参加他的婚礼……那人没什么钱，孤独胆小。我要是不关心他，会有罪恶感的。你快想象一下啊，做完礼拜就开始举行婚礼，婚礼仪式结束后大伙儿又从教堂步行去新娘家……你可知道，青葱的树林里，鸟儿在歌唱，阳光洒在草地上，我们打扮得花花绿绿的，在鲜绿背景的衬托下，全都成了别致的斑点，这多有法国印象派的味道啊。可话说回来，戴莫夫，我该穿什么去教堂呢？"奥莉加·伊万诺夫娜说着，做出一副哭相，"我这儿什么都没有，真的是什么都没有！没有裙子，没有花，没有手套……你可得救救我啊。既然你刚好来这儿了，就说明一定是命运安排你来救的。亲爱的，把钥匙拿好，回家去帮我从衣柜里把我那条粉红色的裙子取来吧。你知道我说的是哪条，就是挂在最前面的那条……然后在储藏室的右边地板上，你会看到两个硬纸盒。你打

1　古俄罗斯人对古代北欧日耳曼人的称呼。

开上面那个，里面全是各种各样的花边和碎料，这些东西底下放着我的花。你可得小心拿那些花，别把它们弄坏了。亲爱的，把花都取过来，回头我再挑一下……再帮我买副手套吧。"

"好的。"戴莫夫说，"我明天就回去给你取来。"

"明天怎么行啊？"奥莉加·伊万诺夫娜吃惊地望着戴莫夫问道，"你明天怎么来得及啊？明天的第一趟火车是九点发车，可婚礼十一点就开始了。不行，亲爱的，一定要今天取，也必须是今天！要是明天你来不了的话，就找个人送来也行。好啦，快走吧……有趟客车马上就要开到了。别误了车，宝贝儿。"

"好吧。"

"唉，我真舍不得放你走啊。"奥莉加·伊万诺夫娜说着，泪水涌了出来，"我这个傻瓜，干吗要答应那个电报员呢？"

戴莫夫匆匆喝了杯茶，抓了个面包圈，温和地微笑着，便往火车站赶了。而他带的鱼子酱、奶酪和鲑鱼全被那两个黑发男子和胖演员吃掉了。

戴莫夫在家庭中扮演着仆人的角色，而非主人，但他仍然"温和地微笑"，容忍妻子不合情理的行为，充满巨大的善意。

四

在七月一个宁静的月夜里，奥莉加·伊万诺夫娜站在伏尔加河一条轮船的甲板上，时而看看水面,时而眺望美丽的河岸。站在她身旁的里亚博夫斯基对她说,那水里的黑影根本不是什么影子,而是梦。他还说,那迷人的河水,奇妙的光泽,无尽的天际和忧郁沉思的河岸都在诉说着我们生活的空虚,以及人世间崇高、永恒、幸福的存在。人要是能忘掉自己,死去,变成回忆,该有多好。过去的生活庸俗而无聊,未来也如此不值一提,而这一生一次的美妙夜晚也将很快逝去,化作永恒。那么,人到底是为什么要活着呢?

奥莉加·伊万诺夫娜听着里亚博夫斯基的痴话,享受着这夜的宁静,心想,她自己是会获得永生的,永远都不会死去。这绿宝石般的水是她从未见过的,还有那天空、河岸、黑影和充溢她心田的抑制不住的喜悦,都在告诉她,她一定会成为伟大的画家。在那遥远的地方,在月光照不到的另一边,在广袤无垠的天地里,等待她的将是成功、荣誉和人们的爱戴……当她久久地凝望远方时,她似乎看到了人群、灯火,还有庄严的乐声和兴奋的喊叫声,而她自己则身袭白裙,走在从四面八方撒来的鲜花中。她还想到,站在她身边这个倚着船边栏杆的男子,是个真正伟大的人,是个天才,是上帝的宠儿……迄今为止,他的所有创作都是那么出色、新颖、不同凡响,一旦他的罕世才华完全成熟,他的技艺必将绝顶高超。这一点,从他的脸、他的说话方式和他对待自然的态度都能看得出来。他对阴影、黄昏的情调和月光的描述，都是用很特别的表达方式，用纯粹属于自己的语言，让人能够不自觉地感受到他驾驭大自然的能力。而他本人也是个极其英俊的男子，有着独特的才能。他的生活总是无牵无挂，自由自在，超脱世俗，那是小鸟一般的生活。

"天凉了。"奥莉加·伊万诺夫娜说着，不由打了个冷战。

里亚博夫斯基将自己的风衣披在奥莉加·伊万诺夫娜身上，忧伤地说："我觉得自己已经被您掌控，成为您的奴隶了。您今天为何如此迷人？"

里亚博夫斯基一直目不转睛地看着奥莉加·伊万诺夫娜，眼神很吓人，让她都不敢抬眼去瞧他。

"我疯狂地爱着您……"里亚博夫斯基朝奥莉加·伊万诺夫娜脸颊呼着气，喃喃地说，"只要您对我说一个'不'字，我就不想活了，我就抛弃艺术……"他无比激动地嘟哝着，"爱我吧，请您爱我吧……"

"别这么说。"奥莉加·伊万诺夫娜闭上眼睛说道，"这太可怕了。戴莫夫怎么办？"

"什么戴莫夫？干吗要提戴莫夫？戴莫夫和我有什么相干？这儿只有伏尔加河、月亮、美景和我的爱情、我的痴迷，压根没有什么戴莫夫……唉，我什么都不知道……我不管什么过去,只请您给我一瞬间的……一眨眼的快乐都好!"

奥莉加·伊万诺夫娜的心砰砰跳动着。她很希望去想想自己的丈夫,可在此刻她却觉得过去的一切,包括婚礼、戴莫夫,还有那些晚会,都是如此渺小,如此微不足道,如此了无生趣、毫无意义,以及如此遥远……说得也是啊,什么戴莫夫? 干吗要提戴莫夫? 戴莫夫和她有什么相干? 他到底真实存在着,还是仅仅就是个梦呢?

"对于戴莫夫这样一个平凡而普通的人来说,能得到这样的幸福也已经足够了。"奥莉加·伊万诺夫娜想着,用双手捂住了脸,"让别人去谴责、去诅咒吧,我情愿毁灭也要这样,情愿毁灭也要这样! ……应当尝尽生活的一切滋味。天哪,这真是既可怕又美好啊!"

"啊,怎么样? 怎么样?"画家喃喃地说道,一把抱住了奥莉加·伊万诺夫娜,贪婪地吻着她的手,她则软软地想要推开他,"你爱我吗? 爱吗? 爱吗? 哦,多美的夜色啊! 多奇妙的一个夜晚啊!"

"是啊,多么美妙的夜晚啊!"奥莉加·伊万诺夫娜瞧着画家泪光闪烁的双眼,低声说道,随即迅速回头向后扫了一眼,然后抱住他,紧紧地吻住了他的双唇……

"船快到基涅什玛啦!"在甲板的另一头,有人说道。

281

沉甸甸的脚步声传来。那是餐饮部的人经过他们身旁。

"听着,"奥莉加·伊万诺夫娜对那人说,欢喜得又哭又笑,"给我们来点葡萄酒。"

画家激动得脸色发白,坐到了长凳上,用爱慕而感激的眼神看着奥莉加·伊万诺夫娜,然后闭上眼,懒懒地笑着说:"我累了。"

画家把头靠在了栏杆上。

五

9月2日,温暖无风,但天色阴沉。一大早,伏尔加河上就蒙了一层薄雾,九点以后下起毛毛细雨来。天空一点儿都没有放晴的迹象。喝早茶的时候,里亚博夫斯基对奥莉加·伊万诺夫娜说,绘画是最难出成效也最为枯燥的艺术,还说,他才不是什么艺术家,只有那些傻瓜才会以为他有才华。说着说着,他突然没来由地抓起一把小刀,划破了自己最好的一幅画稿。喝完早茶,他神情忧郁地坐在窗边,望着伏尔加河。此刻的伏尔加河已失去了往日的光彩,看上去混浊暗淡、冷冷冰冰的。一切的一切都在告诉人们,萧瑟阴郁的秋天即将来临。岸边葱郁的绿毯,河面荡漾的光影,远方透蓝的天空,以及大自然一切华美的盛装,如今似乎都已被统统收起,装进箱子,等到下一个春天方再取出。乌鸦在河面盘旋,讥诮般地对着伏尔加河直叫:"光啦! 光啦!"里亚博夫斯基听着它们的聒噪,想到自己也已江郎才尽,想到这世间的一切都是虚幻、相对而愚蠢的,想到自己本不该和这个女人纠缠不清……总之,他的情绪很差,郁闷难耐。

画家情绪善变、郁郁寡欢的性情,和医生隐忍、温和的性情形成鲜明反差。

奥莉加·伊万诺夫娜坐在隔板另一边的床上,用手指捋着自己漂亮的亚麻色头发,想象着自己一会儿在客厅,一会儿在卧室,一会儿又是在丈夫的书房里。思绪将她带去了剧院,带到了女裁缝和熟识的朋友身边。此刻他们都在做什么呢? 会想念我吗? 筹备晚会的时节已经到来啦。还有戴莫夫呢? 亲爱的戴莫夫啊! 在写给她的每封信中,他总是那么温柔而又带着点儿孩子气般地苦苦哀求她快点儿回家。每个月他都会给她寄来75卢布。当她写信说她还欠画家们100卢布,他就直接寄来了100卢布。多么善良和慷慨的人儿啊! 旅行已经让奥莉加·伊万诺夫娜感到厌倦。她好想家,恨不得赶快离开这些乡下人,摆脱河水的潮气,抛掉浑身不干净的感觉。住在低矮的农舍、还得在村落间四处迁移的这些日子里,她无时无刻不体验着这样一种不干净。要不是里亚博夫斯基答应那些画家会在这里和他们一起待到9月20日,她本来今天就可以走了的。要是今天就能走掉该有多好啊!

奥莉加·伊万诺夫娜的"跳来跳去"还体现在对生活状态的厌倦,渴望从一种状态跳到另一种状态。

"老天啊!"里亚博夫斯基唉声叹气,"什么时候才能出太阳啊? 要是没太阳,我根本没法继续画完那幅阳光普照的风景画啊！"

"你有一幅小稿正好画的就是多云的天空啊。"奥莉加·伊万诺夫娜从隔板那一头走过来说，"你还记得那幅画稿吧，右边是树林，左边是一群母牛和公鹅。你现在就可以把它画完啊。"

"呵！"画家皱起眉头，"画完它？！你以为我那么蠢？连自己最需要做什么都不知道！"

"你干吗对我这么凶啊！"奥莉加·伊万诺夫娜叹了口气。

"哼，这样才好。"

奥莉加·伊万诺夫娜脸颤抖着走开了，然后在火炉旁边哭了起来，心里却想着，哭有什么用啊。不能哭！就算有千万个哭的理由，我都不哭！

"就算有千万个理由！"奥莉加·伊万诺夫娜对里亚博夫斯基说道，"其实最根本的理由却只有一个，那就是你已经嫌弃我了。就是这样的！"她说完，又放声大哭起来，"说实话，您已经为我们的爱情感到羞耻了。您一直极力想让那些画家发觉不出我们的关系，其实您根本瞒不住的，他们早就知道一切了。"

"奥莉加，我只求您一件事。"画家用手按住心口，用哀求的口吻说，"就一件事，求您不要再折磨我了！除此以外，我对您别无他求！"

"可您得发誓说您仍然爱我！"

"真是折磨人啊！"画家跳了起来，咬着牙

说，"我最后肯定不是跳伏尔加河，就是被逼疯！您就饶过我吧！"

"好啊，您打死我吧，打死我吧！"奥莉加·伊万诺夫娜叫道，"打死我吧！"

奥莉加·伊万诺夫娜又号啕大哭起来，跑到隔板另一边去了。雨哗哗地打落在小屋的草顶上。里亚博夫斯基抱着头，在屋里走来走去，最后露出很坚决的神情，像是想向谁证明什么一样，戴上帽子，背起猎枪，便出去了。

里亚博夫斯基走了以后，奥莉加·伊万诺夫娜在床上躺了很久，一直在哭。起初她想过直接服毒自尽算了，这样里亚博夫斯基一回来就能撞见她已经死了。之后她的思绪又飘回了客厅和丈夫的书房。她想象着自己正一动不动地坐在戴莫夫旁边，享受着身心的安宁和洁净。到了傍晚就坐在剧院里，听玛西尼[1]唱歌。对文明的想念，对城市喧嚣和名人的想念，让她的心阵阵揪痛。一个农妇走进屋来，开始不慌不忙地生炉子做饭。屋里满是木炭烧焦的气味，空气中弥漫起蓝烟。画家们陆续回来了。他们穿着脏脏的高筒靴，脸都被雨淋湿了，看着自己的画稿，自我安慰般地说，哪怕是在这么糟糕的天气里，伏尔加河也别有一番风味呢。墙上廉价的挂钟滴答滴答地走着……冻僵了的苍蝇聚在墙角的圣像旁嗡嗡

奥莉加·伊万诺夫娜不甘于乡下寂寞的生活，渴望回归出入名流的喧嚣生活。

1　一位当时在俄国演唱的意大利歌唱家。

乱叫。能够听见蟑螂在凳子下面的厚纸板中爬来爬去……

直到太阳快下山时,里亚博夫斯基才回来。他脸色苍白、疲惫不堪,将帽子往桌上一扔,连脏靴子都没顾上脱,就倒在长凳上,闭起眼睛。

"我累了……"里亚博夫斯基皱着眉头,极力想要抬起眼皮。

奥莉加·伊万诺夫娜想和里亚博夫斯基亲热一番,还想表明自己其实没有生气,便走到他跟前,默默地吻他,将梳子插进他金色的头发里,准备给他梳梳头。

"干什么?"里亚博夫斯基像是被什么冰冷的东西激了一下似的,猛地一哆嗦,睁开眼睛问道,"您要干什么?请让我安静一会儿,求您了。"

里亚博夫斯基推开奥莉加·伊万诺夫娜,走掉了。她仿佛看到他脸上满是憎恶和厌烦的神情。这时,农妇小心翼翼地用双手为他捧来一盆菜汤。奥莉加·伊万诺夫娜看到她将自己的大拇指都浸到菜汤里了。勒紧肚子的农妇、让里亚博夫斯基喝得有滋有味的菜汤、木屋,以及这整个曾经因其简朴并充满艺术般自由无拘而让她倍加喜爱的生活,如今都使她觉得可怕。她突然感到自己像是受了侮辱一般,冷冷地说道:"我们应该分开一段时间,否则我们会因为无聊而大吵一架的。我可不愿这样。我今天就要走。"

"怎么走？骑木棍走？"

"今天星期四,也就是说,待会儿九点半会有一班轮船来这儿。"

"啊？是啊,是啊……那行吧,你就走呗……"里亚博夫斯基轻声地说,用毛巾代替纸巾擦了擦嘴,"反正你在这儿也很无聊,无所事事。要是谁拦着不让你走的话,那他就是个绝对的利己主义者。快走吧,20号以后我们就又可以见面了。"

奥莉加·伊万诺夫娜欢喜地收拾好行李,高兴得脸颊绯红。"这是真的吗？"她问自己,"我真的很快就能在自己的客厅里画画,在卧室里睡觉,在铺着桌布的餐桌上吃饭了吗？"她一下子觉得轻松了不少,也不再生里亚博夫斯基的气了。

"这些颜料和画笔我都留给你吧,里亚布沙[1]。"奥莉加·伊万诺夫娜说,"凡是我留下来的,你都带着就是了……记住哦,我不在这儿了,你可不许偷懒,别闷闷不乐,好好工作。在我眼里,你是最棒的,里亚布沙。"

九点钟的时候,里亚博夫斯基早早地给了奥莉加·伊万诺夫娜一个临别之吻。她立马想到,他肯定是不想待会儿在船上当着其他画家的面吻她。接着,他送她去了码头。很快,

---

1　里亚博夫斯基的小名。

船就开过来把她带走了。

两天半以后，奥莉加·伊万诺夫娜终于回到家里。还没顾得上摘下帽子，脱掉雨衣，她便按捺不住激动的心情，直奔客厅，然后奔去了厨房。戴莫夫没穿上衣，只套了件敞开的坎肩，正在桌子后面坐着，在叉子上磨刀子。他面前的盘子里放着只松鸡。奥莉加·伊万诺夫娜刚进屋时，还确定地相信自己能有足够的智慧和力量向丈夫隐瞒这一切，可当她看到丈夫那宽容、温柔、甜蜜的笑容和那双高兴得冒光的眼睛时，她却感到对这样一个人隐瞒是件多么无耻而卑鄙的事情啊，也是不可能办到的事情，就像要她去诽谤、偷盗和杀人一样。那一瞬间，她决定告诉丈夫发生的一切。她让他亲吻她、拥抱她，她跪在他身前，用手蒙住了脸。

"宝贝儿，你怎么啦？"戴莫夫温柔地问道，"想家了吧？"

奥莉加·伊万诺夫娜抬起羞愧得通红的脸，用歉疚而又恳切的目光看着戴莫夫，可是害怕和羞愧却让她怎么都没法开口说出实情。

"没什么……"奥莉加·伊万诺夫娜说，"我只是太……"

"快坐下吧。"戴莫夫将奥莉加·伊万诺夫娜扶到桌边坐下，"这就好了……吃松鸡吧。你一定是饿了，小可怜虫。"

奥莉加·伊万诺夫娜贪婪地呼吸着家中亲切的空气，吃着松鸡。而戴莫夫则温存地瞧着她，开心地笑了。

一个虚伪，一个真诚，虽然寥寥数笔，却更加突出了戴莫夫的赤诚、善良的品质。

六

直到冬天都已过半，戴莫夫才开始怀疑自己受了欺骗。他像是自己做了亏心事一般，再也不敢正视妻子的眼睛，脸上也不再有开心的笑容了。为了尽量减少与妻子独处，他经常把自己的同事科罗斯捷列夫带回家吃饭。每当这个身材矮小、满脸皱纹的短发男子和奥莉加·伊万诺夫娜说话时，总显得很难为情，把自己上衣的所有纽扣解开又扣上，然后用右手捻左侧的唇髭。吃饭的时候，两个医生谈论的全是医学问题，比如说横膈膜一旦升高，有时会导致心律不齐，或是最近他们老碰到神经炎案例，要么戴莫夫就会聊到他前一天解剖尸体时，明明看到诊断书上写的是"恶性贫血"，结果却在尸体胰腺里发现了癌。他们两人不停地讨论医学问题，仅仅只是为了让奥莉加·伊万诺夫娜插不上话，这样她也就不用说谎了。饭后，科罗斯捷列夫便坐到钢琴旁，戴莫夫则叹口气，对他说："唉，老兄！弹点什么吧！来首忧伤的曲子。"

科罗斯捷列夫耸起肩膀，伸开十指，弹出几个音符，用男高音唱了起来："请你告诉我，有什么地方，俄罗斯农民不呻吟？"[1] 戴莫夫再次叹了口气，用手托着下巴，陷入沉思。

最近这段时间，奥莉加·伊万诺夫娜的行为都很不检点。每天早上是她心情最糟糕的时候。她先是想，自己已经不爱里亚博夫斯基了，真是谢天谢地，一切总算了结了。可喝完咖啡以后，她又想，里亚博夫斯基害得她现在既没了他，还失去了丈夫。之后她又回想起自己的熟人跟她说的，里亚博夫斯基正在为画展准备一幅惊人之作，那是一幅用波列诺夫[2]风格画成的以风景和民俗相混搭的作品。只要在他画室见过这幅画的人，都会对它赞叹不已。她想，他可是在她的影响下才创作出这样的作品的，反正都是多亏了她的影响，他的技艺才能日臻娴熟。她的影响如此有效而重要，要是她离开他，他说不定就完蛋了。她还回想起里亚博夫斯基上次来找她的情景，他当时穿了件小花点的灰色上衣，系了根新领带，懒洋洋地问她："我英俊吗？"说实话，以他那儒雅的举止、长长的鬓毛和蓝蓝的眼睛，他确实很英俊（也可能只是乍一看才显得英俊吧），而且对她很温柔。

奥莉加·伊万诺夫娜胡思乱想了一阵儿

奥莉加·伊万诺夫娜"跳来跳去"的矛盾既有对安稳生活的贪恋，也有对附庸艺术、趋附名流的沉迷。

1　俄国诗人涅克拉索夫的诗篇《大门前的沉思》里的句子。

2　波列诺夫（1844—1927），俄罗斯现实主义风景画家。

以后，便穿上衣服，十分激动地坐车到里亚博夫斯基的画室去了。她到画室的时候，正好看到他在很开心地欣赏自己那幅确实很出色的画。他蹦啊闹啊，随便问他什么正经问题，他都以玩笑了之。奥莉加·伊万诺夫娜很是嫉妒他，并憎恨那幅画，可是出于礼貌，她还是在那幅画前默默地站了四五分钟，然后像见到什么圣物一般叹了口气，轻声地说："是啊，你可从来没有画过这样的画。真是好得令人心生敬畏啊。"

然后，奥莉加·伊万诺夫娜开始哀求里亚博夫斯基爱她，不要抛弃她，请他可怜一下她这个悲惨而不幸的女人。她哭着吻他的双手，让他发誓说他是爱她的，并一再表明如果没有她的良好影响，他早就误入歧途、彻底完蛋了。等到将他的好心情彻底破坏掉以后，她便满肚子委屈地离开画室，去找自己的裁缝或是到熟识的女演员那儿要戏票去了。

要是奥莉加·伊万诺夫娜在画室没见着里亚博夫斯基，她就会给他留纸条，威胁说如果他今天不去找她，她就服毒自尽。他心里害怕，只得去找她，并留下来吃午饭。他完全不顾她的丈夫在场，对她说话极尽刻薄，她也用同样刻薄的话回敬他。两人都觉得对方束缚了自己，对方是暴君和敌人。两人都很气愤，而又正是因为两人都在气头上，竟浑然不觉他们这个样子有多么不成体统，连剃着短发的科罗斯捷列夫也全看明白了。午饭后，里亚博夫斯基便匆匆告辞，走了。

"您要去哪儿?"奥莉加·伊万诺夫娜跑到前厅问里亚博夫斯基，向他投去憎恨的目光。

里亚博夫斯基皱紧眉头，眯起眼睛，随便说了个双方都认识的女人的名字。很显然，他是在故意嘲弄她的醋味儿，存心惹奥莉加·伊万诺夫娜生气。她便回到自己的卧室，一头倒在床上。嫉妒、懊丧、委屈、羞愧包围着她。她咬着枕头，开始号啕大哭。戴莫夫将科罗斯捷列夫撇在客厅，急忙赶进卧室，慌乱地轻声说："别哭得这么大声啊，宝贝儿……你这是何苦呢? 这种事不要声张出去了啊……可不能让人看出来了……你也知道的，既然都已发生了，就无法再挽救了。"

强烈的嫉妒感刺得奥莉加·伊万诺夫娜太阳穴阵阵生痛，她不知道该如何平息自己如此强烈的嫉妒感，可同时又觉得事情还有挽回的余地，于是洗掉脸上的泪痕，扑了些粉，便飞奔去里亚博夫斯基刚才提到的女人家中。她扑了个空以后，就接着坐车去另一个女人家，再去第三家……起初她还会为自己这样的造访而感到特别难为情，但之后便慢慢习惯了，经常一个晚上会跑遍所有认识的女人的家，就是为了能找到里亚博夫斯基。大家也都明白是怎么回事儿。

虽然戴莫夫善良得近乎虚假，他也在意维护家庭的声誉，然而他与跳来跳去善变的妻子相比，仍是更为高尚。

奥莉加·伊万诺夫娜对里亚博夫斯基是真爱吗? 这种疯狂的威胁、追踪已经丧失爱的本意。

有一次，奥莉加·伊万诺夫娜向里亚博夫斯基提到自己的丈夫："这个人把他的宽宏大量全都压到了我身上！"

　　奥莉加·伊万诺夫娜很欣赏自己这句话。每次碰到那些知道她和里亚博夫斯基关系的画家，她都会将胳膊用力一挥，说起自己的丈夫："这个人把他的宽宏大量全都压到了我身上！"

　　这些人的生活方式与前一年并无两样。每周三都会举行晚会。演员朗诵，画家作画，大提琴手演奏，歌唱家唱歌。每到晚上十一点半，通往厨房的门依旧会准时打开，而戴莫夫则微笑着对大家说："先生们，请吃点儿东西吧。"

　　奥莉加·伊万诺夫娜仍旧在寻找名人，找到了又不满足，于是接着再找。她依旧深夜才回到家里，但戴莫夫却并不是像去年一样已经睡了，而是坐在自己书房里写写画画。他通常要到凌晨三点才睡觉，可早上八点就起床了。

　　有一天傍晚，奥莉加·伊万诺夫娜正站在穿衣镜前，准备收拾好去剧院，戴莫夫穿着礼服，系着白色领带，走进卧室。他温和地微笑，依旧像以前一样愉快地直视着妻子的眼睛，满脸放光。

　　"我刚参加完学位论文答辩。"戴莫夫坐下来，揉着膝盖说。

　　"通过了吗？"奥莉加·伊万诺夫娜问道。

"呵呵!"戴莫夫笑着伸直了脖子,好看到镜子里妻子的脸。而她依旧背对他站在那儿,继续理着自己的头发。"呵呵!"他又笑了一声,"你知道吗,他们很有可能会授予我病理学通论方面的副教授职称。有这种征兆呢。"

从戴莫夫那张洋溢着幸福光芒的脸上可以看得出,只要奥莉加·伊万诺夫娜此刻能与他共同分享他成功的喜悦,他就会原谅她的所有过失。不管是现在还是将来,他都会忘掉之前发生的一切。可是,她没法理解什么是副教授职称,什么又是病理学通论,她只担心自己看戏会误了时,因此她什么话也没说。

戴莫夫坐了两分钟,然后带着抱歉的笑容,悻悻地出了卧室。

七

这是极不平静的一天。

戴莫夫头痛得厉害。他连早茶都没喝,也没去医院上班,而是一直躺在自己书房里的一张土耳其式样的长沙发上。奥莉加·伊万诺夫娜还是像往常一样在中午十二点多就去找里亚博夫斯基了,想让他看看自己的静物写生,并顺便问问他昨天怎么没来找她。她并没觉得自己这幅画儿有啥价值,不过她之所以画它,仅仅只是为了多个借口去找里亚博夫斯基而已。

　　奥莉加·伊万诺夫娜没按门铃就直接走进去了。在门道脱雨鞋时，她似乎听到画室里有什么东西轻轻地跑过，还带着女人衣裙的沙沙声。她急忙朝画室里望去，只见一块棕色的裙角一闪而过，消失在一幅大画的后面。那画儿和画架都被一块黑布蒙了起来，一直盖到地板上。毫无疑问，里面藏的是一个女人。想当初，奥莉加·伊万诺夫娜她自己就常在这幅大画后面避难呢！里亚博夫斯基看上去很窘，似乎对她的到来吃了一惊，笑得也极不自然，连忙伸过手去，说道："哎呀！看到您太开心啦。给我带了点儿什么好消息来呢？"

　　奥莉加·伊万诺夫娜的眼里满是泪水，心里觉得既羞耻又酸楚。就算给她100万，她也绝不情愿当着那个陌生情敌，当着那个虚伪女人的面说任何一句话。此刻那女人说不定正在画儿后面幸灾乐祸地窃笑呢。

　　"我给您带来一幅画稿……"奥莉加·伊万诺夫娜用很细的声音怯怯地说着，嘴唇不住地发抖，"Nature morte[1]。"

　　"哦……画稿吗？"

　　里亚博夫斯基接过画稿，一边瞧着画，一边故作自然地走进了另一个房间。

　　奥莉加·伊万诺夫娜顺从地跟在里亚博

---

[1]　法语，意为"静物画"。

夫斯基后面。

"Nature morte……上等货啊。"里亚博夫斯基嘟哝着，随口押起韵来，"古洛尔特……切尔特……波尔特……"

画室那边传来匆匆的脚步声和窸窸窣窣的衣裙声。那个女人走了。奥莉加·伊万诺夫娜真想大吼一声，抓个重物朝里亚博夫斯基的头狠狠砸下去，然后一跑了之。可是，泪眼模糊的她已经什么都看不清了。莫大的羞耻感沉甸甸地压着她，让她感觉自己已经不再是奥莉加·伊万诺夫娜，也不是什么女画家，而只是一条小小的爬虫。

"我累了……"里亚博夫斯基瞧着画，懒洋洋地说着，他不住地摇晃脑袋，像是想赶退睡意，"这幅画当然不错，可你去年一幅，今天一幅，过个半把月还来一幅……您难道不嫌腻吗？我要是您的话，就直接放弃画画，去认真搞搞音乐或是别的什么。要知道您做不来画家，该去当个音乐家。不过，我现在真的好累啊！我马上叫人送茶过来……好吗？"

里亚博夫斯基出了房间，奥莉加·伊万诺夫娜听见他在向仆人吩咐着什么。为了避免道别和解释，最主要的是为了不让自己哭出来，她趁里亚博夫斯基还没回来，赶快跑到门道，穿上雨鞋，走了出去。走上大街以后，她的呼吸畅快了不少，感觉自己终于跟里亚博夫斯基、跟绘画、跟刚才在画室里那些压在她身上的沉重的羞耻感彻底一刀两断了。一切终于完结了！

奥莉加·伊万诺夫娜坐车去了女裁缝那儿，接着又去拜访了昨天刚来到这儿的巴尔纳伊。从巴尔纳伊家出来，她又去了一家乐谱店。一路上，她都在想着怎么给里亚博夫斯基写一封又冷又狠却又不失自尊的信，然后等春天或夏天的时候和戴莫夫去趟克里木，在那里跟过去彻底说声永别，再重新开始全新的生活。

等奥莉加·伊万诺夫娜回到家的时候已经很晚了。她连外衣都没脱，就直接坐在客厅里写起信来。既然里亚博夫斯基说她做不成画家，那她现在也要回敬他几句，说他每年都在画同样的东西，每天也在讲同一套话，说他如今已经停滞不前了，除了之前那些成绩，他之后再也不会有什么发展了。她还想在信里说，他的大部分成绩都得归功于她对他的良好影响。如果他之后走下坡路了，那只可能是因为他那些形形色色的轻浮女人，诸如今天藏在画背后那个，抵消掉了她的好影响。

"宝贝儿！"戴莫夫在书房里叫奥莉加·伊万诺夫娜，但并没有开门，"宝贝儿！"

"有什么事儿么？"

"宝贝儿，你别进我这里边来，站在门口就好了。是这样的……我前天在医院感染上了白喉，如今……我觉得很不舒服。赶紧去把科

戴莫夫并没有报复妻子，仍然为她考虑，心灵高尚。

297

罗斯捷列夫找来吧。"

奥莉加·伊万诺夫娜不管是称呼自己丈夫,还是称呼其他熟识的男人,都不叫名字,而是称呼姓。她不喜欢他的名字奥西普,因为这个名字老让她想起果戈理笔下的奥西普[1],还有一句俏皮话:"奥西普,爱媳妇;阿西福,开席铺。"她叫道:"奥西普,这不可能吧!"

"快去吧!我真的很不舒服……"戴莫夫在门后说完,便又躺回了长沙发,"快去吧!"屋里传来他虚弱的声音。

"到底怎么回事儿啊?"奥莉加·伊万诺夫娜想着,吓得浑身发冷,"这病可危险得很呢!"

奥莉加·伊万诺夫娜多此一举地端着蜡烛走进卧室,思忖着自己到底该怎么办,然后不经意瞟了眼镜子。镜中的自己,被吓得脸色苍白,短上衣的袖口高耸着,胸前堆着黄褶子,裙子上竟是些奇形怪状的花边,那模样既可怕又难看。她突然感到一阵痛心,觉得自己对不起戴莫夫,对不起他所给予她的宽大无私的爱,对不起他年轻的生命,甚至对不起他那张久已不睡的空荡荡的小床。她想起他平日里那些温和而又顺从的笑容,不禁放声大哭起来,立马给科罗斯捷列夫写了封求助信。此时,已是半夜两点钟。

1　果戈理剧本《钦差大臣》中的一个仆人。

八

奥莉加·伊万诺夫娜早上七点多起来时，由于睡眠不足，感觉脑袋很沉。她头都没梳，就样子难看、一脸愧容地出了卧室。一个黑胡子先生与她擦肩而过，去了前厅，这显然是个医生。屋里到处都是药水味儿。科罗斯捷列夫正站在书房的门边，用右手捻着左侧的唇髭。

"很抱歉，我不能放您进去看他。"科罗斯捷列夫阴沉地对奥莉加·伊万诺夫娜说，"这种病会传染的，而且您本来也帮不上什么忙，何况他现在已经昏迷，一个劲儿地说胡话了。"

"他真的得了白喉吗？"奥莉加·伊万诺夫娜用极小的声音问道。

"他真是自作孽不可活啊，太不可理喻了。"科罗斯捷列夫喃喃自语着，并没直接回答奥莉加·伊万诺夫娜的问题，"您知道他怎么染上白喉的吗？星期二那天，他竟然用吸管吸一个患白喉的男孩儿的黏液。他这是为什么啊？太愚蠢了……简直是在胡闹啊……"

"这个病危险吗？很危险吗？"奥莉加·伊万诺夫娜问道。

"没错，他们都说他染上的是一种很厉害的白喉。真该去把希列克医生请来才是。"

来了一个身材矮小，红发长鼻的男子，带

着犹太人的口音。又来了一个身材高大,有些驼背,头发蓬乱的男子,活像个大辅祭。之后还来了一个很胖的年轻男子,长着一张红脸,戴着眼镜。原来,这些都是来为自己的同事轮流值班的医生。科罗斯捷列夫值完班以后,连家都不回,而是留在这里,像个影子一样在各个房间走来走去。女仆忙着为值班的医生们端茶递水,还得老往药店跑,根本没人收拾房间。到处都很冷清,一片凄凉。

奥莉加·伊万诺夫娜独自坐在卧室里,想着这一切肯定是上帝在惩罚她欺骗了自己的丈夫。这个沉默寡言、从不诉苦、让人很难理解的人儿,这个性情温和、毫无个性、过分忠厚、善良软弱的人儿,此刻正躺在那长沙发上默默地承受着痛苦,连一句抱怨的话都没有。要是他能说出一句抱怨的话来,哪怕是句昏迷中的胡话,那些值班的大夫们便能明白,祸根并不仅仅只是白喉。他们定会去问科罗斯捷列夫,因为他知道一切。难怪他在看自己朋友的妻子时,那眼神似在诉说着,她才是罪魁祸首,白喉只是帮凶而已。她已经记不得伏尔加河上的月夜,也已记不得那些爱的剖白和农舍里的诗意生活。此刻,她只知道,由于她那些无聊的空想,由于她的娇生惯养,如今她从头到脚都让一种又浊又黏的东西给弄脏了,永远都无法洗刷掉了……

"唉,我真是个十足的大骗子啊!"奥莉

科罗斯捷列夫是戴莫夫的真朋友,至死相守,而奥莉加·伊万诺夫娜结识的所谓名流,无一前来。

加·伊万诺夫娜记起跟里亚博夫斯基在一起时那段不得安生的恋爱,心想,"这种事儿真该遭报应啊!"

下午四点,奥莉加·伊万诺夫娜和科罗斯捷列夫一起吃午饭。他眉头紧皱,什么都没吃,光是喝红酒。她也什么都没吃。她有时候暗自祷告,向上帝起誓,如果戴莫夫能够康复,她一定会重新爱他,做一个忠实的妻子。有时候她又会暂时忘了自己,而是瞧着科罗斯捷列夫,心想,这么个普普通通、毫无亮点、默默无闻的人,还满脸皱纹、举止粗俗,难道他活得不腻味儿吗?有时候她又觉得上帝立刻就会来处死她。由于怕被传染,她一次都没去过丈夫的书房。总之,她心绪低沉、神情沮丧,觉得生活已经被彻底毁掉,再也无法挽回了……

午饭后,天暗了下来。奥莉加·伊万诺夫娜走进客厅,只见科罗斯捷列夫正躺在睡椅上睡觉。他在头下枕了个金线绣的绸垫子,呼哧呼哧地打着鼾。

值班的医生进进出出,压根儿注意不到屋里的杂乱。一个外人睡在客厅里打鼾也好,墙上的各种画稿和屋里标新立异的陈设也好,头发蓬乱、衣冠不整的女主人也罢……总之,所有这一切此刻已引不起人们的丝毫兴趣。有个医生不知因为何事笑了一声,这不经意的笑声竟带着一种古怪而胆怯的音调,令人不寒而栗。

奥莉加·伊万诺夫娜此刻的忏悔也是充满矛盾的,她并非真正意识到自己的罪恶并对戴莫夫忠诚,而是暴露出内心对普通、默默无闻的人生的鄙夷,仍然着眼于自己的生活受到的影响。

当奥莉加·伊万诺夫娜再次来到客厅时，科罗斯捷列夫已经不睡了，而是坐着抽烟。

"他患的是鼻腔白喉症。"科罗斯捷列夫低声说，"心跳都已经不正常了。反正情况很糟糕。"

"快叫人去请希列克医生啊。"奥莉加·伊万诺夫娜说。

"他已经来过了。就是他发现白喉已经转移到鼻子了。唉，希列克又有什么用啊！这个时候，连希列克也一点儿用都没有了。他只是希列克，我只是科罗斯捷列夫，仅此而已。"

时间过得出奇的慢。奥莉加·伊万诺夫娜和衣躺在从早上起来就没收拾过的床上，迷迷糊糊地睡着了。她梦见整个宅子里从地板到天花板都被巨大的铁块塞满了，唯有将这个大铁块抽走，大家才能轻松和快活。醒来以后，她才想起，这不是铁块，而是戴莫夫的病。

"Nature morte……"奥莉加·伊万诺夫娜心里想着，然后又变得迷迷糊糊的了，"波尔特……斯波尔特……古洛尔特……那希列克呢？希列克，格列克，芙列克……克列克。如今，我的朋友们都在哪儿呢？他们知道我们家现在的痛苦吗？主啊，救救我吧……饶恕我吧。希列克，格列克……"

那铁块又来了……时间过得极其缓慢，可楼下的钟却又不时地敲响。时不时地能听到门铃响，那是大夫们陆陆续续地来了……女仆走了进来,手中的托盘上放着个空杯子。她问道:"太太,要把床铺收拾一下吗?"

见主人没回话,女仆便出去了。楼下的钟又敲响了。奥莉加·伊万诺夫娜梦见伏尔加河上纷飞的细雨。这时,又有人进了卧室,好像是个陌生人。奥莉加·伊万诺夫娜猛地翻身坐起,认出是科罗斯捷列夫。

"现在几点了?"奥莉加·伊万诺夫娜问道。

"快三点了。"

"哦,您有什么事儿吗?"

"还能有什么事儿呢!我是来告诉你,他已经去了……"

科罗斯捷列夫呜呜地哭了起来,挨着奥莉加·伊万诺夫娜在床边坐下,不住地拿袖子擦眼泪。她一下子还没反应过来怎么回事儿,只感到全身发冷,不自觉地在胸前慢慢画起了十字。

"去了……"科罗斯捷列夫用很细的声音又说了一遍,再次哭了起来,"他的死完全是因为他做了自我牺牲啊……这真是科学界的损失啊!"他悲痛地说着,"要是拿我们所有人和他相比的话,他绝对可以算是一个伟大而非凡的人!一个天才啊!他曾给了我们所有人多大的希望啊!"科罗斯捷列夫绞着手,接着说道,"我的上帝啊,这真是一个打着灯笼都找不着的好学者啊!奥西卡·戴莫夫,奥西卡·戴莫夫,你为何落得今天这个地步啊！唉唉，老天哪！"

科罗斯捷列夫绝望地用双手捂住脸，不住地摇头。

"这是一种多大的道德力量啊！"科罗斯捷列夫继续说道，好像越来越恼恨起什么人来似的，"多么善良、干净、仁爱的灵魂啊！这简直不是一个人，而是一块水晶！他将自己奉献给了科学，最后也为科学而死。他像牛一样日夜工作，却从没有人怜惜他。这个年轻的学者，未来的大教授，却不得不私下里行医，每晚熬夜译稿子，就为了多挣点钱来买这堆……破烂玩意儿！"

科罗斯捷列夫充满憎恶地看着奥莉加·伊万诺夫娜，双手抓住被单，愤怒地用力一扯，仿佛都是这被单犯下的罪过一般。

"他自己不怜惜自己，别人也不怜惜他。唉，真是的，说这些废话还有什么用呢！"

"是啊，这真是一个少有的人啊！"有人在客厅里低声说了一句。

奥莉加·伊万诺夫娜回想起和丈夫在一起的全部生活，从开始到结束，包括所有的细节，方才顿悟，跟那些自己认识的人相比，原来自己的丈夫才是真正不寻常的、少有的、伟大的人。她回想起自己已故的父亲和医院所有同事对他的态度，终于明白过来，他们都认定他是未来的名人。四周的墙、天花板、灯、地毯似乎都在对她讥讽地眨着眼，像是要说："瞎了眼啦！瞎了眼啦！"她哭泣着冲出卧室，从客厅里一个陌生人的身边跑过，奔进书房，来到了丈夫身旁。他一动不动地躺在土耳其式样的长沙发上，腰以下都用被子盖上了。他的脸干瘦得吓人，已呈黄灰色，这是活人绝不可能有的脸色。只有从他的额头、他的黑眉毛，还有他那熟悉的笑容，才能认得出他就是戴莫夫。奥莉加·伊万诺夫娜赶紧摸他的胸、额头和双手。只有胸口还留有余温，额头和双手早已冰凉得令人发怵。他那半睁半闭的双眼没有看奥莉加·伊万诺夫娜，而是望着被子。

"戴莫夫！"奥莉加·伊万诺夫娜大声地喊叫着，"戴莫夫！"

奥莉加·伊万诺夫娜好想对戴莫夫说，过去的一切都是她的错，但一切还可以弥补，他们的生活仍旧可以幸福而美好。她还想对他说，他是一个世间少见的、不寻常的、伟大的人，她将一生一世地景仰他，崇拜他，对他满怀神圣的敬畏……

"戴莫夫！"奥莉加·伊万诺夫娜喊着他，死命拍他的肩膀，绝不相信他就这么再也不会醒过来了，"戴莫夫！戴莫夫啊！"

客厅里，科罗斯捷列夫正对女仆说："这还有什么好问的。快去找教堂的守门人，然后问他，那些靠养老院救济的老婆婆住在哪儿。她们会帮死者净身、装殓。反正该做的事儿她们都会做好的。"

奥莉加·伊万诺夫娜并非出于爱丈夫而悲恸，而是出于对丈夫被他人评价出的"崇高""伟大"这些形容的献媚。

结局是契诃夫简省含蓄式的讽刺，未直接道出的情节是：奥莉加·伊万诺夫娜并不会帮丈夫做这些。

【拓展延伸】
人到底为什么而活

　　小说《跳来跳去的女人》讲述了奥莉加·伊万诺夫娜被医生戴莫夫的自我牺牲和关怀打动,嫁给了他,但两个人毫无共同语言。奥莉加·伊万诺夫娜热衷结交名流,追求艺术的浪漫,而戴莫夫致力于医术,不通艺术。最终奥莉加·伊万诺夫娜出轨画家里亚博夫斯基。她认为画家有真正的艺术才华,投诸圣母式的爱,但画家只是逢场作戏,奥莉加·伊万诺夫娜看出了画家的薄情,但她仍然被道听途说的画家的成就和声名所迷惑,最终被画家背叛。而戴莫夫知道妻子出轨后,并未将她赶出家门,甚至还与她和她的情人共进午餐。最终医生感染了白喉病毒去世,他的崇高和牺牲重新令奥莉加·伊万诺夫娜感动,想重新再来。

　　契诃夫对这篇小说的题目命名颇为纠结,一开始想就称其为"故事"或者"市民",后来不满意,改成了"伟大的人",最后还是不满意,改成了"跳来跳去的女人",才有了如此形象的标题。"跳来跳去"是指不安于现状、善变无常的状态。小说中是指奥莉加·伊万诺夫娜对待自己的兴趣、对待所结交的名流以及对待婚姻生活所呈现出来的多变无常。这篇小说既有契诃夫爱情观的体现,也有他对人生价值的思考。

　　契诃夫一生有过几段感情,却直到去世前三年才走入婚姻殿堂,他对女性的态度有一句很经典的名言:"我也挺想结婚,但请给我一个月亮般的妻子,不会总是出现在我的地平线上。"他理想中的婚姻是仍然保有独立私人空间的。正如这篇小说中医生和妻子的相处，读者可能会产生一个困惑：为何戴莫夫医生会如此大度包容自己的妻子，接受她完全和自己不一样的生活方式，甚至允许自己的妻子远行和其他男性生活在一起呢？这其实是带有契诃夫个人理想中婚姻的一点儿影子的——彼此拥有独立，不强行占有干涉。这在我们今天看来，仍不失为婚姻的理想状态。

这篇小说当然不是在探讨何为理想的婚姻这个问题，而是关注婚姻中的个体问题，用小说原文来说即是："她这样到底是为了什么呢？""人到底是为什么要活着呢？"

看到跳来跳去不停歇的奥莉加·伊万诺夫娜，我们不禁会发出和小说中一样的感慨："她这样到底是为了什么呢？"奥莉加·伊万诺夫娜永远在追逐，却永远善变，永远不满足，总会产生新的现实不满覆盖住原先追求的热情，或者又陷入对过去的美好回忆中转而否定当下的某种困顿。

奥莉加·伊万诺夫娜活得看似丰富多彩，实则像无根的野草，只能随风飘荡。和戴莫夫结婚是出于对他的牺牲精神和关爱的感动，出轨画家里亚博夫斯基是因为他身上艺术迷幻的特质，出轨之后她又渴望回到和医生身心安宁、洁净的生活中，但又被画家可能但其实并不真实存在的才华、名望所诱惑，最后丈夫因为治病救人牺牲，她又感受到丈夫身上的崇高而流露出悔意。奥莉加·伊万诺夫娜的人生由于缺乏现实的人生意义的追求，生活得流于表面，充满形式感的夸饰，她追求的是一种虚假的道德崇高和道德自我感动，并非真正意义上实在的道德。她追求的是生活的表面，并非生活的内在；是他人评价、首肯下的价值意义，而非自我认定的价值意义。这种庸常人生的虚幻性是契诃夫着力批判的——如果没有"明确的世界观"，那么"自觉的生活……就不是生活，而是一种负担，是一种可怕的事情"。

小说中奥莉加·伊万诺夫娜的丈夫戴莫夫这个形象也可能会令读者产生困惑和质疑。在他身上有极端的隐忍，近乎懦弱无能，缺乏真实性。他不想让妻子出轨的事被外人知道，仍然维持表面的生活，这样的细节也使他这个形象令人产生些许虚伪之感。而契诃夫塑造这个形象最大的意义恰恰在于他身上存在的这种"献祭"般的崇高道德，他的不真实性反而制造了这个人物的真实崇高，真实得近乎纯粹，也借由他的对比增添了对奥莉加·伊万诺夫娜的批判力度。

"人到底是为什么要活着呢？"这句话是小说中奥莉加·伊万诺夫娜的情人里亚博夫斯基说的。他认为过去的生活庸俗而无聊，未来也如此不值一提，而这一生一次的美妙夜晚也将很快逝去，化作永恒。即现实人生是虚无的，而真实只能在逝去的永恒中寻找。这是一种消极的生活态度。

小说中每个人都在用自己的生命回答这个问题，里亚博夫斯基活在生命的虚无感之中，奥莉加·伊万诺夫娜为了迎合虚假的艺术和道德表象而活，医生戴莫夫为了追求心灵的纯粹和道德的高尚而活，孰高孰低，不言而喻。

"跳来跳去"仅仅是奥莉加·伊万诺夫娜个体呈现出来的性格形象吗？不然。因为迷失自我、缺乏明确人生信念而跳来跳去，如同不倒翁反复摇摆的人生比比皆是。契诃夫这篇小说发表后，因为太过真实，令很多人看到了自己的影子，契诃夫还为自己惹来麻烦。

契诃夫曾在信里说："昨天我到莫斯科去了一趟，可是在那儿又无聊，又碰上种种倒霉的事，差点憋死。您猜怎么着，我认识一个42岁的太太（库甫兴尼科娃），她认为我那篇《跳来跳去的女人》中的20岁的女主人公就是指她，于是整个莫斯科的人都指责我诽谤中伤。主要的罪证就是外部的相似——那个太太画画，她的丈夫是医生，她跟画家同居。"甚至这篇小说也令契诃夫和俄国画家列维丹断绝友谊，因为列维丹认为《跳来跳去的女人》中有他的影子。可见，这篇小说起到了极强的现实刺痛效果。

契诃夫通过这篇小说告诉我们那个古老的道理：人生不可虚度，道德不可架空，活着需要站稳。

关于爱情，契诃夫在《没意思的故事》中借老教授表达了这样的观点：

> 我希望我们的妻子、孩子、朋友、学生不要着眼于我们的名望，不要着眼于招牌和商标，爱我们，要跟爱普通人一样地爱我们。

相比爱上一个人，也许更困难的是如何像"爱普通人一样地爱"。

图书在版编目(CIP)数据

课读经典. 5,5课精读契诃夫/葛璐编注;曾婷译. —上海:复旦大学出版社,2022.11
ISBN 978-7-309-16158-8

Ⅰ.①课… Ⅱ.①葛… ②曾… Ⅲ.①阅读课-中学-教学参考资料 Ⅳ.①G634.333

中国版本图书馆 CIP 数据核字(2022)第 077069 号

课读经典 5:5 课精读契诃夫
KEDU JINGDIAN 5:5 KE JINGDU QIHEFU
葛　璐　编注
曾　婷　译
责任编辑/高　原

复旦大学出版社有限公司出版发行
上海市国权路 579 号　邮编:200433
网址:fupnet@fudanpress.com　http://www.fudanpress.com
门市零售:86-21-65102580　团体订购:86-21-65104505
出版部电话:86-21-65642845
上海丽佳制版印刷有限公司

开本 890×1240　1/32　印张 10　字数 224 千
2022 年 11 月第 1 版
2022 年 11 月第 1 版第 1 次印刷

ISBN 978-7-309-16158-8/G・2354
定价:44.00 元

如有印装质量问题,请向复旦大学出版社有限公司出版部调换。